日本リベラルの栄光と蹉跌

戦間期の軌跡

佐藤 光 著

晃洋書房

目　　次

◆序　章◆　戦前日本のリベラリズム ………………… *1*
　1．問　題　(*1*)
　2．方　法　(*6*)
　3．本書の構成　(*10*)

◆第1章 政治◆　大衆民主主義がもたらした軍国主義 ………… *15*
　1．「大衆」の登場　(*15*)
　2．ワシントン体制の成立と崩壊　(*19*)
　3．政治的リーダーシップの問題　(*27*)
　4．政治の両極──共産主義と国粋主義の運動　(*35*)
　5．日本リベラルの政治的・哲学的課題　(*41*)

◆第2章 経済◆　戦間期経済の諸問題 ………………… *49*
　1．"雑貨屋"の帝国主義」あるいは戦間期日本経済の可能性　(*49*)
　2．金本位制の呪縛と昭和恐慌　(*54*)
　3．高橋財政の成果　(*57*)
　4．前途に待ち受けていた諸問題　(*59*)
　　(1)　財閥と寡占体制　*59*
　　(2)　経済格差の拡大と労働者と農民の状態　*60*
　　(3)　社会経済構造改革の問題　*64*
　　(4)　外貨の制約と国際環境　*68*
　5．ありうべき解決策　(*70*)

◆第3章 社会◆　中間集団の可能性と現実 ………………… *83*
　1．間奏曲　(*83*)
　2．トクヴィル再考　(*85*)
　3．政　党　(*91*)
　4．企業組織　(*97*)

5．労働組合　　（105）
　　6．産業組合あるいは農業組合　　（107）
　　7．「家」あるいは家族　　（113）

第4章　文化　「文化的真空」の帰結 …………………… 123
　　1．関東大震災の衝撃から　　（123）
　　2．大衆文化という「文化的真空」　　（125）
　　3．「知識人の阿片」としてのマルクス主義　　（129）
　　4．「国への一撃（クーデタ）」の思想　　（136）
　　5．「近代の超克」　　（143）
　　6．「文化的真空」と自由主義（Ⅰ）——アダム・スミスの期待と現実　　（152）
　　7．「文化的真空」と自由主義（Ⅱ）——再び戦前日本の現実へ　　（158）
　　8．「文化的真空」のなかの「常なるもの」　　（161）

終　章　リベラリズムの現在へ …………………… 167
　　1．戦間期の軌跡から何を学ぶか　　（167）
　　2．エリートと大衆　　（174）
　　3．保守的改革の可能性　　（180）
　　4．現代社会のブラックホールとその行方　　（187）

補論1　金本位制下の国際マクロ経済モデル——2国のケース … 195

補論2　自由貿易をどう擁護するか …………………… 215

あとがき　（223）
参照文献　（227）
略年表　　（237）
索　引　　（241）

◆序　章◆
戦前日本のリベラリズム

1．問　題

　筆者の誤解かもしれないが，「自由主義」「リベラリズム」という言葉は，日本では昔も今もそれほど親しまれ愛された言葉ではないのではなかろうか．

　戦前の日本では，それは「自由主義＝個人主義＝利己主義」と等式で結ばれて，社会全体の福祉をないがしろにし国家の秩序を乱すもの，要するにわがままの代名詞にされることが少なくなく，戦後でも，どちらかといえば「民主主義」という言葉の方が好まれてきたような気がする．現在でも，「自由と平等のどちらが好きか」と問われれば，「平等」と答える人の方が多いのではなかろうか．

　いや戦後日本の少なくともある時期までは，「民主主義」や「社会主義」の方がはるかに好まれ，「自由主義」は，金持ちばかりを優遇し，「自己責任」の名の下に貧しい者や弱者への公的救済を拒絶する血も涙もない「ブルジョアイデオロギー」として，むしろ敬遠され批判される対象だったというべきかもしれない．

　思想や哲学に関心のある者にとっては，「自由主義」が，「自由」の空間のなかで具体的に何をするのか，何を追及するのかに関しては何もいわない思想であるという意味で，とても物足りなく思われるかもしれない．それに比べて，たとえば「マルクス主義」や「共産主義」は，「人類の解放」という力強く分かりやすいメッセージを提示してくれる．実際，学生時代の筆者にも，M.ヴェーバーよりK.マルクスの方がはるかに「分かりやすく」「人生の指針」を与えてくれると思われた．「現代社会の矛盾は資本家階級による労働者階級の搾取に原因がある．その矛盾を革命が解決するのだ」という具合に．

　しかしかといって，人々が「自由」に反対しているかといえば，「自由」は，「平等」に勝るとも劣らない至上の価値であり，「他人の自由」はさておき，

「自分の自由」，たとえばネットで検索する自由やファストフードで立ち食いする「私の自由」が他人や国家によって侵害されるのは我慢ならないと思われている．こうした人々にとっての「自由主義」とは，要するに「自分の好き勝手にする」思想，戦前と同様エゴイズムの代名詞にすぎず，その点を侵されることには過激に反対するのが通常である．

　J. ロック，A. スミス，J.S. ミルなどの古典をひも解いてみればすぐに分かるように，本来の自由主義思想は「好き勝手主義」とは縁もゆかりもなく，はるかに深く重厚な内容を持っている．

　たとえば「法の支配の下における自由」という基本概念には，「自分の自由」と「他人の自由」が抵触する可能性を国家権力を背景とした「法」が抑制する，しなければならないという透徹した思考が裏打ちされている．車を自由に運転できるのは各人が道路交通法を守るからであり，守らなければたちどころに交通が混乱し自由な運転ができなくなることからも容易に分かるように，各人の「自由」はある意味での「反自由」を前提するのだが，こうした当然の事柄が，往々にして忘れられ，「私の自由」だけが過激に主張される．

　本来の自由主義思想にも，他の思想と同様，弱点はある．したがって筆者は，その弱点を補強して同思想をさらに発展させる必要があると考えているが，エゴイズムに堕落した「自由主義」とはあまりに情けない状態ではないだろうか[1]．

　ただし今の日本では，北朝鮮，中国，一部のイスラム諸国などとは異なって，「私の自由」が侵害されることはあまりなく，というより，それほど多くの努力もなしに，それらの「自由」を実現することができるため，切実な関心を持つ必要がないことが，自由主義思想が不人気に見える理由なのだというべきかもしれない．

　しかし，戦前日本の自由主義者，日本リベラルの事情は，もちろん，戦後の「自由人」のそれとまったく違っていた．明治大正期はともかく，昭和期，特に満洲事変以後の状況においては，政界，官界，財界，学界，言論界などいずれの分野においても「自由」を求め叫ぶことは，良くして世間の顰蹙を買い，悪くすれば命を落とす危険に自らをさらすことを意味した．メディアがこぞって礼賛し，国民大衆が提灯行列をして歓迎するなかで，満洲事変の不当さと愚かさを指摘するのは，文字通り「命がけ」の勇気が必要だったに違いない．あの海軍大将の山本五十六すら，右翼や軍部の一部からの刺客を恐れて，常時遺書を携帯していたのである．

あの時代に，こうした勇気ある人々がいたこと，より具体的に，柳田国男，吉野作造，美濃部達吉，清沢洌，馬場恒吾，河合栄治郎，石橋湛山，高橋是清，浜口雄幸，井上準之助，斎藤隆夫，武藤山治，小林一三，山本五十六などの，「自由主義者」と一括しては語弊があるとすれば，反国家主義的・反軍国主義的思想を持った人々が存在し行動したことは，ほとんど信じられないことだ．

もちろん彼らは，一部のマルクス主義者や共産主義者のように，革命を起こしてまで国家の愚行（アジア侵略や戦争や言論弾圧など）を諌め阻止しようとはしなかった．また一部の国家主義者のように，クーデタを決行してまで「陛下の奸臣を除こう」とはしなかった．その意味で，彼ら日本リベラルの抗議や抵抗はまことに微温的なものであり，「体制内に回収」されることを約束されたものだったというべきかもしれない．

しかし，革命やクーデタを起こして国家を転覆することがいま一つの大いなる愚行であることが予想される時，自由主義と「日本」という国を守りつつ，その愚行を改めようとする彼らの行為の目的，ベクトルの方向に誤りはなかった．命を失うことを恐れず——実際，周知のように，彼らのうちの幾人かが命を落としたのだが——，その目的に邁進した彼らの栄光は記録と記憶に留められなければならい．

現代日本もなにがしかの自由社会として発展することを望む者にとって，彼ら，戦前日本リベラルの言動ほど勇気づけられるものはなく，事実，戦前日本の軍国主義時代，「暗い谷間」を「悪夢」とする戦後の自由主義的研究者からは，彼らへの賞賛が絶えることはない．

賞賛は当然のことだろう．しかしながら同時に，かの栄光のリベラリストたちがなぜ時代のなかで敗北していったのか，なぜ自らの目的の実現に失敗したのか，蹉跌をきたしたのか，目的の実現に成功しえたとしたら，どのような方策がありえたのかという疑問も残ることになる．

こうした疑問に立ち向かうことは，日本リベラルの敗北の責任を問うことにもつながる．というのは，言論界，学界，政界，実業界，軍部などのいずれの分野に属するにせよ，彼らの多くはそれなりの見識と実力に恵まれた，当時の日本の文字通りの「エリート」であり，事態の悪化の責任を戦争に向かって行った指導層にのみ押しつけることは，いかにも一面的な見解のように思われるからである．彼らはなぜ戦争を阻止できなかったのか，阻止できなかった彼らの責任をどう考えたらよいのか．

戦前日本に関する歴史的研究は，いうまでもなく，筆者のような素人の新規参入を不可能とするほど多くある．筆者もそれらの先行研究に多くを学んだ．しかし，筆者の知る限り，自由主義者の一方的な賛美や，自由主義をはじめから「ブルジョア思想」として一蹴し断罪するマルクス主義者や国家主義者からの批判はともかく，戦前のリベラリストの栄光と蹉跌の双方を公平に視野に収め――自分が同じ状況の下に置かれたら何ができたかという問いも抱きながら――リベラリストの弱点を確認した上で，問題の可能な解決策を探った研究は意外に少ないように思われた．

　何らかの意味での自由主義を支持する者にとって必要なことは，戦前の日本リベラルの見識と勇気を称えると同時に，ある場合には無慈悲に，彼らの失敗の原因を析出し，責任を問い，成功の契機があったとすればそれは何かを具体的に探り出し教訓にすることであると，筆者には思われるが，そうした研究は必ずしも多くない．[2]

　いずれにしても，こうした疑問と思いを胸に，戦前活躍した代表的自由主義者，日本リベラルの著作などを――もちろん数多くの先行研究の助けを借りて――読み始めてまず浮かんできた感想は，「彼らの主張は正論だが，どこか当時の時代状況から浮き上がって見える，乖離して見える」というものだった．

　もちろん彼らの主張は，実際的政策というより，「理念」や「理想」に近く，「理想」が「現実」と異なるのは当然だ．「理想」は常に「現実」と乖離している，あるいは乖離しているからこそ「理想」としての価値がある．また，英米など諸外国の主張が時代状況に即していたかといえば，第一次世界大戦の惨禍への痛切な反省に基づいて，大戦後の平和で民主的国際関係を目指した，いわゆる「ウィルソン主義」なども，かなり乖離していたのではないか．そして「理念」や「理想」が，妙ないい方になるが，利益や力などと入れ子になって世界を動かす現実的動因の一つとなる．

　だから問題は，日本リベラルの主張が「浮き上がっている」こと自体ではなく，それが他の要因とどのように組み合わされて当時の日本の現実に生かされたのかということになるのだが，そのあたりの事情がなかなか見えてこないのである．

　もう一つ研究過程の初期に浮かんできた感想は，いま述べたこととももちろん密接に関連するが，よりぼんやりしているというか，「フィーリング」に近い次元の「浮き上がり」である．

筆者が検討した日本リベラルのほとんどは，生い立ちはともかく，活発に活動していた時期には掛け値なしのエリートである．品性を疑われるのを承知の上で，彼らの年収や暮らしぶりを調べてみると，当時の国民大衆のそれらとは文字通り桁違いの豊かさに驚かされる．当時の帝大教授の年収は，現在価値に換算して数千万円を下らないのではないか．

しかし彼らエリートの言動を見ると，協調外交にせよ，労働者農民の救済を謳った社会政策の提案にせよ，すばらしい「正論」を見出すのはむずかしくない．彼らの提案が実現されていたら，日本は破局に向かわないですんだのではないかと，心から思わされるのである．

また彼らの伝記などを読むと，その多くが，完璧ではないにせよ，人格の高潔さや人間的魅力に溢れた人々であることに気づかされる．財閥の指導者たちは，決して，マルクス主義者や社会主義者がしばしば描くような「貪欲飽くなき資本家」などではない．彼らの多くは，彼らなりの「ノーブレス・オブリージェ（高貴な義務）」を果たそうとしていたのである．

しかし彼らエリートの足下，あるいは傍らには，生活苦にあえぐ国民大衆の一部がいた．あとで詳しく述べるように，戦前の経済統計を見ると，戦後のわれわれが想像もできないほどの巨大な経済格差があったことに気づく．しかも1930年代には，その格差がますます拡大しつつあった．

筆者の若い時，戦前ドイツの有名な経済社会学者のW.ゾンバルトが，熱心な社会主義者だった頃，自宅に大学図書館ほどの蔵書を持つほどに恵まれた，ベルリン大学教授としての生活と一般労働者の生活のあまりの格差の大きさに苦しんだという話を聞いたことがある．

日本リベラルエリートのなかにも，そうした苦悩を心に秘めた者もいたかもしれない．熱心なクリスチャンだった吉野作造などは，そうした人だったような気がする．が，エリートたちの多くは，巨大な格差を放置したといっては語弊があるとすれば，格差を縮小することに成功しなかった．むしろ格差により敏感に反応したのは，陸海軍の青年将校や右翼だった．日本リベラルの鈍感さはどこから来るのか．

問題は，結局，「エリートと大衆」の問題に帰着するのかもしれない．エリートの自由主義者を主体として1917年ロシア二月革命を実現したメンシェビキ政権が，あっという間に打倒され，十月革命によってレーニン率いるボルシェビキ政権が樹立された背景には，当時のロシアにおけるエリートと国民大衆

との経済，教養，文化などに関するあまりに大きな格差があったという研究[池田 2017]を読んだことがあるが，メンシェビキ＝日本リベラル，ボルシェビキ＝日本軍部などとすると，左右両極から叱られそうだが，戦前日本にも似たような状況があったのかもしれないとも思う．ただし，これは筆者の勝手なアナロジーにすぎず，確かなことは分からない．

　こうしてわたしたちは，道をいくらも進まないうちに本書の基本的問題に連れ戻されることになる．基本問題を再確認すれば，戦前日本の自由主義者の幾人かは，困難な状況にあっても，諸外国との協調外交を推し進め，満州事変をはじめとする軍事的行動に反対し，国内的には，言論の自由，政党政治，市場経済などを擁護するなど，勇気ある言動を貫いた．それは彼らの栄光であり，今日の世界においても，というより，今日の世界でますます重要さを増しつつある意義ある行動だったといってよい．その彼らの言動が，なぜ軍部その他の台頭の前に敗北し，蹉跌を余儀なくされたのか．彼らの言動の目的が実現されるとしたら，それは具体的にどのような方策によって可能となったのか，彼らの責任をどのように考えたらよいのか，ということである．

　この問題を解くには，当時の世界と日本の政治経済状況などを理論的・歴史的・多面的に考察するという困難な作業を必要とするが，その作業にとりかかる前に，いくつかの点を整理しておかなければならない．

2．方　法

　まず，これまでルーズに使ったきた「自由主義」や「リベラリズム」や「日本リベラル」という言葉について改めて説明しておこう．

　これらも，他の多くの言葉と同様，きわめて多義的な言葉である．筆者は，I. バーリン，F. A. ハイエク，M. ポランニーなどによって展開された英米系リベラリズムを基本に考えているが，自由主義には，ヨーロッパ大陸系リベラリズムなど，実にさまざまな種類のものがあることが知られている．[3]伝統や歴史などを重んずる自由主義があれば，人間理性やアクティブな行動を重んずる自由主義があり，国家による社会経済への介入を重んずる，社会主義に近い自由主義などもある．アメリカなどで「リベラル」というと，どちらかというと，この最後のものに近いようだ．

　しかし本書では，その点に立ち入ることを避け，「自由主義」を，思想や言

論の自由，法の支配，複数政党制，議会制民主主義，市場経済などを原則として尊重し，さらに，それらを尊重する諸外国との協調を図る思想と現実の総称というほどの，きわめて広い意味で使うこととする．それ以上に厳密な「自由主義」の定義が，だれがその意味での「自由主義者」なのかの確認に手間どらせるなど，歴史的・具体的研究をかえって妨げかねないことを恐れるからである．

　また本書では，人間がすべてこの上なく個性的な存在であることを思えば暴論じみるが，戦前日本の各界で活躍した自由主義的傾向を持つ人々を一括して「日本リベラル」と呼ぶことにする．ただし，本書で議論の主要な対象とするのは，戦間期あるいは戦前昭和期の日本における彼らの思想と行動の軌跡である．

　いずれにしても，われわれの課題は，このような意味での日本リベラルの栄光と蹉跌を分析し考察することだが，筆者の基本的スタンスがリベラリズムの擁護にあることを再確認しておきたい．多様な価値観や生き方などによって特徴づけられる人々の共存を可能とする思想は，広い意味でのリベラリズムしかないと信ずるからである．リベラリズムを擁護しながらリベラリズムを時には厳しく批判し，その弱点を鋭く深くえぐること，えぐりながら結局はリベラリズムを擁護し，同思想を補強し，その一層の発展を図ること——これが，筆者の願いである．また共産主義者や国家主義者などを結局は批判する場合にも，可能な限り彼らの内面に立ち入り，ある面で共感しつつも批判するといった研究姿勢をとりたいものである．

　筆者の願望にとって最も参考になったのは，A. de. トクヴィルが『アメリカの民主政治』［1835/1840］で採用した民主主義評価の方法である．

　トクヴィルは，20代の時に行なった19世紀前半のアメリカ旅行の調査に基づいて，アメリカ民主政治の個別的考察に留まらない，民主政治一般に関する見事な古典的考察を行なった．少し異なる時期に書かれた第1巻と第2巻を続けて読むと，アメリカのトクヴィル研究者が「『民主政治』には二つのデモクラシーがある」と評したほど，民主政治に対するかなり異なったトクヴィルの評価が示されていることに気づかされる．第1巻には肯定的評価が，第2巻には否定的評価が眼につくのである．

　しかし『民主政治』の二つの巻を丁寧に読むと，読者は，トクヴィルが民主政治，あるいはより一般的には，民主主義社会の長所を指摘しながら欠点を指

摘し，欠点を指摘しながら矯正法を提案して，結局のところ，全体としては民主主義を擁護していることを納得させられることになる．

　トクヴィルが民主主義を擁護するのは，近代社会においては貴族主義や独裁主義を維持するわけにはいかず，民主化への趨勢を止めるわけにはいかないという現実観察によるところもあるが，それ以上に，一人一人の人間の尊厳と自由と平等を実現することが，彼の信ずる聖書の教えにも適ったことだと考えたからである．

　しかし，民主主義には，社会を破滅にも導きかねない恐ろしい欠陥も含まれている．その最たるものは，それが，さまざまな意味での人々の平等を大原則とせざるをえないからである．民主的社会では，すべての人々が平等なのだから，特定の個人や集団が，かつての貴族社会のように特権的地位や権威を享受するわけにはいかない．それが民主的社会の素晴らしい長所なのだが，そうすると，社会や国家の物事を決めるのは多数決という量的基準によるほかなくなる．

　では，多数者が常に正しく判断できるかというと，必ずしもそうはいかない．人々は，マスメディアや特定の政治的プロパガンダを盲信し，それらに煽られて，たとえばヒトラーのような指導者を選挙で合法的に選んでしまうかもしれない．「多数者の専制」あるいは，今日にいわゆる「ポピュリズム」によって政治が決められてしまうかもしれないのである．

　民主主義の弊害に対してトクヴィルが提案する改善策は，人々の関心を目先の利益からより遠く大きな利益に向けさせるよう期待される宗教（キリスト教）への信仰と，見物するのではなく，自ら実際に参加し義務を果たすことによって人々の公共精神を涵養するよう期待される中間集団の振興である．

　本書が，戦前期・戦間期の日本リベラルを論ずるに際しても採用したいのは，こうした，否定しつつ肯定するという，いわば「トクヴィルの方法」である．

　日本リベラルの考察に当たってもう一つ心がけたいことは——それが成功するかどうかは別として——，できるだけ立体的・多面的な議論を行ないたいということである．

　この場合の「立体的・多面的」という言葉には，大別して，二通りの意味がある．

　一つの意味は，日本リベラルの言動を含む戦前日本の状況を，政治，経済，社会，文化など，さまざまな角度から考察してみるということである．

本書を書くに当たっては筆者なりに多くの先行研究を参照し，教えられ啓発される面が多かったことはもちろんだが，おそらく歴史学などの発展のためであろう，多くの研究が「思想史」「政治史」「経済史」等々と細分化され，それぞれが精密で学術的価値が高まった反面，全体を大きく見渡す視点が失われつつあるという印象を受けたことも否定できない．

　そこで本書では，蛮勇を振るって，戦前日本の総体的考察を及ばずながら試みた．したがって，個々の論点に関して，多くの誤りや不十分な点が専門家から指摘されうるが，筆者の認識の発展と進化のためにも批判を歓迎したい．

　なお，次節の先取りとなるが，本書の主要部分に当たる第1章から第4章のタイトルの冒頭に「政治」「経済」「社会」「文化」を付したのは，議論の主要な対象を明確にし，議論を整理するためである．そうしたのは，おそらく大学院時代に学んだT. パーソンズのAGIL図式が頭に残っていたからであり，「政治」＝G（目標達成），「経済」＝A（適応），「社会」＝I（統合），「文化」＝L（潜在的パターンの維持）などと対応づけられないことはないが，本書での「政治」……は，あくまで議論整理上の便宜のためであり，パーソンズの図式とはあまり関係がないことを確認しておきたい．「政治」「経済」「文化」は常識的な政治と経済と文化の意味で，「社会」は常識的な意味といってはかえって分かりにくくなるとすれば，端的に，社会学でいう「中間集団」を扱う章という程度の意味での理解を読者には願いたい．

　「立体的・多面的」のもう一つの意味は，「ミクロ」と「マクロ」の統合ということである．もちろんこの場合の「ミクロ」「マクロ」は——まったく関係がないとまではいえないが——経済学の「ミクロ」「マクロ」ではなく，日本リベラル個々人の言動や思想を扱う場合にも，可能な限り，それを取り巻く，あるいはそれの背後にあるマクロ的，客観的状況を忘れない，場合によっては，統計データなどによってきちんと確認しながら仕事を進めたいということである．

　特に思想史，文化史，精神史などの分野では，事の性格上，対象人物の著作や日記などの読解が中心となるが，筆者の印象では，それらは往々にして，優れた人物論に留まることが多いように思われる．もちろん人物や生き様の微細な襞（ひだ）が浮き彫りにされることによって，たとえば柳田国男の思想の本質が析出されることも多いのだが，そうした「襞」もまた，たとえば大正デモクラシーという時代の大状況のなかで刻まれるのであって，「襞」という小状況のより

よい理解のためにも，大状況の客観的分析——場合によっては数理模型による解析——があった方が望ましいというべきだろう．

逆に，マクロ的統計データで示されるような大状況のよりよい理解のために，人物論のようなミクロ分析が役立つこともいうまでもない．

筆者の専門分野と「立体的・多面的」議論との関係についても一言しておこう．

筆者が専門家としての仕事をしてきたのは，数理経済学（ミクロ，マクロ）のいくつかの分野，カール・ポランニーの社会経済哲学，マイケル・ポランニーの知識論と自由主義哲学，柳田国男の農政学を中心とした政治経済思想などの分野に限られている．

それらの研究から得られた知見の多くは，本書の随所の個別的論点，あるいは議論の大きなフレームワークとして生かされているが，それ以外の大部分については，政治史，経済史，社会史，文化史などのいずれの分野に関するものであれ，先行研究に依拠している．特に統計データや歴史的事実に関しては，読者の便宜を考慮して多くの図表を掲載したが，先行研究からとられた，いわゆる「第2次・第3次資料」がほとんどだといってよく，筆者のオリジナリティはない．ただし，それら先行研究の成果を相互に突き合わせ，矛盾がある場合には筆者の責任において一方を捨て他方を採るなど，筆者なりの仕方で咀嚼（そしゃく）し生かしたつもりではある．

3．本書の構成

本書は，この序章も含めて6章で構成される．

第1章では，主に戦前昭和期日本の政治プロセスを大衆社会論の観点から概観し，そのなかに，石橋湛山，清沢洌，吉野作造，吉田茂，井上準之助，斎藤隆夫，河合栄治郎，美濃部達吉などの日本リベラルの言動を位置づけ検討した．この政党から軍部へ，国際協調から戦争へというよく知られたプロセスで重要な役割を果たすのが「大衆」であり，いわば，軍部との「大衆的支持の獲得競争」に日本リベラルが敗れたというのがこの章の主要な結論である．敗北の責任の一端は，もちろん日本リベラル自身が負わなければならない．

第2章では，同時期の日本経済の動向を概観しながら，日本リベラルの可能性と限界を指摘した．浜口内閣という古典的リベラル政権の金本位制への固執

（旧平価での金輸出解禁）は明確な失敗だったが，昭和恐慌後登場した「高橋財政」下の景気回復は目覚ましく，一部のマルクス経済学者の評価とは逆に，その勢いは戦後の高度成長にもつながる積極的要素を含んでいた．日本リベラルの最大の可能性は，ケインズ主義者とはいってもやはりリベラルに他ならなかった高橋是清の経済政策のうちにあった．が，その政策下の景気回復も，ますます拡大しつつあった所得・経済格差などを是正する思い切った構造改革なしには持続不可能であったことだろう．その構造改革の断行に踏み出せなかった点に，日本リベラルの蹉跌の最大の理由があったことが示される．

なお，この章には自由貿易と金本位制下の国際経済に関する数学的な補論（それぞれ補論1と補論2）が付されている．補論1では，金本位制下の国際経済に関する2国モデルが定式化され，金保有量の増加が一国のGDPと雇用量を増加させ，各国を「近隣窮乏化政策」に向かわせる条件が明らかにされ，補論2では，自由貿易が，教科書的議論におけるように，常に各国の貿易利益を増加させるとは限らないことを明らかにした上で，なおも自由貿易が擁護されるべき理由が説明されている．

テクニカルな議論に無関心な読者には読み飛ばしてもらって構わないが，ある命題が科学的に主張されうるのは常に一定の条件の下である以上，思想史的・歴史的考察にとってもテクニカルな問題をまったく避けるわけにはいかない点を理解してもらいたい．

第3章では，戦前日本の中間集団の可能性と現実を，トクヴィルの民主主義論，というより中間集団論をフレームワークとして論じる．政党，企業組織，労働組合，農業組合，家族が，大衆民主主義社会の弊害にどのように対処するかという観点から検討されるが，一部の企業組織と労働組合を除いて，現実の評価は高くない．特に，日本リベラリズムの牽引役を果たすべく期待された政党，政党政治の現実は深刻だった．政党が軍部に敗れたというより，政党が自壊したという方が正確かもしれない．しかし，企業組織や農業組織の改善に努力した武藤山治，柳田国男，石橋湛山や，彼らの後継者など，日本リベラルの栄光の萌芽は存在した．

第4章では，日本リベラルから一旦離れて，「福本イズム」などのマルクス主義，橘孝三郎の農本主義，北一輝の国家社会主義，知識人による「近代の超克」，保田与重郎の日本浪漫主義，要するに，左右両極の思想を，大衆社会論あるいはカール・ポランニーの「文化的真空」論の観点から論じたあと，アダ

ム・スミスの道徳哲学と日本リベラリズムの現実に回帰する．筆者の見るところ，両極の過激思想は，大衆社会に生じた「文化的真空」を埋めるためのロマン主義的反動だった．それらの思想の中身は，「宗教」といった方が正鵠(せいこく)を得ているとは思われるほど無内容なものであり，とてもリアリティを主張するものではなかったが，現実政治には，青年将校の行動などを通して，リベラリズムより強いインパクトを与えたといわざるをえない．この点でも日本は蹉跌を来したのである．

終章では，本書の結論を一応確認した上で，現在の日本と世界にとってのリベラリズムの意義と課題を論じた．暫定的結論は，日本リベラルの最大の栄光と可能性の一つは「高橋財政」下の経済成長の持続のうちにあったが，それを実現するためには，財閥解体，財産税による経済格差の是正，労働の民主化，農地改革と農業改革など，GHQ下に行なわれた戦後改革に匹敵するような大改革を，日本人自らの手で実行することが不可欠だった．日本リベラルの蹉跌の最も大きな理由の一つは，その必要に気づいていながら，改革を実行する気概や思想や政治力や組織力に欠けていたということである．

気づいていながら踏み出すことができなかったという現実には，「エリートと大衆」の間に，多くは無意識的で「文化的」ともいえるギャップが関与しているようだ．このギャップは，今日のアメリカ，ヨーロッパ，中国，さらには日本でも一役演じているように思われる．大衆社会には病理的側面もあることを思えば，筆者は，エリート主義に必ずしも反対しないが，エリート主義にも病理的側面があることを思えば，これは，現代人が真剣に取り組むべき普遍的課題の一つでもあるといってよいだろう．

注
1) 自由主義思想に関する筆者の詳しい議論は，佐藤［2008］参照．
2) 筆者の目に止まったほとんど唯一の例外は，上田［2016］である．同書は，芦田均，清沢洌，石橋湛山の思想と行動を詳細に追った上で，これら自由主義者がナショナリズムを越えられなかったことに，戦争を回避させることができなかった彼らの限界の一つを見出している．しかし，国を愛するがゆえに戦争を回避しようとした人々が数多くいたことからも分かるように，ナショナリズムが戦争を回避できない一般的理由はない．逆に，共産主義のインターナショナリズムが平和をもたらすという理由もなく，現実にはむしろ世界各地で戦争をもたらしたことも周知の事実である．同書の問題意識を生かすために必要なのは，より具体的に，どのようなナショナリズムがどの

ような自由主義とどのように結びついて戦争をもたらすのか，もたらさないかという点を検討することであり，芦田らの研究の意味もその点に見出されるべきであろう．
3) 筆者が最も大きな可能性を見出すのは「保守的自由主義」と名づけられた，ある型のリベラリズムだが，その詳細については佐藤・中澤［2015：序章］を参照のこと．

第1章 政治
大衆民主主義がもたらした軍国主義

1．「大衆」の登場

　教養学部の学生時代に，マルクス主義に立脚した社会思想史の講義で「現代は1917年のロシア革命に始まる」と教えられ，かなり長い間本気でそう思っていた時期がある．「そうか，現代とは社会主義の時代なのか．資本主義などは前時代の遺物なのか」と考えると，1970年前後のことなので，世界がそれでよく分かる，よく見えるという気がした．

　しかし，スターリン時代のソ連の内幕を自分なりに勉強し，中国の文化大革命の惨状を伝え聞き，ペレストロイカを通過して，エリツインが戦車の上に登ってクーデターの勝利を宣言しているのをテレビで見たりしているうちに，もちろんそんな「現代」の定義は吹き飛んでしまった．その定義通りだとすると「現代」が終焉してしまうことになるからだ．

　その後色々勉強したり，周囲を見渡したりしていると，そうした「現代」の定義より，「現代は20世紀の大衆massの登場に始まる」とした方がよいように思えるようになった．ロシア革命も中国革命も，それからナチスや，日本の「大正デモクラシー」や「普選」も，そうした方が統一的に理解できるように思ったからだ．

　もちろん，こうした「現代」の新定義にきちんとした学問的裏付けがあるはずはなく，これは多分に筆者雑駁(ざっぱく)な想念にすぎない．が，当面の分析対象である1920年代以降の日本の政治過程の出発点も，ロシア革命などではなく，日比谷焼打ち事件に求めた方が分かりがよいような気がする．

　たとえば司馬遼太郎は，日露戦争の勝利から太平洋戦争の敗戦までの「日本の近代」を「異胎(いたい)」というまことに独特の言葉で表現したあと，その「異胎」の一つの現れを日比谷焼打ち事件に登場した数万人の「大群衆」に見出している［司馬1990："雑貨屋"の帝国主義］．講和条約という屈辱条約の締結に憤激した，

この「大群衆」としての「異胎」が，彼の嫌う昭和期以降の戦前日本の喜悲劇の隠された推進力となったというわけだ．

同様のことは，専門的な歴史研究者によっても指摘されている．たとえば成田龍一は，『大正デモクラシー』［成田 2007］の書き出しを日比谷焼打ち事件に参集した「群衆」の描写から始めている．成田によれば，この「群衆」が大正デモクラシーの発火点」ともなったのであり，それがやがて政府批判とアジア進出への熱狂を合わせ持った「『帝国』のデモクラシー」をもたらすことになる．

司馬や成田が優れているのは，国家権力の横暴に憤激し民主政治，特に普通選挙の施行を求める「国民」と，他国，特にアジアの民衆の利害も感情も無視して「国益」という名の私益を追求して恥じない「国民」という二重性において，日本の大衆を規定する視点だ．この二重性は，吉野，清沢，石橋なども苦しんだ国民の特性だった．

この対内的な「平等」と対外的な「侵略」あるいは「支配」の二重性を持った「異胎」＝「群衆」＝「『帝国』のデモクラット」＝大衆が，ある時は暴動の，ある時は「普選」請願デモの，ある時は無産政党結成の，またある時は，他人や他国の「自由」などに無頓着な満洲事変祝賀行列の現場に現れる．あるいは背後に隠れて事態を支配している．

もちろん国民大衆にも言い分がある．巨大な言い分があるというべきだろう．労働組合の結成すら認められない労使関係と労働条件，不在・寄生地主に吸い取られる小作料，欧米諸国のそれが下がりつつある時に上がりつつあるジニ係数（貧富の格差）など，これらの問題は為政者や財界人や知識人こそ率先して取組み解決してしかるべきなのに，頼みの政党政治は権力とカネに塗れて機能していない．とすれば，暴動を起こすか，「満洲に行って一旗あげる」かしかないではないか．むしろデモクラシーの否定的側面の責任は，統治者たちの側にあるというべきかもしれない．実際，1920年代以降の日本には，そう言われても仕方のない問題が山積していた．

それにしても，18世紀のE. バーク，19世紀のA. de. トクヴィル，J. S. ミル，オルテガなどの先駆的業績はあったにせよ，欧米でも「大衆」「大衆社会」の問題が本格的に注目され出したのは1920年代以降のことであることを思うと，後進日本ですでにその種の問題が発生していたというのは，少し先走りがすぎるのではなかろうか．1920年代から30年代の日本社会はそれほど大衆化して

いたのだろうか．

　確かに，多くの人々が指摘しているように，大衆化は当時の日本でも着実に進行しつつあった．たとえば，筒井清忠は，当時の日本で，大量生産・大量販売・大量消費の開始と拡大（制服や「アッパッパ」など洋服の普及，人絹の国産化，パン，コロッケ，ラムネ，サイダー，ビール，カルピスなど普及，キャラメルやチョコレートなど製菓メーカーの成長，日本製洋風住宅の普及など），マスメディアの発達（ラジオ，新聞，映画，雑誌などの普及），教育，特に高等教育の普及などが急速に進展しつつあったことを指摘している［筒井 1984：66‐71］．また成田も，1920 年代後半からの都市では，映画館やカフェ，デパート，ダンスホールなどの街頭文化が花開き，新しいライフスタイルが開始されたことを指摘している［成田 2007：185‐186］．

　が，当時の日本はまだ農村人口が全人口の 50％弱を占めているのであり，大衆化が都市化とほぼ同じことを意味することを考えれば，当時の日本社会を「大衆社会」と特徴づけるのはためらわれてしかるべきだろう．

　しかし知識人には，ベクトルの大きさはともかく，方向とその含意は鋭敏に感じ取られたに違いない．最も有名なものの一つは，小林秀雄の「故郷を失った文学」［小林 1933］であり，そのエッセイのなかで，彼は，東京という都会育ちの自分にはそもそも「故郷」というものが分からないと，成田の言葉を借りれば「遊民（フラヌール）」［成田 2007：183］しつつある自分の境涯（きょうがい）を嘆いた．柳田国男が民俗学と「常民」の探究にのめり込んでいった理由の一つも，成田が示唆するように，「遊民化」「浮民化」する日本民族の行く末を案じたことにあったのかもしれない．

　さらに，一人二人と「都会人化」しつつある同郷人を目の当たりにした農民たちが，知識人同様の鋭敏さを持って，事態の現状というより行く末を感じ取り，「田舎風」のメンタリティを残したまま「都会人の不安」を覚えることは大いにありそうなことである．実際，中村隆英［1978：98‐101］が書いているように，第 1 次世界大戦以降の農林業から他産業へ，農村から都市への人口移動のスピードは急激だった（**表 1‐1**，**1‐2 参照**）．

　さらに，農村生活の洋風化・都市化もわれわれの予想以上に進行していた．戦前日本の大衆文化を象徴していた雑誌『キング』の編集方針を真似て農村での売上げを急速に伸ばした，産業組合発行の雑誌『家の光』の丹念な分析に基づいて戦前日本の農村生活の実態を調査した板垣邦子は次のように書いている．

表1-1 農林業，近代産業，在来産業の人口構成 (1872-1940年)

(単位：千人)

	有業人口 (A)	農林業計 (B)	非農林業計 (C)	近代産業 (D)	在来産業 (E)	構成比 (A=100)			
						B	C	D	E
1872- 75	21,437	14,947	6,490			69.7	30.3		
76- 80	21,752	14,776	6,975			67.9	32.1		
81- 85	22,072	14,606	7,466	406	7,060	66.2	33.8	1.8	32.0
86- 90	22,601	14,427	8,174	468	7,706	63.8	36.2	2.1	34.1
91- 95	23,355	14,312	9,043	681	8,362	61.3	38.7	2.9	35.8
96-1900	24,008	14,326	9,682	906	8,776	59.7	40.3	3.8	36.6
1901- 05	24,614	14,258	10,356	1,165	9,191	57.9	42.1	4.7	37.3
06- 10	25,124	14,189	10,935	1,554	9,381	56.5	43.5	6.2	37.3
11- 15	25,757	14,136	11,620	1,965	9,655	54.9	45.1	7.6	37.5
16- 20	26,684	14,120	12,564	2,837	9,727	52.9	47.1	10.6	36.5
21- 25	27,844	14,128	13,716	3,237	10,479	50.8	49.3	11.6	37.7
26- 30	29,076	14,130	14,946	3,475	11,471	48.6	51.4	12.0	39.5
31- 35	30,713	14,044	16,668	3,696	12,975	45.7	54.3	12.0	42.2
36- 40	32,431	13,898	18,533			42.9	57.2		

(注1) 非農林業，在来産業には漁業を含む．
(注2) 近代産業とは従業員5人以上の工場からなる産業をさす．
(資料) 梅村又次ほか『労働力』(LTES 2)，山口和雄『明治前期経済の分析』，『農商統計表』，『工場統計表』など．
(出所) 中村 [1978：35] 第15表．

表1-2 人口の市町村人口階級別構成比 (1898-1935年)

(単位：％)

	1898	1903	1908	1913	1918	1920	1925	1930	1935
人口1万人以下	81.6	79.4	76.5	74.2	70.1	62.0	59.4	56.9	54.3
1万人―5万人	8.2	8.5	9.4	10.9	12.6	14.1	14.3	14.6	14.9
5万人―10万人	1.1	1.1	1.7	2.3	3.2	4.4	4.8	5.1	5.3
10万人以上	9.1	10.9	12.4	12.5	14.1	19.5	21.6	23.5	25.5
計	100	100	100	100	100	100	100	100	100

(資料) 中村隆英『戦前期日本経済成長の分析』．
(出所) 中村 [1978：99] 第16表．

「農村大衆はモダニズムを志向していた．そして現実には『家の光』の構想を乗り越えて，都市的（消費主義的・個人主義的）モダニズムが浸透し，洋風化・都市化が進行したことも明らかであった」［板垣 1992：288］．

つまり，第1次大戦以降の日本は，農林業から近代産業，農村から都市への人口移動の加速化ばかりでなく，残存する農村生活自体の都市化と「大衆社会

化」をも実現しつつあったことになる.

社会の各所で進行しつつあったこうした「大衆社会化」が戦前日本の政治経済にどのような影響を与えたか——これが本書のライトモティーフの一つだが——，その点に立ち入る前に，まず当時の世界や日本の政治状況を概観しておかなければならない.

2. ワシントン体制の成立と崩壊

第1次大戦後の国際秩序の基礎は，ヨーロッパではヴェルサイユ会議（1919年）によって，アジア太平洋ではワシントン会議（1921 - 1922 年）によってつくられた. ワシントン会議によってつくられたアジア太平洋地域の国際秩序を「ワシントン体制」と呼ぶ.

アメリカ主導のワシントン体制の基礎は，同会議で締結された諸条約，すなわち，諸大国の主力艦保有量を制限した海軍軍縮条約，アジア太平洋地域における権益の現状維持を定めた4カ国条約（英，米，仏，日），中国市場における門戸開放を規定した9カ国条約（英，米，仏，日，伊，蘭，ベルギー，ポルトガル，中）である.

「ワシントン体制」は，第1次大戦以前の赤裸々な帝国主義的外交方式を改め，民族自決や領土保全や各国の機会均等などを理念とした新しい国際秩序を目指したものといわれているが，その眼目は，アジア太平洋一般ではなく，中国における列強の権益秩序の形成にあった.

「ワシントン体制」は，日本にとって必ずしも歓迎されるものではなかった. 佐藤誠三郎の論文「協調と自立との間」が指摘するように，第1次大戦を経て国力を急速に増進させた「中進帝国」日本に対する各国の視線は冷たく，ワシントン会議はむしろ日本の既得権益に対する挑戦として受け取られた［佐藤 1970：239；252 - 257］.

しかし，国際的孤立と経済的困難に悩む当時の日本にとっては，英米との協調は，好悪を越えて，ほとんど唯一の現実的選択であり，また協調体制の下では日本の平和的・経済的発展が可能であり，中国での既得権益を維持することも可能であると考えられていたなどの理由から，日本は「ワシントン体制」への協力的態度を示すことになる［同：258 - 259］.

だだし，その場合の重要な前提は，二つの重要な要素が無視されることだっ

2)
た．

　一つ目の要素は，第1次大戦前には東アジアのビッグプレーヤーであり，いまや「ソ連」と名を変えたロシアである．ロシア革命直後のワシントン会議開催時には，ロシアは国内秩序の維持に精一杯で，とても東アジア政治に積極的に関与する余裕がなかった．ワシントン会議参加国は，条約締結に当たってソ連の存在を無視することができたのである．

　いま一つの要素は，中華民国の代表が会議に参加したとはいえ，積極的な決定主体ではありえなかった中国の統一的意志，すなわち中国ナショナリズムの存在である．当時の中国は，まだ各地の軍閥の集積体の様相が強く，ある程度の権力的クラスターは形成されつつあったとはいえ，北京政府と南京政府，国民党と共産党などと政治的に分裂し，統一的意志を外部に示すことができない状態にあった．

　つまり，ソ連と中国という二つの積極的主体の不在の上にワシントン体制は成立っていた．日本の軍部（陸軍と海軍）がワシントン体制を受け入れたのも，そうした前提があってのことだったのだが，その前提が，会議後すみやかに崩壊し始めた．

　すなわち，まず革命後の混乱をなんとか乗り切ったソ連が，1920年代半ば以降，経済力と軍事力を回復し，積極的な極東外交を展開し日本を圧迫し出した．

　次に同じ頃から，蒋介石に率いられた中国国民党が国内統一（北伐）に乗り出した．しかも，この両者──ソ連の積極的な極東外交と北伐──は密接に関連していた．

　有馬によれば，1924年1月に開かれた中国国民党全国代表大会では，多くの中国共産党員が中央執行委員に選出され，いわゆる「第1次国共合作」が成立した．さらに同年6月に蒋介石を校長とした黄埔軍官学校にも，周恩来などの共産党員が参加した．こうした動きの背景には，ソ連とコミンテルンの強力な援助工作があったという［有馬 2002：72-73］．

　もちろん，ワシントン体制を弛緩させ，遂に崩壊させた要因はほかにもある．そもそも，その理念の美しさとは裏腹に，ワシントン会議を主催したアメリカの意図の一つは，日英同盟の下で中国利権を過剰に占有していたイギリスと日本の力を弱め，中国における自己の利権を拡大することだった．中国の「門戸開放」は，あとからやってきて門から締め出されていた者の自己利益追求の

口実だったという側面を持っていた［北岡 2015：34］．

　その上「民族自決」や「門戸開放」すなわち「フェアープレイ」の理念には，当然，人種差別反対も含まれてしかるべきだが，アメリカ建国の「原罪」としての先住インディアンからの土地収奪や，いまに続く黒人差別はさておき，1913 年のカルフォルニア排日土地法や 1925 年排日移民法などは，日本の知識人や国民の一部にアメリカの理念を疑わせるのに十分だった［北岡 2015：36-39］．それらが反英米思想を青年将校たちに植えつけ，太平洋戦争の遠因の一つとなったという見方も可能だろう［細谷 2015：104］．また，これはあまり知られていないことだが，アメリカは伝統的に保護貿易主義の国であり，20 世紀に入ってからも，一時期を除いて，1922 年にフォードニイ・マッカムバー関税（Fordney-McCumber Tariff）を制定するなど，高率関税国でありつづけた［中西 1988：第 2 章第 3 節］．

　ことさらにアメリカを非難しようというのではない．そうした理念と実体の落差は，どの国，どの民族，どの個人にも見られることであり，特に国際政治は，ホッブスのいわゆる「自然状態」ではないとしても，理念，利害，力などの虚々実々の駆け引きが常態の世界と見なすのが，永遠の真実に近いというべきなのだろう．「ワシントン体制」も，佐藤誠三郎がかつて述べたように，「『持てる国』による『持てる国』のためのもの」［佐藤 1970：322］であり，日本のような「持てぬ国」にとっては欺瞞的なものにすぎなかった．また欧米諸国が事実上の人種差別を行なったことは否定しがたく，日本の指導者や国民の一部が憤るのも当然のことだった．しかし，だからといって，その国際秩序を攻撃的に破壊するのが最善の策とは限らない．

　いずれにしても，ワシントン体制の大前提が崩れてしまえば，「必然」とまではいえないにせよ，「日本陸軍の暴走」はカウントダウンの段階に入ったというべきだろう．なぜなら，有馬が鋭く指摘するように［有馬 2002：73］，「満蒙問題」は，もう，日露戦争によって日本が満洲に獲得した権益（関東州の租借権，満鉄）の防衛という一般論の水準を越えて，中国国民党による政治的統一によって具体的に脅かされ，加えて，ソ連の積極外交のために「防共」という軍事的・政治的・イデオロギー的役割も持たされることを通じて，「生命線」と語られるような切迫した「問題」となりつつあったからである．

　第 1 次大戦以降，軍服を着て街を歩くと侮辱されるなど，軍部に冷たかった国民の態度を一変させた満州事変が，この「問題」の最善の解決策だったとは

思わない．しかしそれは多分に，その後の経過を知った者の無責任な判断（after thought）ではないか，現在の情報と尺度で過去を裁定する卑怯きわまる行為かもしれず，当時の日本に自分がもし生きていたら何ができたか，どうすればよかったのか，という思いも筆者は禁ずることできないのである．

実際，乏しい知識ながら，ワシントン会議から満州事変に至るアジア太平洋の政治史を追いかけていると，青年将校たちにもそれなりの言い分があるように思えてくる．万事を「軍事」「武力」に還元しがちな彼らの議論に付いていくことはできないが，「このままでは満州の権益が奪われてしまう．なんとかして局面を打開しなければ，満州は，日本は危ない」という危機意識に致命的な誤りを見出し，より優れた代替案を提出するのはむずかしい．

もちろん石橋湛山のように，経済合理性の上に立って，あっさりと「朝鮮台湾樺太(カラフト)も棄てる覚悟をしろ，支那や，シベリヤに対する干渉は，勿論やめろ」［石橋 1921：69］といっていえないことはなかった．実際，1920年代から30年代にかけての日本の貿易額は，中国や満州を含む日本植民地とのそれより，英米などとのそれの方がはるかに大きく，石橋は，それを裏付ける統計数字に基づいて，植民地なしの，いわゆる「小日本主義」を主張した．が，「満州特殊権益」を失うことがあらゆる意味で日本の利益になったかどうか．

石橋が期待したように，中国国民党が国内統一を果たして資本主義を発展させ，その中国を含めた全世界と自由貿易を行なえばよかったかもしれないが，ソ連とコミンテルンに支援介入された中国共産党が天下を取り，戦後の冷戦時代のような世界秩序が形成されたとしたら，少なくとも，石橋の理想する自由世界はその分だけ失われたことだろう．

満州事変批判としては，事変直後に行なわれた吉野作造の批判の方が分かりやすく，理に適っていたというべきかもしれない．当時すでに晩年に達していた吉野は，日本の満州特殊権益を全面的に否定しないまでも，謀略に頼り，日本の伝統的な勢力圏を越えて軍事行動しようとする関東軍のやり口を強く批判して，「私共は子供の頃から渇(かっ)しても盗泉(とうせん)の水は飲むなと教えられて来た」と書いた［吉野 1932：271］．

しかし，当時も今も，国際政治の現実は道義では動かない．道義が不要とも，道義や正義が国際政治においてまったく働かないとも考えないが，やはり各国政府を衝き動かす主要な力は「国益」としなければならないだろう．

そうした国際政治の現実，特に1930年代はじめの中国情勢のなかで，どの

ようにしたら日本の国益を守ることができたのか．「国益」という言葉を嫌い，「国益」をまったく無視できる者以外の者には，こうした問いが重くのしかかってくる．

石橋と同じく親英米リベラリストといっても，別の行動をとった当時の奉天総領事，吉田茂の例をとり上げて見よう．

当時49歳の田中義一内閣下の外交官だった吉田は，満州権益を委託していた張作霖が中国本土への野望を持ちだしたことを諫(いさ)め，おとなしく満州経営に専念することを要求し，その要求を実現するために，張作霖政権の兵工廠への引込線だった京奉線が，日本所有の満鉄線を横切っていたのに注目して，京奉線の満鉄線横断を阻止し，同政権の兵器庫を封鎖するという強引な行動をとったことがあった［高坂 1964：12-13］．

この行為は，戦後になって，吉田の保守性を示すものとして多くの人々から批判された．吉田をはじめて高く評価した高坂正堯すら，「満州における日本の権益を，日本の外交政策全体のなかで正しく捉える均衡の感覚を持っていなかった」［高坂 1964：15］と——彼の陸軍軍部とは違った合法性を確認しつつも——苦言を呈しているが，政府の役人だった吉田が，在留邦人の安全を含む「満州特殊権益」を守ろうとするのは当然としても，「満州特殊権益」を，それだけに限定して防衛しながら英米と協調・妥協し続けるのは，不可能ではなかったことだろう．

実際，満洲事変後に建国された満洲国に対する有名なリットン報告書（1932年9月）も，満洲国は承認しないまでも，満洲における日本の経済的権益や国防上の必要を認め，自治権も一応認めていたのだから，妥協の余地は少なからずあった．

しかし，周知のように，日本政府は妥協することなく，松岡洋右日本代表が国際連盟臨時総会の席を蹴って退場し，やがて日本は連盟を脱退し（1933年3月），関東軍が満洲国を中国から分離支配するため華北に侵入することになる（1933年4月）．

この日本政府，特に松岡全権の外交を強く批判したのが清沢洌である．清沢は，連盟における議論が大詰めに差しかかった頃，『中央公論』（1933年3月号）に「内田外相に問う」という論文を書き，内田外相と松岡全権がけんか腰の議論を展開し，連盟の反感を買い，日本の孤立を招いたことを批判，さらに松岡の帰国直前にも『中央公論』（1933年5月号）に「松岡全権に与う」を書いて，

松岡を重ねて批判しただけでなく，アメリカとの間で平和を確保すること，ソ連と不可侵条約を結ぶこと，しばらく冷却期間を置いたあと，中国との関係改善に努めることなどの提案を行なっている［北岡 1999：196-199］．

　事態のその後の展開を考えると，清沢の批判と提言は至極もっともだが，そこに欠けていたのは，松岡の帰国を歓呼の声を挙げて歓迎した国民大衆の「感情」に対する配慮だった．もちろん国民大衆の態度は，満蒙権益を「日本民族の血と汗の結晶」とし，「守れ満蒙＝帝国の生命線」などの見出しの事変賛美をした『東京日日新聞』を始めとするマスメディアによって煽られたものでもあったが，それを北岡のように「とくに大きな理由は商業主義であるように思われる．何よりも戦争は売れるのである」［同：179］とだけ言って済ませられるかどうかについては疑問が残る．

　この点については，清沢——さらに石橋や吉野ら——よりは蠟山政道（当時，東京帝国大学法学部教授）の方が問題の深部を理解していたように思われる．蠟山は，『中央公論』1929年9月号に掲載された「満洲問題の中核」のなかで，満洲問題を考察する場合の視点の一つとして，「我が国民の大多数が有する満洲問題に対する伝統的な感情的態度の奥底に潜む所の心理に想到し，これを合理的な政策に具体化せんとする考え方」［蠟山 1929：212］の重要性を指摘し，「この心理的事実を無視しては，いかなる政府または政党と雖もその満洲政策を成立たせしめ得ない」［同：213］と主張した［有馬 2002：129］．

　蠟山は，「伝統的な感情的態度の奥底に潜む所の心理」を，「本能的に一種の国防的不安を感ずる自衛心の発露」「人口食糧又は工業原料の不足に対する民族的危惧心」「自己保存の本能」など，さまざまな言葉で説明しようとしているが，重要なのは，要するに，国民的感情という主観的にして客観的な事実を無視した「満蒙問題」の議論は決定的に不十分だ，と蠟山が主張している点である．

　蠟山は，さらに，満州事変勃発の直前に『中央公論』に書いた「満蒙問題の『重大化』」では，松岡が1931年1月の帝国議会で，満蒙問題が「我が国民の生命線であると考えて居る」と発言して以来「流行語」となった「生命線」言説のイデオロギー性を批判し，対外的には合理的説明が必要なのだと主張しつつ，他方で，日本を含めたアジア諸国に渦巻く「無意識的な衝動的な国民大衆の動き」［蠟山 1931：8］も決して無視はできないとして，結局，関東軍による満洲・華北制圧を事実上肯定することになる［有馬 2002：129-130］．

清沢と蝋山のどちらが正しかったかといえば，満州事変以後の「15年戦争」ともいわれるその後の経緯を見る限り，蝋山，さらに関東軍や日本政府が正しかったというのはむずかしい．「国民感情」という事実を無視しなかったことが，その後，蝋山や三木清らによる「東亜協同体」という，どこが「大東亜共栄圏」と違うか見極めることが困難な構想につながったとすればなおのこと，蝋山らを支持することはむずかしい．

　しかし同時に，「国民感情」を無視した清沢，石橋，吉野らの正論が国民から「浮き上がって」見えること，そのままでは当時の軍部や政府に勝てる確率が低かったと思えることを否定することもできないのである．虫がよすぎる疑問かもしれないが，「国民感情」に配慮しつつ，事態の悪化を食い止める方策はなかったか．

　いずれにしても，満州事変（1931年）→ 国際連盟脱退，関東軍の華北侵入（1933年）→ 盧溝橋事件，日中戦争開始（1937年）→ 日独伊三国同盟（1940年）→ 真珠湾攻撃，太平洋戦争開始（1941年）と続く一連の過程を追っていくと，日本ファシズムならぬ日本軍国主義の「ずさんさ」が見えてくる[3]．かつて丸山真男が指摘したように，そこには，ナチスのような「悪党」もヒットラーのような「独裁者」もいない．セクショナリズムに囚われ統合機能を欠いたエリート集団がばらばらに，責任の所在が明らかでないまま，ずるずると状況に流されていくという「無責任の体系」が見えてくる［丸山 1949］．

　この過程を仔細に追った五百旗頭真も，丸山を思わせるように筆致で次のように書いている．

「ある部門でいい仕事ができても，日本政府全体としての国家の命運にかかわる重大な決定ができないのはなぜであろうか．人の問題か．たしかにひどい．二・二六事件後，真珠湾までの五年間に七名の首相が九次の政権を担った．広田，林，近衛，平沼，阿部，米内，近衛（二次・三次），東条であるが，本物の政治家の名に値する者はいない．政治文化にも問題がある．国民多数は真面目でよき働き手であり，よき兵士であるが，政治に関与せず，受身の羊のように振る舞う．ドイツの勝利に沸き，バスに乗り遅れるなと号令がかかると，それに従い，その時代の気運に支配される．……

　何よりも制度が問題であろう．アクティブなのは軍部と官僚である．文

武の官僚たちは圧倒的に自分の所属する組織の必要を自らの政策的立場とし，それに『滅私奉公』する．こうして分立的な官僚機構の組織対抗がほぼ政治そのものであり，それらの上に立って国益を定義し，全体的合理性を貫くことのできる政治家は現れない．そのような人材を育て，そうした指導力をもりたてる社会制度がない．昔も今も変わらない問題なのかもしれない．大局観と統合機能を欠いた政治の弱体ゆえに，世界を敵とする戦争という壮大な決断によろめきながらさまよい込んだのであった」[五百旗頭 2001：127‐128]．

　五百旗頭の嘆きは，とりあえずは 2・26 事件（1936 年）以降の日本政治のあり方に向けられたものだが，いくつかの例外はあったにせよ，「無責任の体系」，すなわち政治的統合とリーダーシップの不在は，あとで述べるように，戦前日本政治につくりつけられた「制度の問題」だった．もっとも，英米など諸外国の政治は理想的だったのかというと疑問が残るが，それはさておき，五百旗頭の文章は，全体的合理性と統合機能と政治的リーダーシップを欠いた日本が，軍部と官僚のセクショナルな前進運動――北岡［2012：90］の言葉を借りれば「自制も後退も知らない自己肥大化傾向」――に牽引され，それに「羊」のように付き従う国民大衆とともに丸ごと太平洋戦争に「よろめきながらさまよい込んだ」さまを見事に描いたものといえるだろう[4]．

　太平洋・大東亜戦争は，絶対に避けられないものではなかった．五百旗頭は，独伊対米英ソの戦争，特に 1941 年のドイツによるソ連攻撃の帰趨を見極め，ドイツの敗北を確認した上で，日独伊三国同盟に基づいた参戦を日本が見合わせるのはまったく不可能なことではなかったとも書いている．その場合には，日本は「大東亜」の権益の縮小を余儀なくされ，占領改革は行なわれず，明治憲法のもとで徴兵制を維持する軍事国家を続けながら，国際的な民主主義の潮流のなかで徐々に日本も脱権威主義のプロセスをたどることになっただろうとも書いている［五百旗頭 2001：156］．

　筆者は，あとで述べるように，1930 年代日本の窮状から脱出するには，GHQ の戦後改革に比するような諸改革，特に財閥解体，財産税の賦課，農地改革，労働民主化などが必要だったと考えるので，五百旗の描くシナリオを実現するのはさらに困難だったと思う．特に，当時の農民や労働者が置かれた経済的状況を考えると，「受身の羊のように振る舞い」「その時代の機運に支配さ

れ」た「国民多数」、要するに軍部と官僚を支持した国民にも言い分があると考える．あるいは，そうした国民の窮状と要求を吸い上げ解決する強い政治的リーダーシップが当時の日本には欠けていたと，五百旗頭のようにいうべきかもしれない．

3．政治的リーダーシップの問題

　それにしても1930年代あるいは昭和の日本には，なぜ，国家を統合する政治的リーダーシップが欠けていたのだろうか．
　確かに，五百旗がいうように「人がいなかった」，すなわちかつての木戸孝允，大久保利通，伊藤博文などの明治の元勲に比べれば，一回りも二回りも小粒になった政治家，特に政党政治家しかいなかったという問題はある．しかし，より大きな問題は五百旗も示唆しているように，そうした小粒な政治家しか生み出さなかった「社会制度」，日本国家の構造的問題にあるというべきだろう．
　この問題を，北岡伸一は「運営の難しい国家」という言葉で表現している［北岡　2012：15-16］．
　北岡によれば，この問題は明治憲法に内在する難問であり，天皇親政の建前にもかかわらず，政治権力を実際に行使することがなかった天皇と，天皇に助言しそれを輔弼（ほひつ）する諸々の機関，立法については帝国議会，行政については内閣，外交については外務省，裁判については司法，陸軍の作戦については参謀本部，海軍の作戦については軍司令部などの，「権力分立」といえば聞こえがいいが，その実，何の統合機能も持たないバラバラの集積体からなる統治機構の病弊である．各機関は天皇に直属するが，それらを統括すべき天皇が統治能力を欠いた「空虚な中心」なので，政治システムがバラバラになる．それを如実に示すのが，いわゆる「統帥権の独立」であり，戦前日本の内閣はしばしば陸軍大臣あるいは海軍大臣の辞職によって解散を余儀なくされた．
　北岡によれば，その日本政治あるいは日本国家の「構造的欠陥」は，明治時代には，明治国家をつくりあげた元勲あるいは元老の自負と連帯感と責任感などによって，要するに彼らの類まれな個人的資質によって補塡され，曲りなりに国家の破綻を免れてきた．しかし，昭和に入ってからの日本は，西園寺公望を例外として，それら元勲を失い，「構造的欠陥」がむき出しとなる．形式的にはともかく，実質的には制度上政治的決断を行ないえず政治的責任を負うこ

とができない天皇と，自らの領域に関しては輔弼すなわち助言するが，全体には責任を負わない「無責任の体系」が露呈することになった．

「例外」としての西園寺公望について一言いえば，伊藤博文，原敬らの系列に連なる彼は，戦前日本における最も良質なリベラリストだったといってよいだろう．丸山真男は，西園寺ら天皇を輔弼する元老らを「重臣リベラリスト」と呼び，彼らに対する自らのかつての期待と失望を語ったことがあるが，「重臣リベラリスト」の可能性と限界については丸山と違う意味で再考する余地があると筆者は思っている．[5]

「可能性」ということでいえば，西園寺と天皇の側近は，軍縮と欧米との国際協調を支持し，上海事変の勝利に際しては国民とマスメディアの「お祭り騒ぎ」を戒めたリベラルな宇垣一成前朝鮮総督を首相に指名しようとした（1937年）．坂野は，それを日中戦争，それからそれに続く太平洋戦争を回避しえたかもしれない「最後の橋頭保」[坂野 2004：99]として，宇垣内閣の流産を嘆き，西園寺たちの非力さを批判している．さらに西園寺に関しては，東北地方の農民など国民が苦しむ問題への対応を重視しなかったなどの問題も指摘されている[伊藤 2008：11]．が，当時すでに80歳に達していた西園寺に，それらの問題へのきちんとした対応を要求するのはいささか無理というべきかもしれない．

「構造的欠陥」を彌縫する強力な元老政治がもはや存在しないに等しいとすれば，近代社会においてはその役割は政党政治によって担われなければならない．が，戦前日本における政党政治は，持続期間（1924年の加藤高明内閣の成立から1932年の犬養孝内閣の崩壊までの8年間）という点からいっても，その内実からいっても「たしかにひどい」ものだった．

筒井清忠は，戦前昭和期の政党政治の崩壊の経緯を描いた著書（『昭和戦前期の政党政治』）の最後の箇所［筒井 2012：270‐285］で崩壊の理由を次のように要約している．

すなわち，第1に，この時期の日本政治では，「普選」の実現によって急激に選挙民が増えたために，選挙に多額の資金を要することになり，そのため政治資金をめぐる不正が行なわれ，浜口内閣時の五私鉄疑獄事件などのスキャンダルが相次いだ．

第2に，国会内部でも，議員の買収工作・議事妨害・乱闘事件などが頻発し，国会の威信を大きく低下させた．

第3に，中央の政党間の争いが日本各地の「政党化・分極化」，すなわち警

察などの官僚組織の末端が時の政権党によって系列化され，ある時は政友会系，ある時は民政党系とされたこと，要するに全国の統治機構が各政党によって私物化され「党利党略」の手段とされたことへの反動として，国民の間に政党政治への失望が強まり，天皇を頂点とした警察，より一般的には「天皇の官吏」（官僚，警察，軍部など）による中立的な社会統合システムへの要望が強まった．

　第4に，これが筒井のこの本のライトモティーフなのだが，1926年の朴烈怪写真事件に象徴されるような「劇場型政治」，すなわちマスメディアのヴィジュアルイメージを駆使した大衆動員型政治の始まりと，その事実に対する既成政党側の鈍感さが，「既成政党は腐敗している」「政党政治では駄目だ」という意識を国民に植え付けた．政友会や民政党の政治家は高々よくして，前時代的な「政策論争」を展開できただけなのに対して，満州事変や5・15事件などの戦争やテロも耳目をそばだてるものとして，マスメディアによる絶好の「劇場型大衆動員政治」の舞台となり，政党政治は「政党外の超越的存在・勢力とメディア世論の結合」に敗れることになる．

　筒井は，この状況を，誇張を交えながら次のように描写している．

> 「多くのメディア・知識人は，"現在の既成政党は財閥から金をもらっているブルジョア政党で，これらは退廃しておりこれから荒廃するだけだ．日本はソ連のような社会主義を目指すべきであって，社会主義は抑圧されている無産者・労働者階級が革命を起こして社会を変革することによって実現される．その先駆けになるのは，無産者を代表する無産政党だ，だから期待できるのは無産政党だ" という論理で無産政党への期待を強調したのである」［筒井 2012：283］．

　事実，『朝日新聞』や『東京日日新聞』はこうした論調を展開したし，リベラリストの馬場恒吾や吉野作造も，既成政党への失望と（合法的）無産政党への期待を表明した．

　筒井は指摘していないが，この頃，吉野とともに朝日新聞社の論説委員を務めていた柳田国男も，特権や財産のしがらみによって身動きが取れず，政争と金権政治に明け暮れる既成政党を批判し，日本労働総同盟などによる無産政党創設の計画に大きな期待を表明している［佐藤 2004：第3章］．

　こうした日本リベラルの期待が，麻生久に率いられた社会大衆党の「右旋

回」などを経由して国民大衆の軍部支持，戦争支持につながっていったのはまことに皮肉だが，その点に立ち入る前に，もう少し，当時の軍部を含んだ政界の状況を丁寧に見ておかなければならない．

政友会や民政党の問題は，金権政治，内部的腐敗，マスメディアと大衆デモクラシー状況への鈍感さだけではなかった．

坂野潤治は，既成政党，特に民政党の労働者の貧困問題に対する鈍感さを，その国際協調路線や反軍反ファシズムのスタンスを高く評価しながら，鋭く指摘し，そのことが，社会大衆党などの「右旋回」をもたらしたことを強く批判している［坂野 2004］．

たとえば，自らの金本位制復帰がもたらした 1930 年代前半の深刻な失業問題について，浜口内閣の蔵相（民政党），井上準之助は，1930 年 6 月の座談会（『改造』7 月号）で次のように述べている．

> 「ごく簡単に言いますと，大正九年の財界反動後に日本の仕事というものは段々と縮小されてきて，……そればかりでも当然に失業者というものは出てきたのであるが，現政府はこれまでの放漫なる財政計画を変えようと……ということで，昭和四年度に四億円，昭和五年度に五億円という金を中央地方を通じて使うことを止めた．この結果，すなわち仕事が減った結果，また当然に失業者が出てきておる」（坂野［2004：54］からの再引用．傍点，引用者）．

坂野は，経済不況による失業者の増大を「当然」という言葉で形容する井上準之助の鈍感さに怒っているのだが，これはもちろん井上の個人的見解というものではない．労働者や農民の経済的窮状に関する鈍感さ・冷淡さは，当時の財閥を中心とする財界人や，彼らの利害を代表した民政党（さらには政友会）一般の特徴だった．より正確にいえば，後に詳しく見るように，彼らのなかにも，労働者農民の窮状を改善しようという動きはあったのだが，その動きは当時の状況のなかでは消極的・微温的なものに留まり，戦争への流れを食い止めることができなかったというべきだろう[6]．坂野は，この状況を不満として，軍部を公然と批判した「粛軍演説」で有名なリベラリストの斎藤隆夫（民政党）ですら，国民生活が主要な関心事でなかったことを強く批判している［坂野 2004：54-55］．

国民大衆の窮状に冷淡だったのは，財界人や政界人だけではなかった．柳田，吉野など当時の多くの知識人は無産政党に期待をかけたのは真実だが，だからといって，彼らが「日本資本主義の現状」を打開しようと積極的に行動した証拠はない．柳田は，「中農養成策」に見られるような先駆的でラジカルな農業改革案の提唱と，生涯に渡る持続的な農業問題に関する関心にもかかわらず，1930年代以降は民俗学に沈潜していったし，娘婿，麻生久との関わりもあって社会大衆党の結成に尽力した吉野ですら，早死にという事情も手伝って，それ以上の具体的成果を上げずに終わった．清沢は，国民救済の社会政策の必要性を頭では分かっていたが，個人生活における「ブルジョア趣味」が抜けなかったようである．[7]

　ただし，最近の優れた清沢研究である佐久間俊明『清沢洌の自由主義思想』[2015]によれば，1930年代以降の清沢は，過激な共産主義やマルクス主義に反対しながら，19世紀に支配的だった古典的自由主義や「レッセフェール資本主義」にも疑問を持ち，議会制民主主義と市場経済の骨格を維持しながら修正を加える，いわゆる「社会民主主義」や「修正資本主義」に傾いていったようである．清沢のこの傾向は，イギリス労働党，アメリカのニューディール政策，ケインズ経済学，スウェーデンの福祉主義などの影響を受けたものであり，同時期の「戦闘的自由主義者」にして社会民主主義者だった河合栄治郎のように「私有財産と自由競争の制限」を求めるような過激なもの，あるいは共産主義により近づいたものではなく，「穏健な社会民主主義」ともいうべきものだった．

　佐久間は，清沢の「社会民主主義」は政治経済の具体的状況に応じて，資本主義の基本を守るために採用される「政策」としての「社会民主主義」であり，彼の思想の基調は最後まで「心構えとしての自由主義」だったと評している．そのことが，いささか古ぼけた「労使協調」を原則とし，労働組合運動への視点を欠くなどの限界を彼の思想と行動にもたらしたとしている（佐久間［2015：終章］など）．筆者は，「政策」，いわば「方便」として社会民主主義的政策（社会政策）を状況に応じてプラグマティックに使い分けながら，思想の原則としての自由主義を堅持するといった，こうした清沢の態度——当時の日本知識人の一部に浸透しつつあった，いわゆる「新自由主義（new liberalism）」に共通に窺われる思想的態度——をむしろ高く評価するが，清沢を含めた当時の日本リベラルの対応が事態を打開できなかった事実は認めざるをえない．[8]

先に述べたように，坂野は，当時のリベラルな財界人や政界人や言論人が社会民主主義思想に基づいた社会政策，つまり社会民主主義的政策を実行しなかったこと，実行しえなかったことを強く批判しており，筆者もその主張に一理あることを認めるが，当時の日本リベラルたちの一部がそれなりの仕方で努力していたことは認めるべきだと考える．さらに，坂野の議論に欠けているのは，彼らの努力を無にしかねない，戦前日本の大衆デモクラシー状況に関する筒井のような認識である．

　坂野が求める「最適解」は，リベラルな財界人や民政党の反戦・反ファシズムと麻生率いる社会大衆党の国民の経済的窮状を救う社会民主主義的政策の結合という，いわば「おいしいところ取り」の思想と政策であろうが，マスメディア，たとえば『キング』などを中心とした「劇場型大衆動員型政治」のなかで，それを実現することは控え目にいってもきわめて困難なことだったろう．[9]

　中国をはじめとするアジアへの進出が，吉野が批判したように，他国の主権を侵す道義的に不正な侵略行為であり，かつ石橋湛山が主張したように，それが，諸外国との確執の激化とマーケットの喪失を通して，日本経済と日本国民にかえって長期的な経済的損失をもたらすものであることを，婦女子の身売りや「失業地獄」に苦しむ農民労働者に対して説得的に語ることが果たしてできただろうか．道義や長期的損失ほど，「分かりやすく」扇情的で即効性を旨とする「劇場型大衆動員政治」で説得力に欠けるものはない．

　戦前日本の自由主義的知識人や政治家や財界人の言動を「エリートと大衆」という角度から見ると，言論の正しさと裏腹になった，ある種のエリート主義の限界を感じざるをえない．石橋や吉野や清沢についてはすでに述べたが，「戦闘的自由主義者」であり文字通り帝大教授の職を賭して右翼や軍部と戦った河合栄治郎についても，数多くの称賛と同時に，「河合の社会主義は，決して大衆向けの社会主義ではなく，知識階級による，知識階級のための思想であった」[名古 2008：38]という評価もあることを忘れないことにしよう．

　また，戦後日本のリベラリストから「立憲主義の祖」として尊敬されてやまない美濃部達吉，明治憲法を当時としては最大限自由主義的な観点から解釈した，いわゆる「天皇機関説」あるいは「国家法人説」を説いたために「国体明徴論者」や右翼から攻撃され，やはり帝大教授の職を奪われた美濃部についても，「美濃部は，単に代表的な『知性』であっただけでなく，一般民衆からは隔絶された社会エリートだった」[篠田 2017：126]という篠田英朗のような評

価もある.

　篠田が, 駄場祐司の論文「帝人事件から天皇機関説へ——美濃部達吉と『検察ファッショ』」(『政治経済史学』通号389号, 19991年1月号) に依拠して述べるところによれば, 全盛期の美濃部の年収は, 現在価値にして1億円を超えており, 1930年代に入ってからは, 柳田や吉野と同様に, 財閥や私党のためにのみ政治を行う政党政治に見切りをつけたと論じながらも,「『人間は其の天性に於いて其の能力識見に於いて極めて不平等である』などと述べて平等の選挙権を批判し, 選挙はただ『民衆を扇動し籠絡する能力のある者』の勝利しかもたらさない, と断じた人物であった」[篠田 2017：126].

　駄場によれば, 美濃部の論争相手だった上杉慎吉こそが, 反資本家, 反既成政党, 反官僚, 華族制度廃止を唱え, 貧農や労働者に期待する普選論者だった.

　駄場と篠田によれば, 要するに, 美濃部は, 強い愚民観を持ったエリート学者だったということになるが, そのことの当否はさておき, 筆者は, 彼らと同じように, 美濃部の愚民観とエリート主義を批判したいとは思わない.

　確かに, オルテガ・イ・ガセーが力説したように, 洋の東西を問わず, 大衆はなりふり構わず, せっかちに自己の欲望を実現しようとし, 時には法も道理も無視する. 満州事変が国際法違反だからといっても, 耳を傾けることも往々にしてない.

> 「大衆がなんらかの不運とか, たんに強い欲望を感ずるとき, かれらにとって大きな誘惑となるのは, ボタンを押して, 国家という名の強力な機械を働かせれば, ——努力, 戦い, 疑念, 危険なしに——なにもかもいつでも安全に手に入れることができるという可能性である」[オルテガ 1930：480].

　したがって, 大衆の欲望やいわゆる「世論」に迎合して, 社会や国を誤った道に入り込ませないためには, それらを批判するある種のエリート主義がなにほどか指導者には必要なのだ. この種のエリート主義あるいは貴族主義がなければ, 社会は容易に「ポピュリズム」に取り込まれてしまう.

　しかし,「大衆の反逆」を批判し, 扇情的な「世論」を侮蔑あるいは無視すればよいかというと, 話はそれほど簡単ではない. なりふり構わずせっかちに欲望を実現しようとする大衆にも, 本人も気づかない真っ当な言い分があるか

もしれないのであって，婦女子の身売りや高額な小作料に苦しむ農民層が存在する一方で，都会の贅沢生活を満喫するひと握りの不在あるいは寄生地主層が存在し，労働組合の結成もなく失業と低賃金にあえぐ労働者層が存在する一方で，夏のボーナスだけで（現在価値で）数億円の収入と閨閥支配を満喫する財閥幹部が存在するという「出口なし」の状況にあっては，メディアが最大限に増幅する戦勝気分のなかで「満洲に行って一旗上げる」ことの方が，国民の多くにとってははるかに説得力があったことだろう．当時の反軍的スタンスを持った財界人，政界人，言論人がこうした状況に対して総じて無策であり，「富の偏在，国民大衆の貧困，失業，中小産業者農民等の凋落等を来し，国民生活の安定を庶幾(しょき)しえない憾(うらみ)がある」［陸軍省新聞班 1934：52］経済システムの変革を掲げる「陸軍パンフレット」（『国防の本義と其強化の提唱』）に象徴される軍部の方がはるかに国民のメンタリティに近いところにいたことは否定できない真実である．

　筒井は，こうした状況へ対応策を模索して，「大衆デモクラシー状況に対応した，新たな自由で民主主義的なデモクラシー思想を確立」［筒井 2012：284］することの必要性を力説しているが，少なくとも『昭和戦前期の政党政治』に関する限り，「新たな自由で民主主義的なデモクラシー思想」は明示されていない．また，それが「思想」に留まる限り，すなわち，その意匠を実現すべき具体的な政治的・社会的・経済的政策が明示されない限り，おそらく戦前期の日本リベラリスト同様，現実には無力な存在に留まることだろう．

　高坂正堯は，かつて，エドマンド・バークの「私はブリストルから選ばれた議員だが，ブリストルの議員ではなくイギリスの議員である」という有名なブリストル演説の言葉を引いて，宰相吉田茂の貴族主義的スタンスを評価しつつ，吉田が大衆の心を掌握することに不得手であり，それが彼の欠点の一つであったと述べ，「統治の必要と，政治を民衆化してゆく必要，われわれはこれからも，この二つの要請のジレンマに悩むことであろう」と書いたことがある［高坂 1967：260］[11]．

　私の見るところ，戦前日本のリベラリストは，「統治の必要」に応える資質と能力に恵まれていたかもしれないが，「政治を民衆化してゆく必要」に対しては多くの場合無能だった．おそらく，分野のいかんを問わず，指導者は，大衆の意見や感情におもねっても，それらを無視してもならないのだろう．彼らには，大衆をリードする高い見識と倫理と，大衆の意見や動向がいかに愚劣に

見える場合でも，その愚劣さをひたすら批判し侮蔑するのではなく，愚劣さの背後に底部に存在する客観的問題を明敏に察知し分析し，具体的解決策を提示する能力の両方が求められる．もちろん，今日のわれわれも「この二つの要請のジレンマ」に悩み続けているわけである．

4．政治の両極——共産主義と国粋主義の運動

　政党政治を尻目に，たとえ政治勢力としてはマイナーな存在に留まったとはいえ，当時の日本政治に恒常的な刺激を左右から与え続けたのは，共産主義と国粋主義だった．

　日本共産党が，ソ連の国際戦略組織，コミンテルンあるいは第 3 インターナショナルの日本支部として 1922 年非合法組織として結成されたことはよく知られている．委員長は堺利彦，中央委員が山川均，荒畑寒村，近藤栄蔵，高瀬清ら 6 名だった．山川は，「無階級運動の方向転換」という論文を書き，前衛党による大衆運動の展開の必要を唱えた「山川イズム」で有名だが，その日本共産党が，党員一斉検挙（1923 年 6 月）を経て，1924 年 2 月に解党したが，コミンテルンがそれを認めず再建を要求し，1926 年 12 月，山形県の五色温泉で再建大会を開いたこともよく知られている．

　再建日本共産党の中心にいたのが，「福本イズム」で知られる福本和夫であり，福本は，大衆運動を強調する山川に対して，レーニンよろしく「結合する前に，一旦きれいに分離せよ」，すなわち大衆運動以前に，理論闘争によって前衛党を建設することの必要を強調した．この「福本イズム」がコミンテルンに批判され挫折し（1927 年），再び大衆運動路線が蘇り，それが田中内閣に弾圧されて日本共産党が事実上壊滅する（1929 年 4 月）．それ以後，日本共産党内部から転向者が続出し，そのなかからは共産主義の逆の極の国粋主義に赴く者も現れたが，その過程の詳細を追うことはここでの課題ではない．ここではとりあえず次の点だけを確認しておこう．

　それは，日本共産党は非合法政党として地下活動を余儀なくされ，党員のある者は取り調べの過程で拷問死し，ある者は長期にわたる獄中生活にもかかわらず不転向を貫いたが，それが彼らの威信を高め，「共産党コンプレックス」という言葉が生まれるほど，日本の左翼的・社会主義的運動に強力な影響力を及ぼし続けたということである．

大内力は，当時の共産党を評して次のように書いている．

「……，共産党は，強い『鉄の団結』を誇っており，党員の多くは，しばしば狂信的なまでに献身的であった．こういう厳しい自己犠牲の態度は，腐敗しきった既成政党の党員にはむろんのこと，とかくかけひきや取引の多い他の無産政党の連中にも見られないものだっただけに，多くの若い人たちをひきつける力をもっていた．
そのうえ，コミンテルンの直系だという『錦の御旗』は，事大思想の強い日本人には大きな魅力であったし，割りきった観念的ラディカリズム（急進主義）は，若いインテリにはもっともうけいれられやすいということもあった．こういう点で日共は，その実力よりはるかに強い影響力を労働者や農民に，あるいはそれ以上に学生や知識人にたいして，もちえたのであった」［大内 1974：133］（傍点，引用者）．

日本共産党の「割りきった観念的ラジカリズム」を最もよく示した者が上で述べた福本和夫だったのだが，「若いインテリ」の間に当時生まれた「福本イズムブーム」やその「反動的・国粋的表現」としてもいうべき日本浪漫主義運動については，第4章で詳しく述べるように，「獄中不転向」という倫理的リゴリズムへの敬意というより，いくぶん浮かれた「大衆文化現象」といた側面の方が事態をよく説明できると筆者は考えている．
いずれにしても，1930年代日本の左翼運動は日共の強烈な刺激を直接的・間接的に受けながら展開されることになるのだが，そのなかに，柳田や吉野など，多くのリベラルな知識人が期待した無産政党が入っていたのはいうまでもない．それらの政党が当時，特に昭和恐慌以降の国民大衆の窮状の打開を求めたことも当然だが，残念ながら，無産諸政党は，暴力事件を含む内部対立によって離合集散を繰り返すなど，目的達成のためには余りにも無力な存在だった．
図1-1は，日本共産党を最左翼とし，右に進むにつれて「右翼」の度合いが強まるように無産諸政党を配列したものだが，そのプロセスの詳細を説明することは他の機会に譲ることにしたい．ここでは，「中道」に属する，麻生久率いる社会大衆党が，紆余曲折を経た上で，次第に「右傾化」を強め，1934年には，陸軍統制派が総力戦体制の確立を国民に向かって呼びかけた「陸軍パンフレット」をもろ手を挙げて歓迎し，「軍国日本」に飲み込まれていったこ

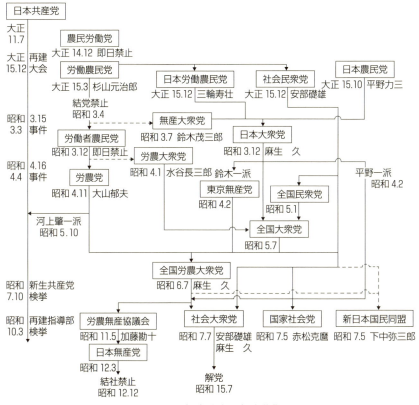

図1-1 無産政党の離合集散
(出所) 大内 [1974：262] 第16図.

とだけを確認しておこう．「陸パン」は，確かに，リベラルな既成政党や知識人以上に力強く，「国民生活の安定」「農山漁村の更生」を国家目的の一つとすることを宣言したのである．

戦前日本政治に刺激を与え続けたのは，日本共産党だけではない．日共壊滅以後はもちろん，それ以前から日共以上に強烈な影響力を及ぼしたのは，国粋主義を思想的支柱の一つとした「右翼諸結社」であろう．

図1-2は，図1-1と違って，国粋主義的傾向を持った諸結社を，およそ創設年次の古い順に，左から右へ配列したものであり，日本における最古のこの種の結社が，明治14（1881）年に頭山満によって創設された玄洋社などである

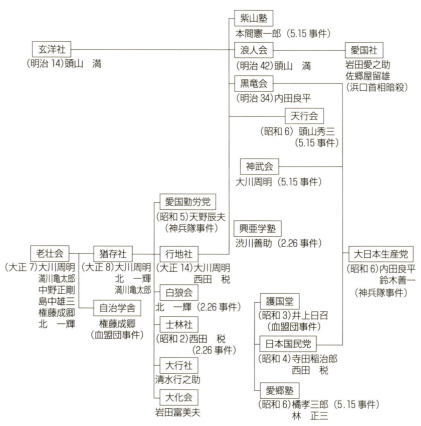

図1-2　右翼結社の動向

(資料) 楳本捨三『日本のクーデター』.
(出所) 大内 [1974：317] 第23図.

ことが分かる.

　ただし，この場合の「国粋主義」は，とりあえず自国固有の伝統や文化を，場合によっては幻想的・盲目的に礼賛して，愛郷心や愛国心の高揚を図る思想と定義しておくが，このことと，日本の国粋主義者（大川，北など）にしばしば見られるアジア主義とは矛盾しない．「欧米白人支配を打破し，アジア諸国を解放する」という彼らのアジア主義は，日本が解放後のアジアの盟主となることを前提したものであり，内実は，日本による帝国主義的侵略の隠れ蓑にすぎないものがほとんどだったからである．

さらにこの図からは，当該結社が関わったクーデタやテロ事件も読みとれる．たとえば大川周明，北一輝，満川亀太郎が創設した猶存社から枝分かれし，北によって創設された白狼社は2・26事件（1936年），玄洋社を源流として本間憲一郎によって創設された紫山塾は5・15事件（1932年），井上日召によって創設された護国堂は血盟団事件（1932年）に，それぞれ関わっている．

実際，この時期には，これら以外にも，浜口首相銃撃事件（1930年），陸軍若手将校たちの会，桜会と大川や北などの民間右翼が結託して企て，未遂に終わったクーデタである3月事件と10月事件（1931年），青年将校と士官候補生が企画し，これも未遂に終わった士官学校事件（1934年），相沢中佐が軍務局長，永田鉄山を陸軍省で斬殺した相沢事件（1935年）などのテロやクーデタ事件が相次いでおり，その多くに，具体的関与はないとしても，いくつかの右翼結社やその創設者が直接的・間接的に思想的影響を与えていることはよく知られている．

この場合特に重要なのは，血盟団，5・15，2・26の諸事件に端的に示されるように，これら右翼結社や創設者が陸海軍の青年将校や下級・中級将校に強い影響力を及ぼし，場合によっては具体的連携を行なっていることである．たとえば，数百名の現役陸軍兵士が，岡田首相，斎藤内大臣，渡辺教育総監，牧野前内大臣，鈴木侍従長官，高橋大蔵大臣などを襲撃し殺害した2・26事件には，実行に関わらなかった北一輝の『日本改造法案大綱』が強い影響を与えた．

さらに重要なのは，クーデタこそ未遂に終わり，実行犯や関連者が処罰されたとはいえ，軍，特に陸軍指導層（統制派あるいは新統制派）が，これを口実として，たとえば中国政策の転換を政府に迫り，発言力を強めていったことだろう（大内 [1974 : 342 - 343] など）．たとえば，1936年の広田内閣成立の際に，陸軍は，吉田茂外相，下村宏拓相，小原直法相，川崎卓吉内相の政府原案に強硬に反対し，広田の譲歩を勝ちとった［大内 1974 : 454 - 455］．社会大衆党の「右傾化」も，そうした日本の軍国化の流れのなかで起こった出来事である．

とすれば，右翼的結社やその思想的指導者は，数や規模が小さく，のち（第4章）に詳しく見るように思想内容が貧困きわまりないものであり，実行計画がすべて失敗に終わったにもかかわらず，昭和日本政治において実に大きく強い役割を果たしたことになる．

そうなった理由の一つは——これは共産主義の思想と運動にもある程度いえることだが——，日本の国粋主義者が，経済的貧困や格差，さらには10万人

を越える戦死者を出した日清日露戦争の思い出に対する国民感情に，少なくとも日本リベラルの多くよりは敏感に反応できたということだろう．内部権力闘争に注力することが少なくなく，国内政策に関しても大陸政策に関しても，お世辞にも一貫して合理的な思考に恵まれていたとは思えない軍部が政治に発言力を強めていった背景にも，そうした国民感情による支持への確信があったのではないか．

本書の課題を越えることになるが，1940年の近衛第2次内閣で成立した，いわゆる「新体制」についても一言しておこう．これは，牧野［2018：第2章］の言葉を借りれば「政治新体制」と「経済新体制」に分けられるが，体制翼賛会に象徴される政治新体制は，上で述べてきた日本政治の「無責任の体系」の克服を目指すものだったともいえるだろう．狭小な視野やセクシナリズムを克服してナチスやソ連共産党のような強烈な統合力と指導力を持った政治体制をつくりたい，つくらなければ戦時体制を遂行できないという意図は分からなくはないが，ナチスやソ連のような国になった方がよかったかと点はさておき，そもそもその束ねの任にあたるべき近衛は優柔不断きわまりない人物だったとすれば，それははじめから失敗を約束された「昭和維新」の試みだったといわなければならない．複数政党制や議会制民主主義は，元来，見解や権力の分散・分立という意味で「無責任の体系」に陥る危険性を持つが，その危険性を避けるためには，第3章で詳しく議論するように，つまるところ有権者や国民の政治的成熟を待つほかないという側面がある．残念ながら，当時の日本にそれを望むことは困難だったといわざるをえないが，指導者をはじめ国民の成熟度が期待されるほどでなかたとすれば，それを「束ねた」ところで大きな成果が得られないことは分かり切ったことではなかったか．

「資本と経営の分離」，すなわち資本家の私的利益から解放され「全体的公益」の立場から生産を行なおうとする「経済新体制」の発想源もおそらくソ連の計画経済だろうが，戦時体制下でなにもかも不足しがちな当時の日本における一時的措置としてはなんらかの役に立ったかもしれないとは思うが，計画経済一般の限界や悲惨さが明らかとなった今日の視点から見れば，中長期的に見れば，それも無謀で無思慮な選択だったというほかない．もちろん，野口悠紀雄が「1940年体制」と名づけた「経済新体制」が，戦後の農地改革の地ならしをし，金融の「護送船団方式」の原型をつくるなどして，戦後の経済発展の基礎の一部を形成した貢献は認めるが，それは，市場経済や資本主義経済の原

則をしっかりと認めた上での，ケインズ的「修正資本主義」――村上泰亮のいわゆる「開発主義」――の域を越えるべきものであるはずはなかった.[12]

5．日本リベラルの政治的・哲学的課題

これまでの議論を要約しながら，さらなる議論のための足場を固めておこう.

第1次世界大戦以後の国際的・国内的困難，特に1929年恐慌の日本版ともいえる昭和恐慌以後の日本の経済的困難のなかで既存政党の無力さが明白となり，柳田や吉野などのリベラルな知識人が無産政党に期待をかけた．「無産階級」の利害を代表することを目指した無産諸政党は，当初，日本共産党からの強い影響を直接的・間接的に受けたが，共産党の壊滅と主要メンバーの転向後は，時代情勢の一層の悪化もあり，社会大衆党の「陸パン」歓迎に見られるように，国粋主義の刺激を受けた軍部へと急速に接近し，最終的に政党政治は終焉を迎えた．それ以後「大政翼賛体制」が出来上がり，日独伊三国同盟が成立し，日本は太平洋戦争の道を，政治的リーダーシップも内外への大局観もないままに「よろめきながら」邁進することになる.

リベラリズムの観点からこのプロセスに関して悔やまれるのは，満州事変以降，「無産階級」というより多数の国民の支持が軍部に向けられたこと，逆にいえば，国民大衆の支持を政党政治がとりつけることができなかったことである.

その一つの理由は，既成政党内外の腐敗もさることながら，既成政党の政治家や，その支持層である財界人や地主層が，労働者や農民や国民大衆の窮状に鈍感だったことだった．彼らは労働組合法の成立や農地改革に反対する一方で，財閥や大土地所有制の既得権益にあぐらをかき，0.5を越えてますます上昇しつつあるジニ係数に象徴される，恐るべき所得と富の不平等を是正する熱意を持たなかった（第2章図2-2参照）．経済格差是正の努力は，不十分なものに終わったとはいえ，むしろ1940年代の戦時体制下の官僚によって行なわれた．格差是正をはじめとする社会経済改革は，戦争回避のためではなく，戦争遂行のために行なわれたのである.

リベラルな知識人たちの対応も微温的なものに留まった．なるほど柳田らは「無産政党」に期待をかけたが，それらの多くは「期待」に留まり，彼らの言説が学生や青年インテリ，さらに国民大衆の心を捉えることはなく，民衆の心

は，むしろ共産主義者，「日本浪漫派」，さらには蓑田胸喜の言説に直接的・間接的に引き寄せられた．清沢洌，吉野作造，河合栄治郎などリベラルな知識人は，労働者農民の救済を目的とした社会民主主義に近づいたが，彼らの言動は，残念ながら「陸軍パンフレット」ほどのインパクトを，国民感情に対して持たなかったのである．

　当時の状況を考えれば，リベラルな立場からの，あるいはリベラルな立場を堅持した上での社会民主主義的政策の提言と実行が必要だった．財閥の解体とまではいかなくとも，財閥の制約，財産税の創設や累進課税の強化，労働組合の合法化，地主権の制約あるいは小作権の強化などの政策を，軍部や官僚より先にリベラルな既成政党が実現すべきだった．あるいは，そうした戦後改革にも比肩するような社会経済改革を，GHQの手を借りず，日本人自らの力で実行すべきだった．そこまで行かなくても，せめて思い切った景気対策，願わくば「内需主導型」の景気対策を可能な限り長く実行すべきだったのである．

　ただし，GHQ支配下の戦後改革のすべてがよかったわけではない．そのなかでも，日本に自衛戦争までをも禁じたようにしか読めない現行憲法第9条は，失敗だった．これでは自衛隊の存在すら「違憲」となってしまうからだが，財閥解体や農地改革などの戦後改革は，少なくとも戦後日本の経済発展をもたらした．それに類した改革のいくつかを，なぜ，戦前日本の自由主義的勢力が遂行することができなかったのか．

　自由主義者が社会民主主義的政策を唱え実行することは，「自由主義者」が「社会主義者」になることではない．そのように考えるのは「思想」と「政策」，「原則」と「方便」を混同することであり，思想の核において自由主義，すなわち，異質な他者への寛容を基礎に，社会成員全体の諸々の消極的自由を法に基づいて積極的に守ろうとする原則を堅持しながら，その時々状況のなかで，自らの思想を，共産主義，軍国主義，その他の全体主義から守るために，たとえば，金本位制を廃止し，一時的な赤字財政を厭わず，積極的な金融財政政策，さらには未来に向けた成長戦略を果敢に遂行することは，むしろ自由主義者——筆者はこれを「保守的自由主義者」と呼ぶ——の責務であろう．高橋是清もケインズもマイケル・ポランニーも，社会民主主義的政策を肯定した自由主義者だったのであり，多くの景気対策，産業政策，福祉政策，低生産性部部門の保護政策などを実行した戦後日本も，「自由主義陣営の一員」と自称・他称して強く反対する者はいなかった．

逆に，浜口内閣のように，金本位制と均衡予算主義の神話にこだわって経済不況を招来し悪化させることは，特定の理論や観念にこだわり現実を無視する，教条主義的自由主義にほかならず，むしろ逆に，国民大衆の反感を買って軍国主義を勢いづけることは1930年代の現実によって証明されている．そもそも，金本位制と均衡予算主義，より一般的には，「小さな政府」と「自由放任資本主義」が常にうまく行くなどとは，ケインズ経済学を待たなくとも，どの標準的経済学の論文にも教科書にも書かれていないのであって，その種の「信念」は，共産主義や国粋主義に近い科学以前のイデオロギー，あるいは「信仰」なのである．

しかし同時に，社会民主主義的政策を原則や思想にまで高めることもあってはならないことだろう．社会民主主義は「平等」を「自由」より重んずる思想の原則だが，「平等」，ことに「機会の平等」ならぬ「結果の平等」の過剰な尊重は往々にして社会の活力を減殺し，国民生活をかえって貧しいものとする．

この場合の「活力」としてよくとり上げられるのは，労働意欲や経済活力であり，よく働いてもよく努力しても，しからざる場合と同等な報酬しか得られないというのでは，社会主義国の国営企業やわれわれの周囲の現実が示すように，よく働きよく努力する者がいなくなる蓋然性が高くなることを思えば，社会民主主義を原則にしてはならないのも当然のことと思われる．こうした「ゴールラインの平等」と区別された「スタートラインの平等」としての「機会の平等」の場合に，「ブラック企業」のような行過ぎをコントロールする法的制約を課すという条件付でのことだが，こうした弊害が生じにくいのは明らかである．

「活力」には，それ以外にも，知的，美的，道徳的・倫理的などさまざまな活力が含まれる．たとえば，さまざまな研鑽を重ね自分を道徳的により高い存在に向上させる，要するに「立派な人間」になるよう努力することも「活力」の一つだろう．この種の努力をしてもしなくても社会的評価その他に変わりなく，「結果が平等」というのでは，個人と社会の道徳的・倫理的水準が低まると考えるのが自然だろう．

あるいは「活力」のなかには，政治家や資本家や経営者や国民大衆が，必要な改革を必要な時点で断固として行なう「活力」，あるいは古代ギリシアの言葉を使えば「バーチュー」「力量」も含まれるとするのが自然である．[14]残念ながら，戦前日本のリベラリストの多くには，テロやクーデタによる命の危険が

あったためか，この種の「活力」が欠けていた．「バーチュー」はむしろ，テロリストや青年将校の側に潤沢だったように思われる．

この場合に必要な「バーチュー」は，テロにはテロを，暴力には暴力を対置する「力量」ではない．そうした「力量」も時には必要だろうが，戦前日本のリベラリストに必要なのは，むしろ平時から国内外の客観的情勢を見極め，国民大衆の声と感情に周到に配慮し，場合によってはマキャベリのように策略をめぐらせ，政治的準備を整えた上で，断固として改革を行なう「力量」だった．

さまざまな意味での「活力」「バーチュー」「力量」の向上が，他人からの強制でなく，自由な個人の自覚と自己責任で行なわれなければならない点も確認しておこう．もちろん，このプロセスで他人からアドヴァイスや批判や賞賛を受けることは不可欠だが，「やる気のない学生」を教えた教師なら誰でも分かるように，本人のイニシアティブなしには何事も前には進まない．教師に必要なのは，本人のイニシアティブを引き出すような指導のための教養と技法である．

しかし，「平等」を重んじる社会民主主義のより大きな問題は，トクヴィルが慧眼にも指摘したように，「結果の平等」にせよ「機会の平等」にせよ，「平等思想」が価値観のレベルにまで浸透していくことだろう．

すなわち民主主義社会では，「すべての人々が平等」なのだが，それは，当然，「すべての人々の意見や見解が平等の価値を持つ」という思想をも含んでいる．神，聖職者，教師，政府高官，企業経営者，「長屋のご隠居」などのいかんを問わず，特定の人々の意見が特権的地位を占めるのは民主主義の原則に反し，誰の見解も同等に尊重され同等の価値を持つのだから，結果として，社会的・政治的意思決定は，質の高低ではなく数の多寡，すなわち多数決によって行なわれなければならないことになる．民主主義社会においては「多数者の専制」は不可避なのだが，多数者が常に正しい判断を下すとは限らない．

しかも，その多数者は，往々にしてマスメディアなどによってつくられ，商業主義によって増幅増強された，多分に情緒的な「世論」によって洗脳され支配される．ワイマール体制下のドイツ国民が合法的にヒットラーを指導者に選んでしまったように，時にはひどい選択をし，吉野が，満州事変に熱狂するメディアと国民を批判したように，結果として法も道徳も無視した結果を招くこともある．

しかし，当時の日本の「多数者」にも言い分がないわけではなかった．「と

にかく生活が苦しいのだ．この窮状を突破し改善するために，政党政治や財閥や吉野作造をはじめとするリベラルな知識人たち，その多くがびっくりするような裕福な生活をしている人たちは何をしてくれたか，してくれるだろうか．彼らに比べれば，軍部は，陸軍ははるかに真摯(しんし)な同情を示してくれた．満州事変もそうした軍部の国民大衆への同情・共感が引き起こしたものではないか．その上，満洲が，『五族協和』はさておき，人口過剰と不況に苦しむわれわれ国民の窮状を救ってくれるものなら，軍部の行動に何か反対すべき理由があるだろうか……」と，「異胎」たちが述べたとしたら，吉野が反論するのはむずかしかったことだろう．

　要するに，高坂正堯が吉田茂を論じながらいったように，民主主義社会という大衆社会においては，大衆の声に迎合しても，大衆の声を無視してもいけない．ポピュリズムに埋没しても，ポピュリズムから離脱してもいけないのである．

　日本リベラルには，さらに深刻な問題があったかもしれない．前節で，「福本イズムブーム」や日本浪漫主義の運動には，「大衆文化現象」という側面があると書いたが，第4章で詳しく述べるように，その「現象」のさらに奥底には，小林秀雄のエッセイ「故郷を失った文学」［小林 1933］が示唆するような，現代大衆社会における人間たちの「精神的空虚」，筆者自身の言葉を使えば「精神のブラックホール」という厄介な問題が隠されているかもしれない．

　こうした精神の内奥に属する事情を，同時代に生きた日本のリベラルな知識人，その少なからぬ部分が宗教者でもあった知識人が感じとらないはずはない．ちなみに吉野作造と新渡戸稲造はクリスチャンであり，石橋湛山は日蓮衆徒，清沢列は，信徒ではなかったが，アメリカ滞在中にキリスト教の影響を受けたといわれる．彼らの多くは，時代の精神的課題を誠実に重く受けとめたはずである．

　そして，日本固有の風土なかで，こうした課題を最も重く深く受けとめ，解決策を模索した知識人の一人が柳田国男ではなかったかと筆者には思われるのだが，それを論ずることは，「政治」をテーマとした本章の領域をはるかに超えている．この点についても第4章に譲ることにしよう．

注
1）　以下の図表の引用に当たっては，引用元に記載されたタイトル，注，原資料，原出

所などの記載がある場合には尊重することを旨としたが，必要に応じて表現の変更（外国語文献の場合は邦訳），追加，簡略化，省略などを行なった場合もある．（資料）部分には引用した図表の元になった統計資料や原出所の名称などを，（出所）部分には図表の引用元を記したが，図表の一部を省略したり変更した場合には，その事実を明記した．

2） この点に関しては佐藤［1970］のほか，有馬［2002：71-73］も参照した．

3） 筆者が「日本軍国主義」という言葉は使っても「日本ファシズム」という言葉を使わないのは，元来「束」を意味する「ファッショ」が想定する，国全体を「束ねる人」あるいは「ファシスト」が当時の日本に存在しなかったと思うからである．確かに，竹山道雄がかつて述べたように，「日本にはファシストはいた．しかし国はファッショではなかった」［竹山 1956：140］のである．

4） 川田［2009］は，陸軍の永田鉄山などには，それなりに一貫した総力戦体制計画が策定されていたとしている．確かに永田らには，中国資源も含めた長期にわたる総力戦遂行のための包括的な物資・資源調達計画があったが，川田も認めているように，肝心の石油資源に関しては，永田らもはっきりした見通しを持っていなかった［川田 2009：137］．その意味で，陸軍のプランもかなりずさんなものだったように思われる．太平洋戦争における日本軍，特に日本海軍のアキレス腱としての石油確保の問題については，岩間［2018］が，貴重なデータを提供している．

5） 丸山真男の重臣リベラリズムや重臣リベラリストへの批判的見解は，丸山［1949：128；507-509；2006 文庫版（上）：212-213；第12章；（下）：第13章］などに示されている．

丸山の批判のポイントは，清沢洌などの真正のリベラリストと違って，深井英五，岡田啓介，牧野伸顕，西園寺公望などの重臣リベラリストは，天皇を頂点とした国家への忠誠心が厚い余り，個人的自由を尊重する本来の（西欧）リベラリズムと遠く隔たり，メンタリティとしてはむしろ国体主義者や軍国主義者に近く，軍部に主導された戦争への道を阻止しえなかったというものである．おそらく丸山は，軍部や国家の暴走を防ぐためには，天皇も国家も超越した何らかの思想が必要だったと考えているのであろう．

丸山の指摘は，国家的エゴイズムを抑制するための「絶対者の役割」に通ずる福田恆存の議論［1957］に通ずるものがあり，傾聴に値するが，国家への忠誠やナショナリズムが直ちに反戦や自由の擁護と矛盾するというのは論理的・実証的根拠に乏しい命題のように思われる．丸山自身も根拠を明らかにしておらず，彼の議論は，断片的にしか示されなかったこともあって，イデオロギー的・直感的断定に留まっている．序章注2で述べた上田［2016］への疑問は，この場合も当てはまる．

筆者は，重臣リベラリストを含む戦前日本の自由主義の弱点や限界を明確に確認した上でのことだが，桜田［2012：28-30］と同様，それらにむしろ可能性を見出そうという立場をとる．

6） 戦前期における労働法制定や小作制改革の試みについては，第2章参照．
7） 清沢がかなり裕福な個人生活を送っていたことについては，北岡［1987：139；197］などを参照のこと．
8） 戦間期日本の「新自由主義」運動については，同運動の機関誌『新自由主義』の詳細な分析に基づいた研究 Yamamoto［2018］を参照のこと．
9） 雑誌『キング』を中心とした戦前日本の大衆文化状況については，佐藤［2002］が優れた分析を行なっている．
10） 篠田からの引用文中の引用文は，美濃部達吉『時事憲法問題批判』からのものである．
11） 高坂がブリストル演説におけるバークの言葉としているのは，出所が示されていないので推測になるが，バークが1774年11月3日にブリストルで行なった「ブリストルの選挙人に対しての演説」における「諸君は確かに代表を選出するが，一旦諸君が彼を選出した瞬間からは，彼はブリストルの成員ではなくイギリス本国議会の成員となるのである」［バーク 1774：165］という発言を，高坂なりに言いかえたものと思われる．
12） 「1940年体制」論については野口［1995］，「経済新体制」についての最近の分析としては牧野［2018］第2章を，「開発主義」については村上［1992］を，それぞれ参照のこと．
13） 蓑田胸喜が当時の大学生や知識人に与えた影響については，竹内［2005］を参照．
14） 古代ギリシアを起源とし，マキャベリを経由して現代まで伝えられたとされる，西洋政治哲学における「バーチュー」の意義については，佐藤「2008」参照．

第2章 経済
戦間期経済の諸問題

1.「"雑貨屋"の帝国主義」あるいは戦間期日本経済の可能性

　司馬遼太郎の『この国のかたち』[1990] 第3章のタイトル「"雑貨屋"の帝国主義」は，日露戦争勝利から太平洋戦争敗戦に至る日本を怒りと侮蔑と悲しみの念を込めて特徴づけた言葉である．
　すなわち日露戦争に奇跡的に勝利した日本は有頂天になって朝鮮を併合し，中国を侵略し，アメリカと戦争した挙句に敗北して，国家存亡の危機に瀕したのだが，その日本の対外膨張を支えた産業あるいは経済はといえば，植民地・朝鮮への主力輸出（移出）品が「タオル（それも英国綿）とか，日本酒とか，その他の日用雑貨品」[司馬 1990：43] であるような貧弱な経済でしかなかった．
　司馬は「タオルやマッチを得るために他国を侵略する帝国主義がどこにあるだろうか．要するに日露戦争の勝利が，日本と日本人を調子狂いにさせたとしか思えない」[同：43] と断じ，その原因の一つを，第1章ですでに触れたように，「日本の近代だ」と自らを名乗る「異胎」あるいは「鬼胎」，すなわち日比谷焼打ち事件の大群衆としても現れる近代日本の病理に求めた．この場合の「異胎」「鬼胎」は，筆者の言葉では，大衆民主主義の別名だが，その点はこれまでも論じてきたので，ここでは，「"雑貨屋"の帝国主義」の経済の現実を正確に見ておくことにしよう．
　表2-1は，1984年の購買力平価によってドル換算された，1870年から1984年までの各国実質GDPの推移を示したものだが，戦前期の日本経済が欧米，特に英米のそれに比べて小さなものだったここと，「"雑貨屋"の帝国主義」のスケールを持ったものだったことが分かる．
　特に日米開戦直前の1938年の日本とアメリカの実質GDPを比較すると，前者のそれは後者のそれの約5分の1であり，その小国が大国に戦いを挑んだというのは，確かに「調子狂い」と形容するのがふさわしい．

表2-1　1984年購買力平価による各国の実質GDP比較
(1870-1938年)

(単位:10億ドル)

	フランス	ドイツ	日本	オランダ	イギリス	アメリカ
1870	59.27	33.98	19.28	8.26	77.95	78.61
1890	78.58	54.43	31.01	n.a.	116.92	188.59
1913	119.99	111.75	54.76	20.33	174.78	454.53
1929	150.93	135.33	97.94	33.86	195.57	740.72
1938	144.93	188.97	134.54	34.89	231.58	698.00
1950	173.49	179.92	124.34	49.40	281.04	1,257.86
1960	271.03	378.21	295.17	76.99	372.80	1,735.92
1973	547.98	675.49	976.50	142.20	556.60	2,911.78
1984	694.70	811.60	1,468.40	168.90	625.20	3,746.50

(資料) Maddison, A. *Phases of Capitalist Development*, Ohkawa, K. and M. Shinohara eds., *Patterns of Japanese Development*, Ohkawa, K. and H. Rosovsky, *Japanese Economic Growth* など.
(出所) Maddison [1987:69] Table A-1 から抜粋.

　これは,ニュートン物理学の用語を使えば,「位置」の前後の比較だが,「速度」や「加速度」に眼を転じると,いささか違った光景が開けてくる.
　この点は,「位置」の数値化である表2-1からも,ドイツの1870年の実質GDPに比べて1938年のそれが5.5倍であるのに対して,アメリカの同様のそれの8.8倍には劣るとはいえ,日本の同様の比較が7倍に達していること,1913年と1938年,すなわち第1次世界大戦前後から日中戦争開始直後あるいは太平洋戦争開始から少し前の時期に限定すれば,アメリカの倍率が1.5であるのに対して,日本のそれが実に2.4に達していることからもある程度は明らかだろう.すなわち「速度」や「加速度」の次元では,日本の「"雑貨屋"の帝国主義」は,特に第1次大戦以後,急速に図体を大きくしつつあったのである.
　この点は他のいくつかの統計によっても裏付けられる.
　表2-2は,GDPではなく実質GNPに関する統計表だが,1870-1913年の日本の平均成長率がアメリカに次いで第2位であり,1913-1938年のそれがアメリカを越して第1位となったことを示している.
　「"雑貨屋"の帝国主義」を急速に脱皮しつつあった近代日本,特に第1次大戦後の,おそらく世界で最も急成長を実現しつつあった日本経済,とはいえ「位置」あるいは「大きさ」などの点では依然として「"雑貨屋"」であるほかない日本経済をどう見るか.[1]

表2-2 各国実質 GNP 成長率の比較（A：1870-1913年, B：1913-1938年）

(単位：%)

	総額		人口1人当り	
	A	B	A	B
アメリカ	4.6*	1.1	2.5	0.6
イギリス	2.1	0.7	0.9	0.4
ドイツ	2.7	1.8	1.6	1.1
イタリア	1.5	1.7	0.9	0.9
デンマーク	3.2	1.9	2.2	0.6
ノルウェー	2.2	3.0	1.5	2.3
スウェーデン	3.0	2.4	2.3	1.9
日本	3.6**	4.6	2.5	3.6
	2.4***	3.9	1.3	2.6

(注) * は 1869-78 年平均から 1913 年までの平均．日本は 1887-1913 年の数字．
(資料1) アメリカは Dept. of Commerce, *Historical Statistics of the United State*. ヨーロッパ各国は B. R. Mitchell, *Europian Histrorical Statistics, 1750-1970*.
(資料2) ** は一橋大学経済研究所グループの原数字の無修正の合計による推計（中村隆英『戦前期日本経済成長の分析』).
(資料3) *** は大川一司による修正推計の結果（『国民所得』LTES 1).
(出所) 中村 [1978：10] 第1表．

　後者の見解，すなわち「近代日本の後進性」を強調する日本経済観を代表するのが，いわゆる「講座派史観」なのは有名だが，それを鋭く批判する「労農派的史観」あるいは「宇野派的史観」に立つ者たちも，マルクス主義に依拠する限り，当時の日本経済の「危機」や「没落」を強調する点ではあまり変わりがないように見える．

　しかし，いまだ図体が小さく，軍需が異常に大きいなど，構造にもさまざまな欠陥を抱えながら急速に成長する戦間期の日本経済に別の可能性を見ることも可能なのである．

　たとえば中村隆英は，第1次大戦後，特に高橋財政によって特徴づけられる 1930 年代の日本経済を念頭に置いて次のように述べている．

　「……，一九三〇年代のこの時期には，軍需一点ばりで経済発展が行なわれたといわれてきた．けれども，このように新しい産業（アルミニウム，ラ

ジオの真空管,電気蓄音機,レコード,無線,セルロイド,自動車,飛行機などの産業——引用者)がつぎつぎに起って設備投資を行うようになっている.鉄にしても,石油にしても,みなある意味では軍需産業だともいえるが,同時に現在の日本のように軍需とは関係がない分野で需要が伸びる可能性もまた存在したわけです.実際,一九三〇年代なかばの鉄鋼の需要の八割以上は一般民需で,土木建築と機械とが需要の半分以上を占めていた.……

そんなことはほとんどありえないとは思いますが,もし戦争が起こらなかったならば,戦後型の経済成長に,なだらかに移行していける条件が,経済のなかにも産業のなかにも整えられつつあったように思います」[中村 1986：89-90].

確かに,1930年における日本の最大輸出品目はいまだに生糸であり,その意味では日本経済は「"雑貨屋"の帝国主義」の域を脱しないまま帝国主義戦争に突入していったという見方も可能だが(表2-3),1920年代には,「軽工業品」とはいえ綿織物の輸出における比重は無視しえないものとなっていたし,「軽工業品」の背後では,電力業の成長と製造業動力の電化を一つの主要な要因とした産業構造の重化学工業化(と都市化)が,一部に同時期の不況の影響を受けつつも,全体としては急速に進行して30年代以降の発展の土台を提供した(表2-4.中村[1978：97-101]).

戦間期の日本経済に戦後日本にもつながる肯定的な可能性の側面を見ようとする中村や橋本寿朗の仕事(橋本[1984]など)の議論は,講座派その他の学派のいかんを問わず,同時期の日本経済にファシズムと侵略戦争の可能性(「暗い谷間」)を見ようとするマルクス主義的経済学者のそれと矛盾するので,同じ宇野派に属する大内力の『ファシズムへの道』の「解説」(柴垣[2006])において,柴垣和夫は,彼らに対する不快感を表明している.

柴垣の「解説」に限らず,本論の大内の『ファシズムへの道』[1974],さらには宇野派の総力を結集して日本資本主義の成立と発展と没落のプロセスを克明に描いた『双書 日本における資本主義の発達』[楫西ほか 1954-1969]などの議論は,綿密な実証分析と厳格な論理展開に啓発された点が少なくなかったとはいえ,筆者には,彼らの議論はあまりにもイデオロギー的なもののように思われた.搾取と侵略の社会経済システムとしての資本主義→帝国主義→帝国主義戦争から革命へ,というマルクス主義者の分析と戦略が多くの疑問を残す

表2-3 日本の主要貿易品の構成比 (1870-1940年)

(単位:％)

		1870	1880	1890	1900	1910	1920	1930	1940
輸出（輸出総額一〇〇）	水産物	7.4	8.1	5.2	1.8	1.6	0.9	2.6	2.9
	茶	31.0	26.4	9.0	4.4	3.3	0.9	0.5	0.7
	綿糸	—	—	0.0	10.3	9.8	7.8	1.0	1.6
	綿織物	0.0	0.1	0.3	2.8	4.5	17.2	18.5	10.9
	生糸	29.4	30.3	19.8	21.8	28.4	19.6	28.4	12.2
	絹織物	0.0	0.1	1.7	9.1	7.2	8.1	4.5	1.0
	人造繊維織物	—	—	—	—	—	—	2.4	3.6
	陶磁器	0.2	1.7	1.8	1.2	1.2	1.6	1.8	1.7
	セメント	—	—	—	0.1	0.3	0.5	0.7	0.4
	機械類	—	—	0.0	0.0	0.9	2.6	1.4	13.0
	うち船舶	—	—	—	0.1	0.1	0.8	0.4	1.0
	鉄鋼	—	—	—	—	—	0.7	0.6	—
輸入（輸入総額一〇〇）	米	43.3	1.2	15.1	3.1	1.9	0.7	1.3	5.7
	小麦	0.0	0.0	0.0	0.3	0.6	1.2	2.7	0.6
	砂糖	9.0	9.7	10.3	7.0	5.8	2.6	1.7	0.0
	羊毛	—	—	0.5	1.4	3.0	5.2	4.8	3.0
	綿花	1.8	0.5	5.1	20.6	34.3	30.9	23.4	14.5
	石炭	0.0	0.4	0.1	0.6	0.3	0.9	2.2	3.4
	原油および粗油	—	—	—	—	0.2	0.0	5.8	10.2
	鉄鉱石	—	—	—	0.0	0.2	0.6	1.2	2.9
	くず鉄	—	—	—	—	—	0.2	0.1	5.2
	鉄鋼	0.7	4.6	2.7	7.6	7.0	11.3	6.1	—
	機械類	0.0	2.0	4.7	3.4	3.3	4.7	5.5	7.7

(資料) 経済企画庁統計課監修『日本の経済統計』上，東洋経済新報社『日本貿易精覧』など.
(出所) 中村 [1978:43] 第16表 (一部省略).

表2-4 製造業生産額の成長率と構成比 (1934-36年価格)

(単位:百万円, ％)

		食料品	繊維	化学	鉄鋼	非鉄金属	機械	その他とも計	発電力(千kW)	うち水力発電(千kW)
生産額	1913	1,343	1,080	338	66	70	307	3,698	597	322
	19	1,642	1,690	523	120	395	955	6,100	1,133	711
	30	2,360	2,601	1,190	618	336	1,098	9,261	4,500	2,948
成長率	1913-19	3.4	7.7	7.5	10.5	33.4	20.8	8.7	11.3	14.1
	1919-30	3.4	4.0	7.8	16.1	△1.5	△3.2	3.9	13.4	13.8
構成比	1913	36.3	29.2	9.1	1.8	1.9	8.3	100		
	19	26.9	27.7	8.6	2.0	6.5	15.7	100		
	30	25.5	28.1	7.3	4.1	3.6	7.2	100		

(資料) 篠原三代平『鉱工業』，日本銀行『本邦主要経済統計』.
(出所) 中村 [1978:97] 第14表.

ものだったことは現在では明白ではないか．資本主義が「搾取と侵略のシステム」すなわち「不正なシステム」以外のものでありえないというのは，どのような理論と事実に基づいた議論なのであろうか．

　もちろん資本主義を含めたすべての社会経済システムには，スターリンや毛沢東統治下の社会主義国も実証したように，「搾取」「侵略」「不正」が行なわれる場合がある．しかし，資本主義が「必然的」に，「搾取」「侵略」「不正」などを実現する，社会主義以上に実現するという理論的・実証的根拠はない．「戦間期日本資本主義」についても事情は同様であって，「搾取」や「戦争」を回避する可能性は皆無ではなかったかもしれないのである．後者の可能性を，特に高橋財政の可能性を軸に拡大していけば，現代経済学者の次のような楽観的な断言も生まれてくることになる．

> 「……1935年7月26日の高橋蔵相の声明に沿った政策レジームを続けていたほうが，経済成長率は高まり，穏やかなインフレが維持され，国民の消費生活も豊かになったと考えられる．ましてや，1920年代からの低迷と昭和恐慌にかけての諸問題を最終的に解決したのは戦争であったとういう主張は，言語道断である．戦争は日本経済と国民生活を破壊しつくしたのである」[岡田ほか 2004：184]．

　しかし高橋財政の可能性を検討するためにも，それに至る日本経済の歩みをもう少し丁寧に見ておかなければならない．

2．金本位制の呪縛と昭和恐慌

　すでに述べたように，第1次大戦後の日本経済の成長は目覚ましかったが，それは大きな動揺を通しての成長だった．

　大戦は一時的にブームをもたらしたが，それが終わるとすぐに1920年恐慌が起こり，以後，日本および世界経済はデフレーションの下での慢性不況に悩むことになった．

　そのデフレ基調に関東大震災（1923年）が重なって，よく知られているように，1925年に大貿易商高田商会が倒産し，27年には金融恐慌が起こり，台湾銀行などの銀行や神戸の貿易商鈴木商店が倒産する．

1929年に成立した浜口内閣は，井上準之助蔵相指揮の下，「健全財政」を唱え，29年秋ニューヨーク株式市場の大暴落（The Great Crash）直後の30年に旧平価での金本位制復帰を強行したが，それが一因となって，円為替相場が1割近く高騰し，国際収支が悪化し，正貨（金地金）が大量に流出し，円通貨発行量が激減することを通して，未曾有のデフレーションと経済不況——いわゆる「昭和恐慌」——が起こることになる．

昭和恐慌は1929年のニューヨーク株式市場暴落がもたらした世界恐慌の一環だったが，その帰結は深刻だった．

表2-5を見ると，民間工場労働雇用者数が1929年から31年にかけて20%（指数で91.1から74.4）も減少したこと分かるが，それ以上に注目されるのは，同じ期間に農産物価格が40%ほど，農業所得が50%以上も減少していることだ．昭和恐慌は，農村，農民を最も強く撃ったのである．

こうした結果の一因をつくった浜口内閣と井上財政の評判は昔も今も芳しくないが，これが特に彼らの失策というわけでないことも確認しておこう．浜口内閣はリベラルなスタンスを持った政権だったが，当時の欧米のリベラルな，正確にいえば古典的自由主義風の経済思想を持った多くの政権（と経済学者）にとって，模範とすべき国内・国際通貨制度は金本位制だったのである．事実，大戦中に一時中断された金本位制に，アメリカ（1919年），ドイツ（24年），イ

表2-5　世界恐慌の影響

	農産物価格指数	農家所得自小作平均（円）	民営工場労働人員（指数）	民営鉱山労働人員（指数）	企業対使用総資本利益率（%）（上期—下期）
1926	100	1,374	100	100	
27	87.5	1,219	94.8	99.9	
28	86.2	1,197	90.4	99.4	4.0-3.2
29	85.2	1,150	91.1	95.4	5.0-3.6
30	56.2	723	82.0	85.3	2.6-1.0
31	51.7	541	74.4	65.7	1.5-2.4
32	58.0	624	74.7	57.5	3.2-4.2
33	63.8	726	81.9	59.4	5.9-6.5
34	68.8	838	91.3	64.9	6.6-7.5
35	75.3	913	99.9	66.9	7.8-7.5
36	79.6	1,028	105.5	72.0	7.3-7.4

（資料）大川一司『物価』，農林省『農家経済調査』など．
（出所）中村［1978：114］第24表．

ギリス（25年），イタリア（27年），フランス（28年）と，欧米主要国の多くが戦後復帰することになる．浜口内閣は世界の大勢に従っただけなのだといってもよいだろう．

ただし同じく金本位制復帰といっても，石橋湛山，小汀利得，高橋亀吉，山崎靖純らのジャーナリストは，旧平価での復帰は危険であり，より低い新平価での復帰をすべきだと強く主張したのだが，彼らの主張が採り入れられることはなかった．

当時の日本産業の国際競争力を考えれば，石橋らがいうように，新平価での復帰が正解だったのだが，それはさておき，海外投資価値を防衛するためにイギリスによって19世紀以来推奨され，世界各国の標準モデルとなった国際金本位制が，元来，それほど合理的な通貨制度でなかった点も確認しておかなければならない．

各国通貨発行量が各国の保有する金地金量によって制約される金本位制においては，各国通貨間の為替レートが固定され安定し，恣意的な——たとえば「ドル垂れ流し政策」のような——金融政策が抑止される上，金の国際移動を通じて各国の貿易収支が均衡することが期待される反面，景気状態の如何によって弾力的な金融政策，さらにはそれと一体となった財政政策を採ること，つまりケインズ的経済政策を採ることが不可能となる．

また金本位制への信頼は，常に資本と労働の完全雇用を可能とし，政府が景気対策を施行する必要のない状態を実現する市場経済のプライスメカニズムへの信頼と一体のものだが，現代経済学の教科書が教えるように，そうした想定が実現するためには，多くの——現実に成り立たない場合も少なくない——厳しい条件が必要である．

金本位制の世界経済にとってのさらに大きなデメリットは，ある時点における世界の金地金の存在量が一定であり，各国通貨の発行量が各国の金保有量によって制約されるとすれば，各国による金保有と通貨発行量をめぐるゼロサムゲームが展開されることになり，いわゆる「近隣窮乏化」政策が遂行される危険があるという点である．

すなわち国際競争力に恵まれた国家は貿易黒字を通して金を獲得し，自国通貨の発行量を増大することを通して景気をよくする反面，逆の立場にある国は逆の境涯に陥ることになる．プライスメカニズムの働きによって，常に実物経済の完全雇用が成立し，貨幣数量説に見られるように，通貨量が物価水準のみ

を決定するという古典派的想定の下ではこうした事態は回避されるが，実物経済が不完全雇用のまま少なからぬ期間推移しうるとするケインズ的想定の下では，「近隣窮乏化」政策が各国によって遂行される結果，一部の経済が破綻に瀕するという事態も起こりうる（補論1）．

いずれにしても，金本位制への固執が一因となって，日本に世界恐慌と一体となった昭和恐慌が発生して経済は混乱をきわめるが，それにもかかわらず，浜口の国民的人気もあって，なぜか民政党が次の総選挙で安定多数を得て政権を維持するが，1930年11月に浜口が凶弾に倒れて，1931年12月に内閣が退陣することになる．そして，それに代わって「日本のケインズ」高橋是清を大蔵大臣とする犬養政友会内閣が成立し，金輸出を禁止し，金本位制が終焉し，管理通貨制度が始まり，その後1936年の2・26事件まで「高橋財政」が行なわれることになるわけである．

3．高橋財政の成果

高橋財政の成果は目覚ましかった．

表2-6を見ると，景気が1931年に底を打ったあと，GNE（国民粗総支出）はうなぎ登りに増大し，為替レート（円ドルレート）の低下（円安）を反映して輸出は倍増し，内需も財政支出を先頭に消費や民間投資も伸張し，消費者物価も卸売物価もデフレ基調を完全に脱却したことがはっきり分かる．中村によれば，この間の実質GNPの成長率は6.2%の高さに達したという［中村 1978：118］．図2-1からは，景気の回復（DIは景気動向指数）と並んで，株価も急速な回復を示していることも分かる．

こうした高橋財政の成功が，軍事予算の増額を柱とした財政支出の増大を梃子としたものであったことから，それが軍国主義に道を開くものだったと冷ややかに見る研究者もいるが，スメサーストが力説するように，高橋ほど軍部と闘い英米との協調を望んだ者はいないし，現実に，彼は，軍事予算を削減した恨みを買って2・26事件で暗殺されたのである（スメサースト［2007：第13章］など）．

さらに，先の中村の議論を再確認することになるが，発展のプロセスを仔細に見れば，1935年の普通鋼圧延鋼材の総需要315万トンのうち，軍需公需は40万トンにすぎず，あとは土木建築85万トン，造船32万トン，機械109万

表2-6 1930年代の経済指標

(単位：百万円)

	GNE (名目)	GNE 1934-36 年価格	財貨サービスの輸出	財貨サービスの輸入	正貨準備高	鉱工業生産指数	民間設備投資(名目)	生産者耐久施設(名目)	1934-36 年価格	銀行会社計画資本	事業会社総資本利益率	消費者物価指数	卸売物価指数	工業男子賃金指数	工業女子賃金指数
1929	16,286	13,903	3,300	3,223	1,343	100	1,620	578	550	1,042	4.3	100	100	100	100
30	14,671	14,137	2,486	2,439	960	74.1	1,329	456	555	457	1.6	92	82	94	87
31	13,309	14,194	2,029	2,105	557	67.0	1,058	259	333	558	2.0	81	70	88	78
32	13,660	14,682	2,466	2,479	554	70.6	971	288	329	439	3.7	82	77	89	74
33	15,347	15,971	3,092	3,107	495	86.3	1,310	540	516	1,136	6.2	85	88	91	74
34	16,966	17,349	3,580	3,639	494	92.2	1,715	862	840	1,334	7.0	89	90	93	74
35	18,298	18,382	4,158	3,991	531	97.7	2,006	1,004	1,025	1,427	7.6	93	92	91	76
36	19,324	18,875	4,580	4,389	576	110.1	2,209	1,164	1,164	2,000	7.4	95	96	89	77
37	22,823	19,610	5,401	5,969	890*	129.1	3,195	1,857	1,227	3,627	7.6	102	117	94	83
38	26,394	20,729	5,283	5,924	582*	133.1	3,947	2,752	1,787	4,052	7.2	113	123	100	87
39	31,230	22,217	6,298	6,204	586*	147.1	5,284	3,787	2,544	5,635	6.8	121	136	106	95
40	36,851	23,178	7,192	7,152	593*	153.9	6,367	4,445	2,944	4,902	5.9	138	153	—	—

(資料) 大川一司ほか『国民所得』(LTES 1), 大蔵省『国債百年史』別巻, 篠原三代平『鉱工業』(LTES 10) など.
(出所) 中村 [1978：116-117] 第25表.

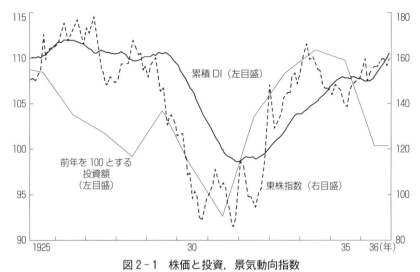

図 2-1　株価と投資，景気動向指数

(資料) 総務庁統計局『日本長期統計総覧』, 藤野正三郎・五十嵐副夫『景気指数：1888—1940年』など.
(出所) 飯田・岡田［2004：211］図 6-6.

トンなど民需が大半を占めていたのである［中村 1978：121］.

前節最後に引用した岩田らの高橋財政に対する肯定的評価は，こうした現実に裏打ちされたものだといってよいだろう.

4．前途に待ち受けていた諸問題

それにもかかわらず，筆者は，高橋財政のスキームを，2・26事件における高橋の暗殺後も継続していたとしても，当時の日本が「1920年代からの低迷と昭和恐慌にかけての諸問題を最終的に解決」しえたかどうかという点について疑問を持っている．マルクス経済学者やマルクス主義者のように，資本主義が必然的に帝国主義をもたらし，帝国主義が帝国主義間の戦争をもたらすとは考えないが，他方で，「諸問題」が「最終的に解決」されるには，多くの容易ではないステップが踏まれなければならなかったと考えるからである．

(1) 財閥と寡占体制

一つの問題は，第1次世界大戦後の日本経済が三井，三菱，住友，安田の四大財閥などによる高度の寡占体制にあったことだ．中村『日本経済』は，柴垣

和夫の『三井・三菱の百年——日本資本主義と財閥』（中公新書）に基づいて，1928年ごろの全国法人企業の払込資本金の約30％が三井，三菱，住友の三大財閥系企業が占めており，これに安田，浅野，大倉，古河，川崎の五財閥を加えれば約40％が財閥系企業によって占められていたと書いている［中村 1978：104］．これは，現在の韓国ほどではないにせよ，戦後日本の企業集団の占有率——6大企業集団の総資産占有率11％ほどなど——と比べれば驚くほどの「財閥支配」というべきだろう．

「財閥支配」あるいは高度の寡占体制の何が問題なのか．経済成長や産業発展という点に関していえば，寡占体制さらには独占体制にしても，それがマイナスに常に働くというのはそれほど根拠のあることではない．もちろん，そうした体制が，既得権益にあぐらをかいて経営革新や技術革新を怠ればマイナスに働きうるが，寡占企業間に競争が活発に行なわれるならば，あるいは独占企業であっても潜在的な参入企業との間に活発な競争が予想されるなら，ハイエクのいうように独占・寡占体制はなんら経済発展の妨げとなるものではない（Hayek［1979：Ch.15］など）．事実，第1次大戦後の日本経済の重化学工業化の多くは，これら財閥系企業によって担われた．

さら中村が述べているように，「財閥支配」が最高の強さに達したのは，デフレーション基調のなかで多くの企業が経営危機や倒産の憂き目にあった1928年前後の状況においてであり，それ以後は，鮎川義介の日本産業（「日産」），野口遵の日本窒素（「日窒」），森矗昶の昭和肥料（のちの昭和電工），中野友礼の日本曹達（「日曹」），大河内正敏の「理研」，中島知久平の中島飛行機などの，いわゆる「新興コンツェルン」が次々と創生し，重化学工業の新分野を発展させていった［中村 1978：104；122-123］．

つまり第1次大戦後の日本経済は，新旧財閥系企業に牽引されながら旺盛なダイナミズムを示し，そのダイナミズムの延長戦上に，高橋財政期の実質GNPの年平均成長率6％強という世界にもまれな経済成長が実現したのである．

問題なのは，そのマクロの経済成長の成果が，新旧財閥の支配層に集中して，国民一般まで「トリクルダウン（trickle down）」「近霑」されなかった，正確にいえば「トリクルダウン」されるのが遅かったということだろう．

(2) 経済格差の拡大と労働者と農民の状態

実際，「アベノミクス」に関して盛んにいわれたように，高橋財政期にはデ

フレ基調が是正され，株価が上がり，経済成長率が高まる一方で実質賃金率が低下するなどして，さまざまな階層間の所得と富の格差が拡大した．

そのなかには，都市部における労働分配率（非一次産業のGDPに占める労働所得）の低下や熟練労働者と未熟練労働者の賃金格差の拡大，都市と農村の格差の拡大などが含まれるが，その状況を全体的に示すのはジニ係数の動向であり，如実に示すのは一部富裕層への所得と富の集中の有様であろう．

図2-2は，南亮進が推定した戦前日本のジニ係数の動向を他の研究者による戦後日本のそれを並べて比較したものだが，資料の制約などによる統計誤差が避けられないとはいえ，0.4を上回れば大きな社会不安となるともいわれる同係数が，1890年から1940年にかけて，0.4以上の水準から一方的に0.6近くまで上昇しているのには驚かされる．

また図2-3は，より素朴に，上位1％の富裕者の所得が一国全体の所得に占める割合の推移を，100年間にわたって欧米および日本について示したものだが，欧米諸国の多くの割合が低下しつつあった1910年代から30年代にかけての時期に，ジグザグを描きながらも，日本のそれがかなりのレベル（18-20％）を維持していること，特に30年代に顕著な上昇傾向を示していること

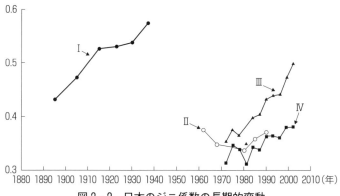

図2-2　日本のジニ係数の長期的変動

（資料1）Ⅰ　南推計：南亮進「日本における所得分布の長期的変化：再推計と結果」（『東京経済大学学会誌』）．
（資料2）Ⅱ　溝口・寺崎推計（「国民生活実態調査」による）：溝口敏行・寺崎康博「家計の所得分布変動の経済・社会および産業構造的要因：日本の経験」（『経済研究』）．
（資料3）Ⅲ　橘木推計（「所得再分配調査」の再分配前所得による）：橘木俊詔『格差社会：何が問題なのか』．
（資料4）Ⅳ　橘木推計（「所得再分配調査」の再分配後所得による）橘木同上書．
（出所）南［2007：34］．

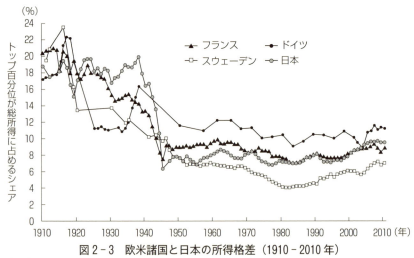

図 2-3 欧米諸国と日本の所得格差（1910－2010 年）

（資料）http://piketty.pse.ens.fr/capital21c を参照.
（出所）(1)と(2)は，それぞれ，ピケティ [2013 : 328] 図 9-2 と同 [2013 : 330] p. 330, 図 9-3.

に驚かされる．

　1930年代日本の，こうした驚くべき経済格差の拡大を「財閥支配」がもたらしたというほど事情は単純ではないが，国民の一部が相対的貧困はおろか，絶対的貧困にあえいでいるという状況のなかでは，非難の矛先が「財閥」に向けられるのもやむをえないことだったろう．少なくとも一部のテロリストや青年将校の目には，「財閥」やそれを支える政界が「諸悪の根源」と映ったのである[5]．

　実際，昭和恐慌後数年間の一般国民の生活状況は深刻だった．すでに挙げた**表2-5**の統計からも推察されるように，工場や鉱山の雇用は著しく縮小し，労働者の多くは「失業地獄」を味わい，運よく職を維持できた者も賃金や給料の引き下げや遅配に苦しみ，生活苦から刑法犯罪も増加した．大内『ファシズムへの道』［1974：214］は，刑法犯発生件数が1926年の72万件から1934年の157万件に激増したという統計を紹介している．

　農民の窮状はさらに深刻だった．日本農業の状態は，第1次大戦以後の世界的な慢性的農業恐慌によってすでに悪化していたのだが，昭和恐慌はそれに拍車をかけ，東北農村を中心に欠食児童，娘の身売り，嬰児殺し，一家心中などが相次ぎ，それらの結果として，有名な鐘紡大争議（1930年）はじめ，各地で労働争議や小作争議が頻発し，労働運動や農民運動が激化した［大内 1974：220-227］．

　もっとも，政府が手をこまねいて見ていたわけではなく，当時の高橋大蔵大臣は，1932年に，基本的には高橋の持論である「自力更生論」に立ってのことはあるが，当時としては巨額（16億円）の「時局匡救事業費」すなわち農村対策費を，軍費とともに予算計上して，農村を救済しようとした[6]．

　さらに，その新規雇用が，未熟練労働や日雇い（いまでいえば「派遣労働者」）に偏っていたとはいえ，ともかく失業率は高橋財政下で徐々に減少しつつあった[7]．

　また高橋経済政策を継続していれば，やがて実質賃金率が上昇傾向に転ずることも可能だったかもしれない．ちなみに，景気回復期に実質賃金率が下落するのは正常な事態である．さもなければ，すなわち逆に実質賃金率が上昇するのであれば，労働生産性が十分に上昇しない限り，企業利潤が圧迫され減少し，労働雇用が減少して失業率が減少することはない．失業率の減少と並んで，実質賃金率も上昇するのは，景気回復が本格的になって，売上げが伸び，労働生

産性が十分に向上する局面に入ってからである．

しかし当時の日本には，時間的ゆとりがなかった．昭和恐慌以後の日本の多くの労働者と農民生活は切迫していたのであり，その窮状は政界や財界よりむしろ軍部によってより強く認識され憂慮された．だからこそ，満州事変（1931年）への国民的熱狂，5・15事件（1932年），いわゆる「陸軍パンフレット」の発行（1935年），2・26事件（1937年）などの一連の事態が生じたのであろう．[8]

(3) 社会経済構造改革の問題

さらにいえば，高橋経済政策＝日本のケインズ政策が十分に展開される時間的余裕があったとしても，当時の日本の社会経済構造をそのままにして，岩田らがいうように諸問題が戦争以外の方法によって「最終的に解決」されていたかどうか筆者には疑わしく思われる．

一つの大きな問題は，すでに触れたことだが，控え目にいって，当時の政財界の大勢が労働者農民の窮状の打開に熱心でなかったということである．

たとえば，坂野潤治『昭和史の決定的瞬間』［2004：68］によれば，昭和のはじめから，日本の資本家団体（中心は「全国産業団体連合会（全産連）」）は，内務省が労働者陣営の要求を容れて作成した労働組合法案に反対し続け，1931年に当時の与党民政党に圧力をかけて同法案を廃案にした．[9]

また，それから5年後（1936年）の特別議会でも，失業保険は無理として，せめて労働者の退職金を企業に積み立てさせることはできないかと内務省が立案し，社会大衆党が支持した法案を，全産連の意向を受けた民政党が廃案としている［坂野 2004：68-69］．

こうした態度は政友会にしても同様であり，坂野は，社会民主主義の立場から，「……民政党や政友会（一括して『既成政党』と呼ばれた）は，まさに『貪慾飽くなき資本家階級』の代弁者だったのである」［同：97］と激しく批判している．ちなみに，斎藤隆夫の有名な「粛軍演説」に象徴されるように，当時の民政党は，「反軍・反ファッショ」を標榜し，対外的には国際協調（いわゆる「幣原外交」）を唱えるリベラルな政党だったのであり，その自由主義的政党が，対労働者大衆に対しては財界あるいは財閥の代弁者でしかなかったという奇妙なねじれを強調するのが，坂野の議論の特徴である．

同様の冷淡さは農民，というより小作農に対しても現れた．当時の日本農村の窮状の原因の一つが大地主制度＝小作制度にあったことは周知の事実である．

狭小な耕地面積に特徴づけられた日本農業，特に米作農業の低生産性には宿命的なものがあるが，その改善を阻む要因の一つが小作制度だった．日本の地主の多くは都会生活を楽しむ不在地主だったから，彼らには現場の生産性向上に取り組む意欲も知識も乏しい一方で，小作の方も，小作料を絞り取られるばかりの農業の生産性向上や品質向上への意欲は乏しくなる．

特に柳田国男以来問題視されていたのは，地租の金納制とセットとなった小作料の物納制——現物の農作物（米）で小作料を収めるという悪しき慣習——であり，明治以来一般物価より常に高い上昇傾向を示した米価の下では，小作料として現物で納められた米を高値で販売し，米価をつり上げるために供給制限すらしばしば行なった地主が利益を得る一方で，小作には利益がない結果として，地主にも小作にも，生産量と生産性と品質向上の意欲を失わせた小作制度の構造的問題だった．

この場合も，こうした小作制度，特に小作料金納化への制度改革の先鞭をつけようとしたのは，柳田の強い影響を受けた「農政の神様」石黒忠篤らの農政官僚だったが，彼らが作成した農地改革案は国会で何度も地主勢力の反対によって成立を阻まれた．それでも1938年には「農地調整法」が成立し，小作人の地位はある程度改善されたが，小作制度の問題の根本的改革は，結局，戦後のGHQ主導下の農地改革を待たざるをえなかった［山下 2004：330-334］．

こうして見ると，内務省や農商務省などの進歩的行政官僚による労働者農民保護・救済などの提案が，帝国議会の「保守的」な財界・大土地所有者の反対に会って実現を阻まれるという構図が浮かび上がってくる．そして，民政党や政友会などの既成政党は，坂野の口吻を真似れば，さまざまな紆余曲折があったにせよ，基本的には，「貪欲飽くなき資本家階級と地主階級の代弁者」ということになる．

しかし，労働組合法の成立や農業制度改革などに反対することは，必ずしも労働者・農民に冷淡だったことを意味しない．

この点は以下の第4章で詳しく述べるが，小池和男『高品質日本の起源』［小池 2012］第8章が強調するように，労働組合を法人として認めるのと，労働組合が存在して成果を上げるのは同じことではない．イギリスの労働組合法の成立は1871年だが，1851年以降の合同機械組合ASEに見られるように，同国の労働組合はそのはるか以前から瞠目すべき成果を上げてきた．

さらに，たとえば武藤山治が率いる鐘紡（鐘ヶ淵紡績株式会社）は，当時とし

ては手厚い社内福利厚生制度を設けるなどして従業員保護を図りつつ，イギリス綿紡績業を上回る企業業績を挙げた［小池 2012：第5章］．資本家と，労働組合として結束した従業員が対峙し交渉するという欧米流とは異なる，温情主義に基づく日本的労使関係が鐘紡などの日本企業に普及しつつあったというべきかもしれない．

実際，こうした温情主義や家族主義に基づく会社経営の思想は，血盟団事件（1932 年）における暗殺で有名な団琢磨，当時の三井合名会社理事長にして日本工業倶楽部初代理事長だった団琢磨はじめとする，少なからぬ財界人に共有されていた．

この点については，由井常彦「財界人と日本的経営の理念」［2006］が興味深いエピソードを紹介している．

すなわち，日本財界は，1921‒22 年に，団琢磨を団長とする実業家使節団をイギリスとアメリカに派遣し，当地の財界人や政治家と直に意見を交換する機会を持ったが，その折，USスティール会長の J. ゲーリー（Judge Elbert Gary）は，使節団に，1919 年に起こった同社の大規模な労働争議の経験を踏まえて，労使関係に関しては，労働者に対する福利厚生の充実・増進を可としつつも，無条件の団体交渉，経営参加，政府介入を不可とする，一言でいえば，経営者主権（management soverinty）の堅持を強調し，労働組合の法制化を批判する趣旨の発言を行ない，使節団に「感銘を与えた」．

さらに，イギリスにおいては，当時のバーミンガム商業会議所代表，1930 年代末に英国首相となる N. チェンバレン（Neville Chamberlin）は，歓迎会の席上，次のようなウイットに富んだ演説をして，労働組合を批判した．

> 「(日英) 両国事情酷似せる中に只一点日本の英国に遅れたる点は，団員諸君の語るところに依れば日本に労働組合の無いことであると云う．果たして然らば此点に於いて大に日本を援助することができる．若し諸君が組合を一つ土産に携えて帰らんと望まれるならば，豊富な厄介物のうちから適当な見本を一つ探して進ぜましょう」（『男爵団琢磨伝』555 頁，由井［2006：16］からの再引用）．

由井によれば，実は団琢磨も，武藤山治同様，労働組合の存在や労働組合法の制定は日本でも避けられないと考えてきたのだが，こうした英米の財界指導

者の発言に触れて，組合法の制定に消極的になったのだという．

　こうした「家族主義的経営」や「温情主義的経営」を，「遅れた前近代的経営」とか，資本家の利潤追求の体のよい「隠れ蓑」にすぎないといって一刀両断するのは正しくない．当時の労働界はもちろん財界内部においても，より近代的な労使関係を求める意見や動きはあったようだが，そこには，これも第4章で述べるように，戦後の「日本的経営」の良質な側面につながるような萌芽が含まれていたのである．

　にもかかわらず，すでに述べたように，マクロ的には戦前日本の経済格差と社会不安が拡大し，国民の支持が政党政治や財界から軍部へと向かってゆく．

　この方向を逆転する必要条件の一つは，労働所得や農業所得の上昇や所得再分配政策などによって経済格差を思い切って縮小することによって，国内消費需要を無視しえない程度に増大することだっただろう．一般に消費性向が所得の増加関数であること，すなわち所得階層が高ければ高いほど所得から消費する比率が小さくなり貯蓄する比率が大きくなることを思えば，所得分配の平等化はマクロの消費需要の増大をもたらすと考えられるからである．逆にいえば，そうした再分配政策が実施されなければ，いかなる高橋＝ケインズ的経済政策も当時の日本経済を成長軌道に乗せ続けることは不可能だったに違いない．

　しかし，富裕層から国民大衆に所得移転しさえすれば事態が改善するというほど，問題は単純ではない．なるほど，所得の平等化は，消費性向の差を通じて国民経済の消費需要を増大しただろうが，消費需要の増大が，マクロ的貯蓄性向の低下を通じて投資需要の減少をもたらすなら，場合によっては経済成長はむしろ低迷する．消費需要の増大と並んで投資需要も増大し経済成長を牽引し続けるには，潤沢かつ安定した投資機会が存在しなければならないが，当時の日本にこうした安定的高度成長の条件が備わっていただろうか．

　なるほど，中村らが指摘するように，重化学工業化の波には，軍需を除いてもかなり力強いものがあり，都市化の影響もあって洋服，パン，コロッケ，ラムネ，サイダー，キャラメル，チョコレートなど洋風生活や，ラジオ，新聞，映画などのメディア産業の台頭など，当時の日本にも大衆消費社会の波は訪れつつあった［筒井清忠 1984：第2章第1節］．

　しかし，その趨勢が，戦後高度成長期のように「消費が消費を呼び，投資が投資を呼ぶ」ほどに十分力強いものでありえたのかという点については疑問が残る．戦後の耐久消費財ブームを中心とした高度成長は，化繊や家電などの分

野における戦前から戦時期にかけての技術革新が戦後になって一斉に花開いて（製品化されて）はじめて可能となったからである［村上 1984：第3章］．

その上，そもそも，戦前の状況下で，思い切った経済格差是正策が実行されえたかが問題である．あれほど高位のジニ係数の状態をドラスティックに変革するには，財閥解体，労働の民主化，農地改革など，つまりGHQ支配下の戦後改革に匹敵するような社会経済構造の改革がおそらく必要だったが，一部の官僚の改革努力や戦時体制下でのある程度の改革にもかかわらず，その期待が全面的に満たされるのはやはり無理だったとするのが順当ではないか．

(4) 外貨の制約と国際環境

高橋財政下の日本経済の困難は国内問題ばかりではもちろんなかった．それらに劣らず当時の，正確には当時から戦後の1960年代前半までの日本経済を悩ませたのは輸入超過に起因する外貨不足だった．

表2-7 は1930年代の貿易収支の推移を示したものだが，赤字基調は明治以来の一貫した傾向だった．

もっとも，1930年代後半に入ると，統計上は輸出超過の年も眼につくようになるが，これは中国，満洲，関東州など円ブロックへの輸出によるものであり，外貨獲得に不可欠な対第三国との貿易収支は一貫して赤字というより，赤字幅がますます拡大していった．その理由は，多くの重化学製品の多くが長期にわたって欧米からの輸入に頼らざるをえなかった上に，基本的なエネルギー

表2-7　日本の貿易収支（1930年代）

(単位：百万円)

	合計			対円ブロック（中国, 満洲国, 関東州を含む）			対第三国		
	輸出	輸入	出(入)超	輸出	輸入	出(入)超	輸出	輸入	出(入)超
昭11	2,693	2,764	△71	658	394	264	2,035	2,370	△335
12	3,175	3,783	△608	791	437	354	2,384	3,346	△962
13	2,690	2,663	27	1,166	564	602	1,524	2,099	△575
14	3,576	2,918	658	1,747	683	1,064	1,829	2,235	△406
15	3,656	3,453	203	1,867	756	1,111	1,789	2,697	△908
16	2,651	2,899	△248	1,659	855	804	992	2,044	△1,052

(注) △印は輸入超過．
(資料) 大蔵省通関統計．
(出所) 中村［1986：117］表3-1．

源である石油の多くがアメリカ，スマトラ，ボルネオなどの非円ブロックからに輸入されていたからである［中村 1986：第2章第2節；第3章第1節］．よく知られているように，高橋財政の下での大幅な金融緩和とリフレ政策は大幅な円の対英米為替レートの引き下げをもたらしたから，外貨建ての輸出入の価格弾力性が十分に大きければ，輸出数量だけでなく，輸出総額も増大する一方で，輸入価格の上昇によって，たとえば原油の輸入数量が抑制されて，外貨不足が緩和されることが期待されるが，期待は実現されなかった．

外貨が慢性的に不足するとすれば，日本経済の基盤を支える原油や鉄鉱石や綿花などの天然資源の輸入に支障が出るのは明らかであり，是非とも隘路が突破されなければなかった．そのためには，生糸や繊維製品などの輸出と並んで，家電や自動車などの「重化学製品」も円圏以外に輸出されなければならなかったが，当時の日本の重化学産業にそこまでの実力はなかった．だからこそ，円で買い物のできる「満蒙」などにこれら資源を求めざるをえなかったのだが，残念なことに，鉄鉱石や原綿はともかく，原油は円圏にほとんどなかった．

当時の日本経済をさらに発展させるためには，先に述べた国内の社会経済構造の改革と並んで，このような貿易構造と，その背後にある産業構造の転換が図られなければならったが，天然資源小国という宿命はもちろん，輸出競争力を持った重化学工業の育成という課題の達成も難題だった．

その上，「小日本主義」というより主権国家間の自由貿易主義の勧めという石橋湛山らの，それ自体としては真っ当な，1920年代初頭からの主張が実現されるべき国際環境が，当時ますますなくなりつつあったという事実も確認してかなければならない（補論2参照）．

楊井克巳編著『世界経済論』［1961：第3篇第2章］によれば，第1次大戦後の世界においては，「自由貿易主義国 イギリス」というイメージはもはや昔話となり，当時すでに世界最強の産業国となっていたアメリカは，その地位にも関わらず，今日のトランプ政権下のアメリカにも似て，挑発的な高率関税を設定する保護貿易主義国として振舞った．すなわち，イギリスは，大戦中の1915年に，自動車，時計，映画フィルム，楽器などの奢し品に従価30％の輸入税を課するマッケナ関税（McKenna Duties）を設定して，史上はじめて保護貿易主義を採りいれて以来，19年には帝国内特恵制度を具体化して関税率を一般的に増加させ，20年に染料輸入規制法，21年に産業保護法を成立させるなどして，次々と保護貿易主義を具体化していった．

アメリカは元々高率関税を採用する保護貿易国だったが，大戦後の不況のなかで，21年に農産物に関する緊急関税法を成立させ，22年に多くの工業製品輸入に高関税を設定するフォードニー・マッカムバー法（Fordney-McCumber Tariff Act）を成立させるなどして，27年の世界経済会議において，スペインに次ぐ高率関税国と認定されるほどだった．

ドイツ，フランス，イタリアなど元々自由貿易主義には乗り気でなかった他の国々は推して知るべしであって，つまり，楊井らによれば，1930年代後半以降の「ブロック経済化」のはるか以前から，世界は保護貿易主義の方向に進んでいたのである．

5．ありうべき解決策

以上のような諸問題と，日本リベラルはいかに戦い，日本の破局への道を阻止すべきだったのだろうか．筆者には，「高橋財政」というより，学歴がなく，カバンもカンバンもジバンもないに等しかったにもかかわらず，6度にわたって大蔵大臣を務めただけでなく総理大臣にもなった「日本のケインズ」の思想と行動のなかに，窮状突破の可能性が含まれていたと思われる．

内外の膨大な資料と先行研究に基づくばかりでなく，高橋是清個人に対する深い敬愛の念を込めて書かれた『高橋是清』［スメサースト 2007］の結論部（終章）で，スメサーストは，彼の政治経済思想を 13 の原則に要約している．筆者なりの解釈を交えながら，スメサーストの要約を列挙してみよう．

原則 1　政府の主要責務としての経済成長
　政府の国民に対する主要な責務は一国の経済成長を促進することである．
原則 2　経済成長の目的としての国家の財政基盤の強化と国民生活水準の向上
　経済成長の目的の一つは財政基盤を強化することによって国家の発展に寄与することだが，それに留まらず，国民の生活水準を向上させることも目的とされるべきである．
原則 3　経済成長実現の最善の方法としての労働生産性の向上と，その成果の労使間シェアリング
　経済成長，すなわち国富と国民所得を増大させる最善の方法は，企業が

労働者の生産性を向上させ，その利益を労働者と分かち合うことである．

原則4　貧富あるいは経済格差の縮小

所得分配の過度な不平等の是正はどの国にとっても必要だから，政府は，累進所得税などを用いて貧富の差の縮小に努めるべきである．

原則5　国民主権あるいは民主政治

政府は，国民の生活水準を向上するための政策を実行するだけでなく，国民がより積極的・主体的に統治に参加しうる制度設計を行なうべきである．このために高橋は，普通選挙と府県知事公選制の施行を推進した．

原則6　ケインズ的景気刺激政策

政府は，不況期には，財政赤字を拡大し，自国通貨を減価させることによって経済成長を促進することができる．

原則7　景気過熱の抑制政策

逆に政府は，経済が過熱している場合には，財政黒字を計上したり，自国通貨の切り上げによって需要とインフレを抑制することができる．

原則8　過剰な軍事支出の抑制

国防は国家の安全のために不可欠だが，過剰な軍事支出は国民経済の健全性を損なうばかりでなく，国防そのものを危険に晒すことなる．

原則9　軍部の文民統制

軍事政策を含む外交政策においては，文民が主導権を握り，軍人はこれに追随すべきである．

原則10　外交と金融政策における英米との協調

日本の外交と金融政策は，英米両国との協調をはかり，その枠組のなかで運営されるべである．なぜなら，英米との戦争は無益であるばかりでなく，英米両国とその帝国圏は，日本にとって最も重要な海外市場，資本源泉，天然資源，技術を提供しているからである．

原則11　貿易を通じての諸外国との競争

日本の他国との競争は，帝国建設や戦争を通じてではなく，貿易を通じて行なわれるべきである．

原則12　統一中国建設への協力

中国との関係において日本は，先行き有力な貿易相手国となりうるという意識を持って，中国が強力で安定した国家として統一されることを支援すべきである．

原則13　市場経済原則
　持続的な経済成長にとって必要不可欠なのは，中央集権的な意思決定ではなく，分権的な市場経済における情報である．市場経済の時々の失調に際しては原則6と7に示したように，政府の介入が必要だが，それは飽くまで一時的・部分的な介入に留めるべきである．その意味で，高橋は，ケインズ自身がそうであったように，ケインズ主義者であると同時にハイエク主義者でもあった．

　スメサーストのこうした高橋思想の要約からは，教条的でないリベラル政治家，リベラルなケインズ主義者としての高橋像が浮かび上がってくるが，この章での議論の流れのなかで特に注目されるのは原則1，2，6，7と並んで，原則3と4である．
　すなわちすでに述べたように，高橋財政は，事実上のケインズ政策を行なうことによって経済成長を促進し国民生活水準の向上を第一義としたのだが，その際，少なくとも高橋自身はそのプロセスが経済格差を過度に広げ，労働者農民の一部を生活困窮させるものであってならないことを深く強く自覚していた．高橋の盟友だった石橋が後年述懐するところによれば，高橋は，日本の財閥にそれほど批判的ではなかったようだが［石橋 1950：279－281］，それにも関わらず，富と所得が一部の特権階級に偏在することの非を自覚していた．
　高橋の自覚の基礎には高橋の優しい人柄，倫理観もあったであろうが，筆者には，それ以上に，経済政策家としての高橋には，極端な経済的不平等が，マクロの消費性向の低下を通じて国民の消費需要を停滞させ，ひいてはマクロの経済成長自体を停滞させるという経済学的認識があったのではないかと思われる．
　いずれにしても，1932年の衆議院予算委員会での大蔵大臣としての以下のような答弁には，高橋の倫理観と一体となった経済観が端的に示されているように思われる．

　「……謂わばその資本家が懐ろ手をして利益を取っている，懐ろ手をしておる人の方に分配が余計に行って，働いて富を作った労働者の分配が薄いということから不平も起こり，生活難も起こる．それで私は時々人に話したこともある，これからはそれが改まらなければならぬ．懐ろ手をしてい

る人は働きをしないで，利益を得ることを主としている．しかしその利益は働く人があってはじめて生ずるのであるから，その分配する割合は労働者の方が厚く酬いられなければならぬと私は思う．……（他方で──引用者）資本家があってはじめて労働者は職を失わないのである．資本家ばかりでも，また労働者ばかりでもいかない，それで労資というものはどうしても協調していかねばならぬ時勢であろうと私は考える」[高橋 1932：488-489]．

　労資協調に高橋が具体的どのように関与したかを筆者は知らないが，スメサーストによれば，首相時代の高橋（1921年11月-1922年6月）は，それまでの政友会の立場を反転させようとして，所得格差拡大の是正を目指した累進課税制度を提唱し，原敬が反対していた普通選挙制度を支持し，過激な社会運動の取締りを意図して政友会が長年にわたって準備してきた「過激社会運動取法案」に消極的反対という態度で臨んだという[スメサースト 2007：287]．しかし残念ながら，高橋には政治力が欠けていたらしく，彼の意図する政策の多くは実現されることがなかった．[12]

　それはさておき，ここに示された高橋政治経済思想の13原則のほとんどが，約30歳年下の盟友，石橋湛山の思想でもあったことを確認しておこう．両者の間には定期的会合を持つなどの交流があったから[スメサースト 2007：385]，高橋から石橋，あるいはその逆の影響関係があったのかもしれないが，詳細は分からない．

　しかし，高橋財政を熱烈に支援する言論活動をメディアを通じて石橋が展開したのは確かである．

　すなわち石橋は，「昭和八年度予算の経済的意味」で，高橋が作成した景気刺激策としての大幅な財政赤字予算案について，軍事予算の膨張を「……悲しむべき事態である」[石橋 1933a：105]と憂慮しつつも，「かような時期に，政府が巨額の赤字を出し，公債をもってこれを支弁することは，ただに不健全でないばかりでなく，かえって大いに奨励せねばならぬ政策となるのである」[同：101]と，その意義を積極的に評価し，金融緩和による大幅な円安による輸出増を「ダンピング」として非難する諸外国に対しては，「我が国の為替下落とダンピング論の誤謬」で，「……その結果はただ我が物価が国際的に正当の位地に置く働きをなしたに過ぎない」[石橋 1933b：114]と高橋を擁護し，

「統制通貨制度の進展とその目標」で，高橋財政の帰結としての金本位制離脱と管理通貨制度への移行を，「……統制通貨制度が次第に勝利を占めて進んでいることはまた明白なる事実だと思うからである」［石橋 1934：128］と述べて肯定した．ここには，高橋の原則6，7，8が，石橋ならではのレトリックによって雄弁に語られており，さらにその背景には，経済成長と国民生活の向上を国家の第一義とする——石橋なりに彫琢された——原則1，2があることも明白である．

さらに，満洲を放棄し，中国への軍事的進出を撤回し，独立を達成した統一中国を含む，英米その他世界各国との自由貿易——貿易を通した競争——を唱えた石橋の「小日本主義」が，高橋原則10，11，12に当たるものであることも明白だ．[13]

そして，こうした正論がなぜ実現されなかったかという疑問が残ることも高橋の場合と同様だと付け加えなければならない．高橋の場合の理由が，暗殺はさておき，80歳という高齢，元来の政治力の無さ，あるいは政治下手なのだとすれば，石橋のそれは，彼および東洋経済新報社のメディアのなかでの孤軍奮闘などであろうが，『朝日新聞』や『毎日新聞』などを含めたすべてのメディアが同様のことを力説したとしても，事態が好転したかどうか．

やはり第1に問題にすべきは，当時の「既成政党」（高橋を除く政友会と民政党）と，その背後に控える財界と大地主——要するに当時の（軍部と官僚以外の）パワーエリートたちの動向だろう．

ここで注目されるのは，部分的にはすでに触れたことだが，戦後になってからの石橋の池田成彬（しげあき）と戦前財閥についての述懐である．もちろん池田は，血盟団事件（1932年）で暗殺された三井財閥総帥団琢磨の後継者であり，財閥の家族支配の改革や多額の寄付など，いわゆる「財閥の転向」を行なった中心人物である．石橋は，1949年頃に出版された池田の対談録『財界回顧』を『東洋経済』誌上で評して次のように書いている．

「昭和五年の金解禁に関する問題で，この書を読み，私が意外に感じたことは，池田さんがあまりにもはっきりとこれに賛成し，四年の十一月井上蔵相に向かい，『金解禁すれば，われわれ銀行は援助する』と大いに彼を激励していることである（八九頁）．私は，当時日本の財閥が金解禁に賛成であることは知っていた．浜口首相が組閣前から早く金解禁を民政党の政

策として掲げたのも，ここに背景があったものと思う」[石橋 1950：274].

もちろん石橋は，(旧平価での) 金輸出解禁に猛反対したのであり，「……太平洋戦争で日本を滅亡の淵に導いた元は金解禁であった」[同：275] と考えるのだが，ここには，1930年代の財界人の多くが金本位制の呪縛に囚われていたことがはっきり示されている．

さらに興味深いのは，石橋が，池田をはじめとする当時の財界人がもっと積極に動いてくれたなら事態が打開できたかもしれなかったにもかかわらず，彼らがそうしなかったことを嘆いていることである．

「……，私の見るところによれば，英米等の財閥はどうか知らず，日本の財閥には彼らの存在の意義をかく明らかに自覚していた者はなかったようだ．したがって，彼らの行動にもしばしばその存在の意義に戻るごとき誤りを犯したことがあろうが，同時に，自己の存在に対して自信を欠いた．おれ達は社会に対してこれだけの役割を持っているのだとわかっていれば，行動もそれによって規矩されるとともに，世間に金持攻撃が始まろうと，卑屈に恐れるわけはない．……しかるに不幸にして，日本の財閥にはそういう自覚も自信もなかった．

第一次世界大戦後一般に社会主義的思潮が勃興し，それとともに金持攻撃が始まると，彼らは兢々として，自己を小さく守ることに専念した．昭和六年の満州事変ごろから後の財閥が見るも憐れな状態において込まれた所以である．池田さんが三井合名の本部に乗り込んで，三井財閥全体の采配を振るに至ったのは，この本によると昭和八年九月ということであるが，この頃はあるいはもはや頽勢を挽回しがたき状況にあったかもしれない．

しかし，これは今日からみての繰り言にすぎないが，その際でも財閥が，前記のその存在の意義に考え，敢然大いに積極策に出で，いわゆる死中に活を求むる底の勇気を振るったら，あるいは時勢を転換する途もあったのではないかと思われる．

ところが池田さんは，残念ながらやはり消極的防衛策を取った」[同：280-281].

石橋のこの文章には，英米の財閥と違って，日本の，いわば日本の「成り上

がり財閥」には，貧困層の救済を含む天下国家への貢献を義務とする「高貴な義務（ノーブレス・オブリージェ）」も，「力量（バーチュー）」も欠けていたこと，彼らが自らの存在意義に目覚め，なんらかの積極策に敢然と出ていたならば時勢を転換する可能性もあったかもしれないが，現実には「消極的防衛策」に終始したことに対する批判と悔恨の念が溢れている．

では「積極策」とは何であったか．石橋は具体的に語っていないが，上に文章に続いて，池田が2・26事件直前の1936年の総選挙の際に，池田が政党（民政党）に金を一文も出さなかったことを嘆き，その同じ三井が，明治維新の際には堂々と新政府の御用金掛を努めた勇断を評価していることなどから推測すれば，財閥をはじめとする当時の日本財界が積極的に献金などをして，既成政党に働きかけ支援して，軍部の暴走を抑える行動に出るべきだったと考えているようだ．

すでに述べたように，当時の既成政党，あるいはより一般的には政党政治はまったく無力ではなかった．たとえば浜口雄幸は，文字通り命がけで中国大陸での戦線不拡大と英米協調路線を主張したし，政友会のなかにも高橋是清のような人物がいた．が，政党政治の期間がわずか7年間というのはいかにも短すぎる．7年間では，第3章でもう少し詳しく述べるように，政党も政治家も選挙民も成熟した政党政治を担うのは不可能であったことだろう．だからこそ，柳田国男も吉野作造も，未熟な既成政党に早々と見切りをつけ，無産政党に期待をかけたのではないか．

その上，これも「成り上がり」のためか，既成政党に働きかけるべき財界は，19世紀の遺物の金本位制になおも囚われ，国民大衆の窮状に身を持って立ち向かうというノーブレス・オブリージェとバーチューに欠けていた．

石橋が彼らに一縷の望みをかけた「積極策」を筆者なりに推測し敷衍すれば，武力をもたない財界人と政界人の場合には，高橋財政を高橋抜きにさらに継続し，短期的な金融財政政策だけでなく，経済の回復基調を持続させ，さらに確かなものとするための——自らの身を切る——社会経済改革を断行し，英米などの諸外国との妥協を含んだ協調を維持あるいは回復しつつ，労働者農民を含む国民生活を目に見える形で改善することだった．

その目に見える生活水準向上の環境のなかで，『東洋経済』をはじめとするメディアが総力を挙げて大陸進出の愚（経済的，社会的，倫理的愚）を国民に語りかけ，積極的な資金援助などを通して，リベラルな既成政党を選挙に勝利させ

て，軍の文民統制を実行する——「統帥権の独立」が確立した帝国憲法の下でそれが容易に可能だったとは決して思わないが——，ともかく，そこまで行ってはじめて局面の打開が可能だったのはないかと思われるのである．

　それができなかった一つの理由は，やはり石橋がいうように，当時の財界，特に財閥の社会経済改革に対する保守主義ならぬ消極主義と守旧主義であろう．金本位制への固執がその証拠の一つだが，すでに幾度か触れた労働組合法への反対（地主に関しては農地改革への反対）も証拠の一つといえるかもしれない．

　ただし，繰り返しになるが，彼らに悪意があったわけではない．池田成彬の前任者にして血盟団事件の犠牲者，団琢磨も，武藤山治などと同様，それなりの仕方で，「温情主義」的に労働者に対応していたのであり，彼らを「貪欲飽くなき資本家」と断罪することはできない．戦前の財閥や財界にも可能性はあったのである．

　が，その可能性が現実化し大きく育つことはなく，たとえば巨大な経済格差は放置された，というよりこの時期ますます拡大した．

　では，労働者や農民自身はどうだったのかというと，なるほど全国各地に労働組合や農民組合が結成され，日本共産党や労働農民党などの無産政党が結成された．しかし，それらの運動は，吉野や柳田らの期待も空しく，第1章第4節で述べたように，共産党のように非合法化され壊滅を余儀なくされない場合でも，少なからぬ内部対立を含みなが離合集散を繰り返し，やがて，その多くは軍と官僚の動きに飲み込まれていった．それを象徴するのは，1934年の「陸軍パンフレット」を全面的に支持し，軍主導下の——幻想的な——生活救済の道を進んでいった，麻生久率いる社会大衆党だろう[14]．

　無産政党の「右傾化」を「左翼的」立場から非難してはならない．既成政党や財閥が，一昔前のリベラリズムに囚われるなどして，事態の展開に有効に対処できなかった以上，無産政党とそれらを支持する労働者農民は，「戦争協力」と「満蒙開拓」などによる生活救済を求める他に道はなかったというべきだろう．

　柳田，吉野，清沢，石橋，高橋などの柔軟性に恵まれた日本リベラル達も，その流れを止めることはできなかった．高橋財政は——政治力と実践性の点で——最も見込みある方策だったが，既成政党と財界の壁に阻まれて，その可能性を尽くす前に立ち止まらざるをえなかった．

　清沢などは，1930年代半ば以降，無産政党との連携も視野に入れた，ある

種の「人民戦線」構想を抱いていたようだが，その構想も実を結ぶことはなかった．佐久間俊明『清沢洌の自由主義思想』[2015：241-242] は，この時期の清沢の思想と行動を克明に描いた上で，彼の「人民戦線」構想が既成政党を軸としたものであり，社会大衆党や市民，労働者，農民との積極的な連携を視野に入れたものでなかったと批判している．ここには，太平洋戦争中の食糧不足の折に，知人の箱根の別荘に19歳の青年が泥棒に入ったことを伝え聞いて，「ブルジョアジーに対する反感だ」(清沢 [1971-1973(2)：191]．1944年5月15日の記述) といい捨てた清沢の体質が影響しているかもしれない．

おそらく日本リベラルは，経済発展を背景に，自由主義の原則を堅持しながら，思い切って社会民主主義的政策 (社会政策) を採用し，国民大衆と連帯すべきだった．河合栄治郎のように「生産手段の私有の廃止と生産の統制」[河合 1931：293] まで提案するのは行き過ぎだと思うが，自由主義を保守するために国民大衆と積極的に連携し，彼らを軍部と官僚から引き離すことが不可欠だったのだが，失敗した．

眼を国内から海外に転ずると，困難がさらに重くのしかかってくる．太平洋戦争あるいは大東亜戦争が，黒船襲来以来1世紀続いた，欧米諸国に対する日本の独立自尊の闘いの一環としての「東亜百年戦争」(林房雄) だったとすれば，黄色人種を差別することも少なくなかった英米との協調外交や「小日本主義」が成功する保証はどこにあったのか．ましてや，20世紀初頭以来，保護主義を強めつつあった英米を相手に，松岡洋右は国際連盟でどんなスピーチをすればよかったのか，あの世界情勢のなかで国益とリベラリズムの双方を守るためのどのような外交政策が具体的にありえたのか，などの疑問が次々と湧いてくる．

日本がますます追いつめられてゆく状況を，「座して死を待つよりは，出て活路を見出さん」として戦争を開始するのを避けることができたとすれば，牧野邦昭がいうように，おそらく，あらゆる方策を使って「時間を稼ぐ」ほかなかったことだろう [牧野 2018：202]．あるいは「時間を稼ぐ」ことだけなら，当時の日本人にもなんとかできたというべきか．

注
1) ほかの事実についても当てはまることだが，こうした歴史的事実を統計数字に基づいて確認するのは思いのほかむずかしい仕事である．時代をさかのぼればさかのぼる

ほど，正確な基礎資料を入手するのが困難になるという一般的事情はもちろん，たとえば表2-1という，最近では広く使われている「マジソン統計」に関しても，基準時点を換えれば具体的数字が少なからず変わってしまうなどの問題点が指摘されうる．しかし，太平洋戦争前の日本経済が，欧米各国のそれより小規模であり，かつ，それらとの距離を急速に縮めつつあったという事実には誤りがないものと思われる．

2) たとえば，すでに古典的研究となるが，楫西ほか［1954-1969］も同様の論調に貫かれている．

3) この時期の民営工場労働者の実質賃金指数の低下に関しては，楫西ほか［1963：828］，第314表，参照．また，労働分配率の低下，熟練労働者と未熟練労働者の賃金格差，都市と農村の所得格差拡大などについては南［1996；2007］参照．

なお，南はこうした不平等化の重要な原因の一つとして，戦前日本の農村における「ルイス的な過剰労働（無制限労働供給）」の存在を強調している［南 2007：36-37］．低い生産性と過剰労働力（人口）によって特徴づけられる当時の日本農村は，農家の平均所得を「生存水準」に押し下げただけでなく，都市産業に不熟練工を低賃金で供給することなどを通して，労働者の賃金を下げないまでも，その賃上げのテンポを，たとえば労働生産性の上昇に比べて鈍化させ，ジニ係数を上昇させたというわけである．

南はさらに進んで，この事実が，経済成長の初期には所得分配が不平等化し，後期には平等化するという，いわゆる「クズネッツ仮説」の前半部分の妥当性を証明するものだとしている（［南 1996：154-155；2007：38］など）．「クズネッツ仮説」にはさまざまな批判もあり，南の議論をそのまま受け入れるわけにはいかないが，戦前期日本の所得分配や経済構造の問題の発生に農村の貧困と過剰労働力が重要な役割を果たしたことは間違いない．こうした観点からは，戦前期における（農業保護というより）農業改革の重要性と，その失敗の意義がより一層強調されるべきことになる．ルイスの過剰労働論については，たとえばLewis［1954］参照．

4) 残念ながら，南の推計値は税制や福祉制度による所得再分配以前の所得に関する数値であり，筆者もそれに代わるデータを持たないが，戦前，少なくとも戦争体制に入る前の日本における所得税率の低さや福祉政策の貧困さを思えば，再分配後所得に関するジニ係数も，若干小さくなるとはいえ，同様の傾向を示すものと思われる．

5) この点は南［1996］第8章でも強調されている．

6) 高橋の「自力更生論」については，並松［2012：123-127］参照．

7) この時期の労働市場の動向については，橋本［1984：第4章第3節］参照．ただし橋本は，景気回復の割には雇用回復が進まなかったことを強調している．

8) 満州事変への国民的熱狂を，岩田［2004：第3章；第4章］，北岡［1999：第2章］などは，マスメディアの大衆迎合的な論調，煽り行為，無知，商業主義などに帰着させているが，一面の真理，というより表層の真理というべきだろう．メディアと国民を熱狂させた，さらに根本の社会経済的原因が問われなければならないからである．

9) この点を濱口 [2004：31] によって補足すれば，労働組合の法制化を図った労働組合法案は，大正時代の 1920 年にすでに，当時の原内閣の床次内相によって臨時産業調査会に提出されていた．この法案作成に当たったのが，当時の内務省警保局事務局長，後の東大学長の南原繁である．この時，農商務省も独自の労働組合法を提出し，野党の憲政会も 1921 年に労働組合法を提出するなどの動きがあったが，いずれも財界の反対などによって成立しなかった．また川田 [2009：75-76] によれば，戦争反対と国際協調で後世評価される浜口内閣も，「古典的自由主義」政策に固執する反面，労働者や農民保護などを目的とした社会政策の確立を唱い，進歩的な労働組合法案を提出しようとしたが，やはり財界の反対などに会って挫折した．
10) なお寺西重郎 [1992] は，近代日本における重化学工業の輸入代替が考えられている以上に困難なプロセスだったという興味ある指摘を行なっている．
11) 南北戦争期から 1930 年代に至るアメリカが，一貫して高率関税国であったことは，中西 [1988] でも強調されている．
12) 高橋の政治力のなさは本人も自覚していたようで，1934 年に書かれ『随想録』に収録された「原が刺された朝」と題されたエッセイには，次のような面白い文章がある．

「……，政党に這入ってみると，なかなか政党の事情は複雑で，私のごときものには向かない．殊に原の総裁ぶりを見て，始終あんなことを良くやるものだと思って居た．原と言う人は政党の事は大小軽重共多大の興味と熱意を持って居たので，党員の名前や顔は勿論の事，その人の履歴，その人の勢力など何もかも知って居たし又知る事につとめ，党員が面会に来れば，誰彼の区別なく一々あって陳情もきけば，話もしたものだ．ところが私はそんな事は全然興味を持たず，誰が何という人か，どんな顔をしているか，殆ど知らなかった」[高橋 1934b：13]．

13) なお石橋も高橋も農村振興・農業振興に強い関心を持っていたが，彼らのスタンスは，農業保護政策を批判し農民の自力更生を促すという共通点を持っていた．たとえば，当時蔵相だった高橋は，当時東洋経済新報社専務だった石橋を聴き手としたインタビューのなかで，政府による救済を叫ぶ一部の農民や中小商工業者の動向を評して，次のように語っている．

「そういう風に泣き付きさえすれば政府はどうかしてくれる，国民がこういう考えを持つようになっては自力更生も何もあったものでない．意気地のない，人に頼る国民が出来てしまう」[高橋 1934a：344]．

高橋と石橋の人生観は，貧者や弱者の窮状に同情しつつも，独立自尊の人間を理想としたものであり，そのため彼らの言動の農民などへの「冷たさ」が批判されることもあった．独立自尊の精神を失った人間や社会の惨状を思えば，彼らの人生観に誤り

はない．が，当時の農民の多くに独立自尊を促すには，前提として，短期的には農協恐慌からの早期脱出，中長期的には小作制改革などの農業改革が政治の責任の下に実行されなければならなかったであろう．彼らにはそれなりの改革プランがあったようだが，それらは実現されなかった．高橋と石橋の農業観・農業政策論については，それぞれ，並松［2012：第3章第4節；第4章第4-5節］を参照した．

14) これらの動向については，主に大内［1974：224-263］と坂野［2004：第4章］を参照した．

第3章 社会
中間集団の可能性と現実

1. 間奏曲

　これまでの議論の暫定的結論は次のようなものである．
　すなわち，1930年代以降の無謀とも思える戦争は，当時の次第に追いつめられてゆく国際環境の下で，少なからぬ国民大衆に支持を受けた軍部の主導によって引き起こされた．この過程は，国内状況を見る限り，曲りなりにも普通選挙制度などを実現していた大衆民主主義の一つの帰結といえるが，オルテガのように「大衆の反逆」として切って捨てて済む問題とも思われない．むしろ，現在時点からは正論に見える批判と抵抗を試みた，既成政党を含む自由主義者たちの無力，怠慢さ，失敗，蹉跌，特に，増大しつつあった経済格差や労働者・農民の相対的・絶対的貧困に対して適切な対策を講じ実行できなかった日本リベラルの責任を問うべきではないだろうか．
　窮状を打開する方途の一つは——もちろん必要条件の一つとはいえても必要十分条件には程遠いものだったに違いないが——高橋財政を基軸とした経済復興と国民大衆生活の目に見えるような向上だった．それなしには，恐らく，吉野作造のようにいくら「盗泉を飲むなかれ」と道義を説いても，また石橋湛山のように，いくら「満蒙に固執するより，欧米と自由貿易する方がはるかに経済的に合理的なのだ」と論陣を張っても，軍部はもちろん国民大衆が耳を傾けることはなかっただろう．
　しかし他方で，高橋財政の推奨者がいいがちなように，あのまま高橋財政を続けていれば戦争は回避できたというほど，事態は甘くなかったに違いない．たとえ国民大衆の経済生活が戦後高度成長期のように改善向上されたとしても，彼らがより高い国際政治的・道義的見地からの忠告に耳を貸さない可能性は残るし，そもそも，財政金融政策という短期的方策だけによって経済成長が持続すると考える方が不自然であり，成長を可能とする数多くの社会経済構造の改

革（財閥改革，労働の民主化，農地改革など）が不可欠だったと考えるべきだろう．

必要な構造改革の兆しは戦前日本にもあった．特に戦時体制下においては，総力戦遂行の必要に迫られて部分的に行われもしたのだが，それらは「戦争を遂行するための改革」ではあっても，「戦争を回避するための改革」ではなかった．

「戦争を回避するために改革」はなぜ行われなかったのか，日本リベラルがなぜその点において無力だったのかということが本書の基本的問題意識なのだが，筆者は，事態の原因を「貪欲飽くなき資本家階級」や「国家独占資本主義の必然性」に帰するようなマルクス主義的あるいは国粋主義的見解をとらない．「資本主義体制」下にあっても必要な改革を行うことは理論的にも現実的にも可能であり，実例を挙げることも困難ではないという簡単な理由によるのだが，他方で，政財界人と知識人を問わず，個人的には尊敬すべき人格や行動力や学識を備えた人々が少なからず存在したにも関わらず，なぜ彼らは事態の進展に対して無力だったのという疑問も払拭できないのである．

これまでの議論で得られた結論，というより感触は，障害になったのは，日本リベラルの国民大衆との「感覚のずれ」ともいうべきものである．現在価値に直して数千万円に上る年収を得ながら帝国ホテルでミーティングを行なう清沢洌，大臣を数倍上回る年収と「帝大教授」という特権的地位から「自由」と「倫理」を語る美濃部達吉と吉野作造，夏のボーナスだけで億円単位の収入があったといわれる「三井の番頭」団琢磨など，たしかに古川江里子［2011］や篠田英朗［2017］などが批判的に指摘するように，日本リベラルの多くは，知的にも経済的にも庶民にとっては「高値の花」であり，国粋主義者，軍人，兵士たちの方がむしろ庶民に近いところにいたのであろう．

しかし筆者は，エリートたちが特権的地位にあることだけをとって非難したいとは思わない．確かに，筆者自身も戦前の「帝大教授」の年棒などを知ると羨望の念を禁じ得ないが，エリートに特権的待遇を与えるのは，ケインズの「ハーベイロードの前提」が示すようにあながち否定されるべきことではない．それが庶民の嫉妬・怨嗟・憎悪を引き起こし，現実に美濃部，団，高橋らの身に降りかかったように，場合によってはテロの対象にすらなりかねないことを思えば，事前にその気配を察して，「庶民的生活」を取り繕うというのが賢明でもあろう．が，エリートがエリートにふさわしい責務，国民大衆の利益になる責務を果たす限り，特権的待遇や地位は当然というより，むしろ必要であろ

う．さもなければ，人並み外れた研鑽や努力を要する職業に就く者はいなくなってしまう．

問題は，エリートが「エリートにふさわしい責務」を果たしたのか，果たすのかということである．筆者の見るところ，日本リベラルもそうした事情は理解しており，知識人たちの無産政党への期待や既成政党の社会政策の提唱に見られるように，彼らは彼らなりの仕方で対応をしようとしていたのだが，それがいかにも不十分なものに終わったという印象を拭い切れないのである．

そこには，貧富の格差をさほど不思議に思わない戦前日本の階級社会の文化的風土，階級対立ではなく「温情主義」による労使協調や地主小作人協調を好む「遅れた思想」など，個人の能力や性向を越えた「時代の制約」というものもあったのであろう．しかし，これらの考察は，依然として，分析以前の筆者の「感触」にすぎない．

考察をさらに進めるためには，観点を少し変えるのが有用かもしれない．より具体的にいえば，戦前日本の行路に大衆民主主義の悪しき側面が部分的に関与しているというこれまでの議論が正しければ，アメリカ民主主義の悪しき側面（「民主的専制」）の是正に中間集団や中間団体が寄与しうるという A. de. トクヴィルの議論が何かの役に立つかもしれないのである．

2．トクヴィル再考

政治学や社会学の専門家にはよく知られているように，また筆者自身も何度か論じてきたように[3]，トクヴィルが 20 歳代に書いた『アメリカの民主政治』［1840/1850］は，アメリカの民主主義に留まらない民主主義一般の可能性と危険性を見事に分析した古典である．

より詳しくいえば，第 1 巻ではどちらかといえば民主政治の善い面が，それから数年後に書かれた第 2 巻では，民主政治がその内部から，独裁者なしの「民主的専制」すら生み出しかねないという悪しき側面が主に描かれている．論者の中には，現代民主政治の病理を指弾するために第 2 巻だけを重視する者もいるが，それは正しくない．『民主政治』をよく読むと，民主主義を「神の摂理」として基本的には認め肯定しながら，その悪しき側面をも同時に指摘するという，トクヴィルの成熟した思想が示されていることが分かる．

民主主義，民主政治の悪しき側面とは何か．それは，民主主義が，権利や価

値観などすべての側面で人々の間に格差を認めない「地位の平等」を基本原理としていることに起因する．「地位の平等」の下ではどのような思想や価値観も平等に尊重されるのである．

　民主政治の世界でも社会的決断や選択は必要である．が，どのような意見の価値も質的に平等である以上，社会的決定は多数決，政治においては投票の多数決，市場においては売上という貨幣による多数決という量的基準によらざるをえない．いいかえれば多数者の意見が正義であり善であり，それを超える正邪や善悪の基準は原理的に存在しない．

　「多数者の意見」とは世論のことであり，その世論の帰趨に大きな影響を与えるのはマスメディアである．マスメディアが世論を決定するというのはいい過ぎであり，メディアは多数者の（潜在的）意見を「忖度(そんたく)」して，それを形にして増幅し，それがまた多数者の意見を強固なものとする．

　多数者や世論は「顔」を持たない．だからそれらが正邪，善悪を決定して社会を支配するとすれば，民主主義社会の支配者は匿名の支配者というべきである．もちろん，ヒトラーのように民主主義社会にも独裁者は出現しうるが，その場合の独裁者は多数者という匿名の支配者の化身あるいは人格的表現にすぎない．

　民主主義社会の人々が自発的に匿名の支配者に屈し，「民主的専制」の下に置かれるのは，彼らがまさに「顔」の見える権威者に服さず，自立して自由に判断を下しうる存在だからである．それというのも，選挙時の投票行動を振り返ってみれば明らかなように，自立して自由に投票する「この私の一票」は，「尊い」かもしれないが，数万分の1の一票，見渡す限りの砂浜の一粒の砂のかけらにすぎない．民主主義社会の人々は，D.リースマンの言葉を借りれば「孤独な群衆」にすぎないのであって，常に孤独と無力観につきまとわれることになる．

　しかも，民主主義社会は猛烈な競争社会でもある．ビジネスにおいても社会生活においても，安閑としている者はあっという間に蹴落とされ，既得権益を奪われるから，必死になって自分の利益を守らざるをえない．民主主義社会の人々は利己主義者，エゴイストたらざるをないのであり，彼らの目は，他人や社会から自分にのみ向けられざるをえないことになる．

　もちろん孤独で無力な利己主義者の生活も，景気などの環境がよければそれなりに破綻を来さず回っていく．しかし，大恐慌などの異常あるいは例外的事

態においては，彼らのエゴイズムは，その時々の世論の動向に応じて，一挙に手っ取り早い充足策を求めかねない．

　財政赤字を無視して国家に緊急景気対策や失業対策や大型福祉予算を求めたり，場合によっては国際法など無視して隣国に戦争をしかけることもある．第一次大戦後の過酷な賠償金にあえぐドイツならば，絵描き上がりに率いられたナチスにでも救いを求めることだろう．

　以上は，『民主政治』の関連個所を筆者なりに解釈しものだが，トクヴィルに感心するのは，民主主義社会の悪しき側面（の可能性）ばかりでなく，その解決策の概略をも示してくれることである．

　すなわち民主主義社会の人々が，平等と自由と自立と引き替えに，孤独のうちに自らの狭いエゴイズムの殻になかに引きこもっていくとすれば，その「引きこもり」を解きほぐし，他人と社会に連れ戻し，いわば「公共精神（public mind）」を身に備える方策を考えればよい．トクヴィルは当時のアメリカの至る所に観察される地方自治や陪審員制度や自発的結社（associations）に手掛かりを見出したが，彼がそうしたのは，具体的で「顔の見える」場所での活動に参加することによって，人々が「正しく理解された自己利益（l'intérêt bien entendu）」（邦訳は小山［2006］による）に目覚めることを期待したからである．

　「正しく理解された自己利益」に目覚めることは，利己主義を否定することではない．たとえばビジネスマンが商工会議所の活動に参加し何らかの役割を演ずるのは，自分のビジネスの収益を増やすためだが，収益を増やすためにも，会議所の会費を支払い，場合によってはビラ配りなどのボランティア活動をするなどことが必要である．目先の利益にだけにこだわる者にとっては，会費やボランティア活動な単なる犠牲あるいは損失だが，長く広い目で見れば，実は，そうした損失を払うことによって自己利益は増大する．

　トクヴィルの「正しく理解された自己利益の教説」を追いかけていると，筆者はアダム・スミスが『道徳感情論』［1759］で提出した「同感の原理」を思い出す．「同感の原理」については第4章第6節で詳しく論ずるが，とりあえずは，市場あるいは市場における商業あるいは社交（commerce）が必要とし，それによってつくりだされる道徳の原理であるといっておこう．[4] すなわちスミスは，市場で商人が利益を長期的に安定して確保するためには，目先の利益に拘泥するのではなく，安価で良質な商品を提供して，顧客の信頼と信用と同感を得るように身を引き締めて努力することが必要であり，賢明な商人は努力する

だろうと考えたが，そうした道徳的態度の形成原理を「同感の原理」と呼ぶのである．市場取引のうちに道徳，商道徳が形成されるとすれば，市場を「道徳の学校」と呼ぶことも可能であろう．

小山勉［2006］は，人々が「正しく理解された自己利益」に目覚めることを期待される制度や場所としてトクヴィルが挙げた地方自治，陪審，自発的結社を「民主主義の三つの学校」と呼んだが，スミスの市場とは「道徳の学校」であり，両者の間には，自己利益から宿命的に離れられない人間たちが，それでも狭いエゴイズムの殻を破って，「公共精神」や商道徳を学び身につける場所であるという共通性が見られることになる．

もちろん，トクヴィルの「民主主義の学校」とスミスの「市場」とは違う．前者では会費やボランティア活動などが必要なのに対して，後者ではそれらは——表向きは——不要である．しかし，大阪商人の言葉でいえば「前垂れ根性」を持ち，一場の利益（「浮利」）を狙って粗悪な者を決して売らず，粉骨砕身でよい物をつくり仕入れ，安く売って利益を得るというプロセスには，いわば無形の会費やボランティア活動の提供が含まれており，「商業」といえばすぐに「金儲け」しか思い出さないというのは，スミスの有名な「見えざる手」の議論にマンデヴィル流の利己主義しか見ないのと同様の誤りなのである．

いずれにしても，狭い「自己利益」の枠に引きこもりがちな民主主義社会の人々の心を公的空間に拡大すること，しかも外部からの道徳律などの強制なしに，「民主主義の学校」への参加を通して，自発的に，「自己利益」の延長線上に公共精神を涵養すること——これが「正しく理解された自己利益の説」のポイントである．そうして得られた「正しく理解された自己利益」に目覚めた人々は，たとえば福沢諭吉のいわゆる「公智」と「公徳」を備え，遵法意識や社会常識や国際感覚などに恵まれて，「多数者の専制」に屈服しない可能性を理論的には持つことになる．トクヴィルは，その可能性を19世紀のアメリカに見たのである．

しかしわれわれが『民主政治』を参照したのは，そこから戦前日本の大衆社会状況理解のための手がかりを得るためであった．その場合重要なのは，話が曲がりくねって恐縮だが，トクヴィルの議論をストレートに日本の状況に当てはめてはならないということである．

実は，日本へのトクヴィルの導入は比較的長い歴史を持っている．福沢諭吉などはすでに明治時代に，「分権論」のなかで抄訳ながら『民主政治』に言及

しているし［福沢 1877：53 - 54］，丸山真男もおそらく福沢を通してトクヴィルに少なからぬ関心を抱いてきたようである．しかし，その関心の持ち方は，ひたすら日本における自発的結社や自立的個人の不在に力点を置いたもののように思われる．

たとえば丸山は有名な『日本の思想』のなかで，明らかに『民主政治』を意識しながら，日本の彼の目から見ていびつな，「息つく暇もない近代化」を評して次のように述べている．

「……，その社会的秘密の一つは，自主的特権に依拠する封建的＝身分的中間勢力の抵抗の脆さであった．明治政府が帝国議会開設にさきだって華族制度をあらためて創設……しなけれならなかった皮肉からも，ヨーロッパに見られたような社会的栄誉をになう強靭(きょうじん)な貴族的伝統や，自治都市，特権ギルド，不介入権をもつ寺院など，国家権力に対する社会的バリケードがいかに本来脆弱だったかが分かる」［丸山 1961：44 - 45］．

そこから丸山は，猛烈な勢いで近代化が進行した中間勢力のいわば「真空地帯」を，頂点における天皇制官僚機構と底辺における村落共同体という「前近代性」がサンドイッチするという，「超国家主義」につながるようなゆがんだ近代日本の構造が生まれたと批判する．

それにしても，以下のような文章は，西欧主義者，近代主義者，丸山の「日本的なもの」や「前近代的なもの」に対する嫌悪感をあまりにも露骨に示すものといえるだろう．

「この同族的（むろん擬制を含んだ）紐帯と祭祀の共同と，『隣保(りんぽ)共助(きょうじょ)の旧慣』とによって成立つ部落共同体は，その内部で個人の析出を許さず，決断主体の明確化や利害の露わな対決を回避する情緒的直接的＝結合態である点，また『固有信仰』」の伝統の発源地である点，権力（とくに入会(いりあい)や水利の統制を通じてあらわされる）と温情（親方子方関係）の即自的統一である点で，伝統的人間関係の『模範』であり，『國體(こくたい)』の最終の『細胞』をなして来た」［同：46］．

柳田国男は丸山の有名な論文「超国家主義の論理と心理」が出版されたとき，

たしか「分析は鋭いが，実証的根拠があるのかな」と周囲の者につぶやいたと筆者は記憶しているが，上の文章のようなきめつけは丸山の前科学的なエモーションを表白したものにすぎないというべきだろう．

こうした近代主義的な日本共同体論・社会論はその後多くの研究者によって批判されることになったが，筆者を含めた「西洋かぶれ」の研究者にとって現在でも自戒すべき観点であるといわなければならない．

特にトクヴィルを手がかりとするに当たって気をつけなければならないのは，当然のことともいえるが，彼の議論が「民主主義の学校」，特に自発的結社を論ずるに当たって，その結合の絆としてキリスト教の役割を強調していることである．彼は，アソーシエーションの形成について，一旦そのサークルの中に入れば，人々は自然にその利点を会得し，「正しく理解された自己利益」に目覚めるような書き方をしているところもあるが，そうした議論に引き続いて「正しく理解された自己利益の説」が宗教的信仰とうまく調和していることをも力説している［トクヴィル 1835/1840（第2巻（上））：第2部第9章］．

それは恐らく，トクヴィルの宗教好きという事情以外に，どのようなボランティア活動でも「自己利益」に大きく反する場合が生じて，嫌気が指してやめてしまうという事態も生じうる——実際に，そうした事態は日常茶飯に生じている——以上，少なくとも活動と「自己利益」との関係を長い目で見ることが必要であり，そうした長期的観点をキリスト教が提供しうると考えたからであろう．あるいはより強い義務感のようなものの提供を期待していたのかもしないが，「利益」に近いところで宗教の役割を論じようとする彼の記述からはこれ以上はっきりしたことは分からない．

いずれにしても，理論のなかで自己完結する場合と違って，トクヴィルを参照しつつ日本の生々しい現実に接近するためには，彼の議論を日本の文化や社会の文脈のなかの置き換え翻訳する努力がなされなければならない．筆者の場合は，柳田国男の仕事を，そのための重要な梃子の一つとして使いたいと思う．

以下では，トクヴィルの「民主主義の学校」を含む諸々の集団や団体を「中間集団（intermediate groups）」と呼ぶことにしよう．「中間集団」とは，恐らくE. デュルケームによって初めて使われた社会学的概念である．筆者の知る限り，『民主政治』には「中間集団」という言葉はない．それは個人と国家の間にあってそれらを結ぶ集団の総称としてよいが，そう定義されればかえって，中間集団の種々雑多性がクローズアップされる．現代でいえば，村や町の地方

自治体や裁判所や NPO，NGO などの自発的結社はおろか，自民党，立憲民主党，共産党などの大政党や宗教団体，大学などの教育機関，中央政府，さらには単身者家庭以外の家族など――要するに個人と国家以外のありとあらゆる集団が含まれることになる．[5)]

したがって，議論をまとまりのあるものとするためには，対象とする中間集団を思い切って絞り込む必要がある．以下では戦前日本の政党，企業組織，労働組合，産業組合と呼ばれた農業組合，それから全国各地に散在した「家」あるいは「家庭」だけを取り上げることにしよう．その他，大学や高校などの教育機関，宗教団体，メディア，軍なども興味ある中間集団だが，準備不足もあり，検討は今後の課題としたい．

さらに対象とする中間集団が，『民主政治』が注目した「民主主義の学校」とずれることに伴って，「正しく理解された自己利益の説」にも応分の解釈の変更が加えられなければならない．

トクヴィルが注目した政治的結社としての政党はさておき，企業組織については，従業員の「自己利益」，すなわち仕事での自己実現，賃金や福利厚生などの水準が就業規則への服従と会社の業績への貢献によってさらに一層向上することのほか，企業業績自体が CI や顧客の信頼の獲得努力を通じて，つまり市場という「道徳の学校」での研鑽を通じて向上しうること，さらには健全な企業の「自己利益」つまり利潤の追求と会社の成長が，引いては国家全体の発展を促すという公的意義を持つ，などの再解釈あるいは拡大解釈が行なわれなければならないし可能でもある．

その他の中間集団についての再解釈・拡大解釈は議論に並行して行なうが，その作業はそれほどむずかしいものではない．ポイントは，各々の中間集団を充実させることが，集団への公的貢献と引き替えに成員各自の「自己利益」を増進させる可能性を持つこと，その「正しく理解された自己利益」の増進が国家からの自立を可能とし，引いては国家それから国際社会の健全な発展に寄与する可能性を，失敗の可能性も含めて持つということである．

3．政　党

政党あるいは政治的結社は，『民主政治』において最も注目され最も高く評価された中間集団の一つである．

「政党は自由な政体に固有な害悪である」［トクヴィル 1835/1840（第1巻（下））：12］と，民主的で自由主義的な政治体制に必然的に発生し，複数政党をもたらさざるをえない国民間の意見と利害の激しい対立に眉をしかめながらも，トクヴィルは，民主的政党が，合衆国においても残存する金持ち階級の専制支配の欲望を抑制するのに不可欠な役割を果たすと，その意義を強調する［同：第2部第2章］．

しかし政党，というより，その母体となる大小さまざまな政治的結社は，政治と関わりを持たない市民的結社を含む結社活動一般を促進させる文化を広く普及させるという，地味ではあるが，より基本的な役割をも果たす．すなわち

「……政治は結社活動の好みと習慣を一般化する．政治に関わらなければいつまでも単独で生活していたであろう多くの人々に，政治は他人と協力する欲求をいだかせ，これを行う技術を教える」［トクヴィル 1835/1840（第2巻（上））：203］．

すでに述べたように，トクヴィルにとっての自発的結社は「正しく理解された自己利益」を人々に教える「民主主義の学校」なのだが，政治的結社はそのなかでも最も重要な役割を果たす「学校」なのである．それというのも，バードウォッチングなど趣味の享受を目的とする結社などと違って，政治に関わる結社は，はじめから，内外の人々との権力的関係も含む公的世界で活動せざるをえないからである．

こうしたトクヴィルの観点から戦前日本の政党を見る時，丸山真男のようなきめつけは極端としても，確かに「影の薄さ」を感じざるをえない．というより戦前日本で「政党政治」といわれるものは高々8年間（1924年の憲政会，加藤高明内閣の成立から1932年の政友会，犬飼毅内閣の崩壊まで）にすぎなかったのであり，18世紀のトーリーとホイッグ以来200年間の歴史を誇るイギリスのそれに比べれば，なきに等しかったというべきかもしれない．

もちろん1900年の伊藤博文による政友会結成，1918年の「平民宰相」原敬の登場，1928年の普選の施行など一連の過程は，日本政治近代化のための苦難に満ちた努力の過程だった．明治期の藩閥政治や元老たちによる宮中政治はそれなりの役割を果たしたが，そうした属人的政治システム，統治システムでは，高齢化という点だけでもやがて限界に行き当たるのは目に見えていた．そ

してもちろん先進諸国の趨勢は民主政治，政党政治にあり，「一等国」を目指していた日本政治もその趨勢に遅ればせながら従わざるをえなかった．事実，加藤高明などは英国風議会政治を理想としていたのである［筒井 2012：27］．

また政友会が資本家と地主の「旦那衆」に基礎を置き，積極あるいはばらまき財政を旨とするのに対して，民政党が官僚出身者を中心とし，緊縮財政を旨とした等々の違いはあれ，外交政策では対英米協調主義を基本とし，軍部の暴走に対してしばしばブレーキをかけたという点ではほぼ共通していたのであり，両党とも，それなりに「憲政の常道」を歩んでいたという評価も可能だろう［井上 2012b：第Ⅳ章］．

さらに，基本的にはブルジョア的・有産者的政党だった，これら「既成政党」も，経済危機が頻発した 1920 年代以降は，もちろん普選による票数を意識してのことであるが，徐々に国民大衆のための社会政策を掲げるようになった．

しかし，それら政党の動向にはどこかちぐはぐな印象を免れない．たとえば「日本政党政治の全盛期」を象徴するとされることの多い浜口民政党内閣が 1929 年に決定した「当面緊急の十代政綱」は次のようなものだった［井上 2012a：82 - 83］．

　一　政治の公明
　二　国民精神作興
　三　綱紀の粛正
　四　対外外交刷新
　五　軍備縮小
　六　財政の整備緊縮
　七　国債総額の逓減，
　八　金解禁の断行
　九　社会政策の確立
　十　其の他の政策

井上寿一によれば，この数字は優先順位を示し，一～三は政治のモラルに関するものであるという．ということは，当時の政党政治・議会政治の「綱紀」いかに乱れていたかということだが，この点は後回しにしよう．ついで協調外

交,緊縮財政などが重要視されているわけだが,最下位近くとなるとはいえ,一応挙げられている社会政策が,その上の緊縮財政,国債減額.金解禁など,要するに「小さな政府」,19世紀イギリスの懐かしい「安価な政府」と平気で並べられていることである.財政支出が減額されるなかでの社会政策,「カネ」の裏付けのない労働者・農民救済策とは,一体何を意味するのか.それは精神主義的リップサービスにすぎないものであろう.

すでに第1章で触れたように,坂野潤治は社会政策の事実上の不在,筒井清忠は大衆デモクラシー時代におけるマスメディア対応の失敗に,戦前期政党政治の崩壊(自壊)の主な原因を見たが,そのような事態の背後には,さらに当時の政党内部の問題が隠されていたようだ.

しかし,筆者の知る限り,政治家一人一人のパーソナリティや個人史,政党全体が外部に発する政策やその(不)実現過程に関するマクロ的な研究は豊穣すぎるほど豊穣だが,佐々木毅のいわゆる「政党経営」,特に個々の政党内部での人事管理や財務管理などに関する研究は以外に乏しいようだ.

佐々木は,『政治の精神』のなかで,安部第1次政権が崩壊し,それに続く福田政権が突然退陣した2008年の状況とトクヴィルの「正しく理解された自己利益の説」を念頭に置きながら次のように書いている.

> 「当選した議員たちにはそれなりの教育を施し,更には指導者選抜のためのシステムを運用し,適正に応じてその得意分野で将来活動してもらうような人事管理がなければならない.それがあってこそ,政権における人事管理が可能となる.……そうした継続的な努力の果てに,いく人かの『首相にふさわしい人材』が『作られる』ことになる.……自分に甘い政治家同士が互いに甘さを増幅し合っているようではどうにもならない.政党経営においても『正しく理解された自己利益』の観念が必要な所以である」
> [佐々木 2009:213].

トクヴィル=佐々木の期待が世襲議員が60%を占めるといわれる現在の諸政党に満たされているか知りたい思いにかられるが,ここでの課題は,戦前日本の「政党経営」の実態の解明である.

すでに述べたように,この点に関して筆者の手元にある研究や資料はほとんどないが,渡邊行男『守衛長の見た帝国議会』[2001],すなわち,渡邊が帝国

第 3 章　中間集団の可能性と現実　　95

議会の守衛長や守衛が提出したいくつかの報告書を丹念に読み解き要約した著書がまことに興味深い情報を提供しているので参照してみよう．

『帝国議会』によれば，帝国議会には開会当時から，議員，傍聴人，院外団体による暴力事件や不祥事が絶えなかった．

同書の目次をたどると，明治期には，「議事堂炎上のこと」「議員三崎亀之助君，殴打被害のこと」「傍聴人，議会に馬糞投入れのこと」「議員高田早苗君，暴漢に襲われ負傷のこと」「議員島田三郎君，殴打被害のこと」「市民，内務大臣官舎に放火のこと」，大正期には，「議員小寺健吉君，暴行被害のこと」「警察官を議場取締りに任じたること」「議員大野亀三郎君，，群衆に襲われたること」「投票計量器破損のこと」「議員加賀卯之吉君，殴打被害のこと」「犬養毅君，盗難被害のこと」「傍聴席より花札を投げたること」「議員外多数，巡査に暴行のこと」「正門扉爆破のこと」「議員牧口義矩君，殴打被害のこと」「傍聴席より生蛇を投げたること」，昭和期には，「傍聴人，拳銃携帯のこと」「議員田崎，清瀬両君，暴行被害告訴のこと」「議員多数，議場に於いて公務執行妨害のこと」「議員食堂に於いて殴打事件のこと」「政友会議員，民政党議員を殴打のこと」（浜口首相襲撃事件直後の帝国議会における）「二月四日粉擾のこと」「二月六日民生，政友両派の院外団争闘のこと」などの項目が目に入る．

浜口首相襲撃事件後の第 59 回帝国議会で，五日間に渡って乱闘が続いたといわれる事件の一日である「二月六日民生，政友両派の院外団争闘のことなど」の項目の詳細の一部を引用すれば次のようになる．

「予算委員会の紛擾に際し，自派の大臣議員護衛の為め同室前に集合し居たる民政党院外団は，午後三時三十分頃，各大臣退席の際押し寄せたる政友会院外団を防止せんとして揉み合いを始め，守衛は之を制止中，民政党某院外団は請願委員室より予算委員会に面したる硝子を委員会の名木〔名札〕を以て打ち破り，破片を多数集合の中に飛ばしたる故，両派一層殺気立ち，互いに入り乱れ，名木，唾壺，灰皿を放ち合う等，危険の状態を現出したるも，守衛の制止に依り，三時四十分漸く鎮静したり．而して此の争闘の際の負傷医務室に於いて手当を為したるもの左のごとし．
　　頭部打撲傷　　　　　議員　岩本武助
　　頭部擦過傷　　　　　同　　木村義雄
　　左前額打撲傷　　　　同　　中島鵬六

```
頭部打撲傷              守衛　鈴木質
                       外三名
左顎擦過（全治二日）    民政党院外団某
                       外五名          」[渡邊 2001：147]
```

　要するに，帝国議会には，明治から昭和に至るまで，議員相互，議員と守衛との暴力事件，傍聴人の狼藉，院外団あるいは市民による国会襲撃などが絶えなかったということである．

　この時期の日本の政治家が特に暴力的で「野蛮」だったわけではない．こうした「野蛮」は現在の国会でも時折見られるし，渡邊が書くように，「言論より先に手が出たのは，何も議員に限ったことではない」[同：3]．軍隊はもちろん，学校などでも当時の日本人はよく殴ったのであり，議員は「その民族的習性」に従っただけともいえる．あるいは，柳田国男が明治大正期の都会で頻発した「喧嘩」を形容して述べたように，「廻りくどい社交術」[柳田 1931a：170] の一種だったというべきかもしれない．

　しかし戦前日本政党の「政党経営」や政党内の人事管理が十分なものでなかったことは否めない．こうした議会内乱闘や汚職や不祥事がメディアによって増幅拡散されて，政党政治への期待が失望に変わり，それと反比例して軍部を含む天皇制官僚制への期待が高まっていく．既成政党への失望を真っ先に表明し，無産政党に期待をかけたのは吉野や柳田などのリベラルな知識人だったのである．

　では無産政党はどうだったかというと，すでに述べたように，共産党が治安維持法によって壊滅し非合法化されたあとのそれらは内部分裂（「内ゲバ」）と離合集散を繰り返して求心力を失っていく．無産政党の「政党経営」も，既成政党以上に劣悪なものだったのではないか．

　筆者はこれ以上具体的な証拠を持たないが，村上ほか『文明としてのイエ社会』[1979：446-447] によれば，戦前日本の政党はついに十分な正統性を確立することができなかった．すなわち，政党がいかがわしい「党利党略」性や「徒党」の域を脱して，バークがかつて期待したような「国家利益の促進のために統合する人間集団」[バーク 1770：80] という正統的存在となるためには，国民主権の原理が確立されているか，体制の建設者としての権威と威信を持っていることが必要だが，明治憲法下の政党にはそのいずれにも欠けていた．[6]

戦前日本で威信と正統性を持ちえたのは，明治維新を遂行した薩長などの藩閥政治か，藩閥出身の「維新の元勲」あるいは元老たちであり，彼らはまたいわゆる「超然主義」の名の下に，いかなる特殊利害からも自由な「不偏不党性」を標榜することができた．
　さらに村上らは，戦前日本の「政党経営」に関して次のようにも書いている．

>　「……当時の政党は，既に述べたように，自前の地盤を持った緩やかな連結体にすぎず，その党組織と党規律が弱く，それが政党の調整能力をさらに弱めた．買収による院内多数派工作とそれに対応した議員の離合集散とは，戦前の議会史の常態であった」［村上ほか 1979：447］．

　藩閥政治や元老政治が十分な統治能力を持っていたわけではない．藩閥政府はしばしば議会の抵抗に会って重要法案の成立を妨げられたし，のちに政治にまで乗り出してくる軍部も陸軍と海軍，各軍内部の党派的対立などによって統一的意思決定が不可能だった．総じて戦前日本の政治システムは，専制政治とはむしろ対極の，統治能力を欠いた「だらしない」，丸山真男のいわゆる「無責任の体系」だったのであり，政党の「政党経営」能力の欠如は，そうした全体的な「政治文化」の一つの表現だったのである．

4．企業組織

　では，「経済的中間集団」ともいうべき企業はどうだったろうか．ますます拡大しつつあった経済格差や財閥による経済支配や労働組合法への財界の反対などの，これまでの議論を振り返る限り，この型の中間組織もまた未発達だったという印象を免れない．そもそも「温情主義」や「経営家族主義」などにしがみつく経営者の時代に，トクヴィルが期待したような企業組織などつくれるはずはないではないか．しかしそう断定する前に，もう少し当時の状況を注意深く見る必要があるだろう．
　たとえば企業経営者の温情主義は，近代主義者，社会主義者，マルクス主義者などによって財閥をはじめとする「貪欲飽くなき資本家」の営利目的の隠れ蓑とされることが多いが，柳田国男は，1929年に書かれた『都市と農村』のなかで，当時の民政党の有力政治家，床次竹次郎などを中心に企業経営につい

てその必要性が強調されていた温情主義について，次のように語っている．

> 「近年よく用いられた温情主義という語は，確か床次竹次郎氏などが唱え始めた語のように記憶するが，実に気の毒なほど不精確な新語であった」[柳田 1929：450]．

> 「……新たに耕地を買い入れて会社などを立てている者が，時々損料屋の亭主が景品を出す類の事をして，それを温情主義と名乗るに至っては，誇張どころか見当もまた外れている」[同]．

これは，当時政財界で唱えられている温情主義など「損料屋の亭主が景品を出す類の事」だとして，その誤用や「軽さ」を痛烈に皮肉ったものだが，柳田によれば，農村において元来行なわれていた温情主義は，はるかに重く，上に立つ者＝地主を拘束する義務——西欧に伝統的な言葉を使えば「高貴な義務 (nobless oblige)」あるいは，P.ラスレット『われら失いし世界』[1965：109] の表現を使えば「『地主殿』の社会的義務」——だった．

> 「現在はもはや責任もなくなったが，元は少なくとも餓死だけはさせぬこと，これが地親の暗黙の約諾であって，貧しき年季奉公人の親々は，それをせめての心の慰めとしていた．あるいは庭子・抱え百姓を飢えさせることを，家の外聞として恥じる感じもあったかと思う．信州伊那谷の親方衆の中には，つい最近まで凶年用意の籾倉を持っていた者を私も知っている」[柳田 1929：449 - 450]．

確かに，柳田がいうように，当時の財界人のなかには温情主義を「損料屋の亭主が景品を出す類」の軽い気持ちで唱えていた者も少なくなかっただろうし，「飽くなき貪欲」の隠れ蓑にしていた者もいたのであろう．財界人のなかにも，そうした古ぼけたイデオロギーでは新時代の労使関係はマネージできないと異議を唱える者も少なからず存在したのである．

しかし，あとで詳しく述べるように，従業員出身の取締役昇進を制度化までした武藤山治などのように，「高貴な義務」としてそれを実践し，ある程度まで企業組織において「正しく理解された自己利益説」を実現した，少なくとも

実現しようとした経営者は存在した．もちろん，戦前昭和期の経済的・社会的混乱のなかで，鐘紡の有名なストライキ（1930 年）に象徴されるように，そうした努力は波乱に満ちたものだった．が，由井常彦は，戦前・戦中の日本工業倶楽部のいく人かの指導者の思想は，西田哲学や仏教哲学などの影響も受けながら，思想的彫琢と進化を遂げ，戦後のいわゆる「日本的経営」の理念的基盤を準備したとして，次のように書いている[7]．

「本稿の考察は，戦前・戦中に限られているが，しかし，戦後の復興から高度成長の時期の経営は，ここでみたような従業員出身のトップマネジメントのリーダーシップのもとに，労使協調・一体の精神のもとに達成されたといってよかろう．事実，少なくとも戦後二十年間の経営発展の理念とモラルは，ここに述べた日本工業倶楽部のリーダーとそれに近い人々，中島久万吉工業部顧問，宮島清次郎（昭和 21-35 年，工業倶楽部理事長），石川一郎（昭和 23-29 年，経団連会長），石坂泰三（昭和 29-37 年，経団連会長，昭和 38-45 年，工業倶楽部理事長），諸井貫一（工業倶楽部専務理事）らの結束的な，財界人のリーダーシップによって，その基盤が確定したものであった」［由井 2006：24］．

　小池和男『高品質日本の起源』［2012］は，由井とはやや異なる観点と方法に基づいて，戦後の「品質管理大国　日本」の戦前のおける起源を探究している．小池が注目するのは，企業組織というより「職場」，戦後日本経済の高品質と国際競争力のルーツとなった（と思われる）戦前日本の「発言する職場」である．
　小池は，戦前日本の主力産業であった綿紡績業のシェアが急速にイギリスのそれに迫り，やがてそれを凌駕した事実から出発する（表 3-1）．
　この事実に対する学界の通説的説明は「安かろう，悪かろう」，すなわち，当時の日本綿紡績業は低品質製品を低賃金で生産し輸出していたからだというものだが，小池はこうした通説に強い疑問を持つ．というのは，「安かろう，悪かろう」が原因とすれば，より低賃金と低品質で勝負していたはずのインドと中国が停滞していたのを説明できないし，当時のデータを注意深く調べると，イギリスと日本の主力輸出製品の品質には大差ない（綿糸輸出にうち高品質品が占める割合は，両国と 60％余とあまり変わらない）など，通説に反する事実が発見できるからである．

表3-1 世界輸出市場における英，米，日本の比重（綿布）

(単位：平方ヤード，％)

年	英	米	インド	日本	世界計
1882-84	81.7	2.8	0.9	―	100
1910-13	67.2	4.0	0.9	2.0	100
1926-28	45.8	6.3	2.0	16.1	100
1936-38	26.4	3.9	3.1	38.6	100
1950	14.9	10.2	20.2	21.7	100

(資料) Robson, R. *The Cotton Industry in Britain*.
(出所) 小池 [2012：15] 表1-2.

　ここから，小池は，多くの先行研究やいくつかの1次資料に基づいて，当時の日本綿紡績業はイギリスのそれと比較して，それほど劣らないような品質の製品をつくっていたのではないか，それが日本綿紡績業の国際競争力を支えていたのではないかという仮説を立てる．

　もっとも直接品質の高低を示すデータを得るのは至難の技らしく，小池は，戦後の1950年代になってからの各国綿糸の品質を調査した，経済企画庁調査課『重要商品の国際競争力』（1956年）を手がかりとして，間接的な推測を試みている．

　同調査によれば，日本綿糸の品質は，糸の細さを表すどの番手においてもトップ，あるいは他と並んでトップである．従って，1950年代と1930-40年代の各国の品質のレベルがそれほど大きくないとすれば，戦前日本の綿紡績業の品質レベルは，少なくともイギリスなどに劣っていないと考えられる．

　この推測が正しければ，それをもたらしたものは何か．小池は，さらに多くの先行研究や資料に基づいて推測を重ね，それは「発言する職場」，すなわち戦前日本の綿紡績企業内部における，少なからぬ勤続年数と経験を持った女性従業員らのイニシアティブに基づいた技能（知的熟練）の向上ではなかったかという仮説を立てる．戦後日本企業の国際競争力の源泉として「知的熟練」を強調する小池理論は有名だが，彼は，もどかしい検証作業を繰り返しながら，そのルーツを戦前日本紡績業の「職場」に見ようというのである．

　小池はこの点を，われわれがすでに何度か触れてきた武藤山治の残した膨大な文章などに基づいて，戦前の鐘紡についてさらに具体的に詳しく見ている．

　それによれば，鐘紡は，経験のある女工への研修（Off-JT，仕事から離れての技能訓練），「注意函」を通した従業員の発言や提案の奨励，「工場内意志疎通委

員」を通じた「工手」と会社との意思疎通，年金制度や育児手当などを通じた福利厚生などに，実に積極的に取り組んでいたことが分かる．まさに，少なくともある程度までは，「高貴な義務」としての温情主義が実践されていたのである．[8]

　しかも，鐘紡は，それらの諸施策を通じて，国際的に競争力の高い日本紡績業のなかでも特に高い品質の製品を生み出していった．それを示すのが**表3-2**だが，同表では，価格を品質の代理変数として，価格差の＋によって標準品より高い品質，－によってより低い品質が表されている点に注意しよう．

　鐘紡のこうした高い競争力は，厳しい査定と一体となった定期昇給制度によっても可能となった．鐘紡は，武藤が支配人就任前後の1890年代からすでに，この種の技能形成システムを整備しつつあったらしく［小池 2012：167］，鐘紡の事例には，戦前日本における「正しく理解された自己利益説」の萌芽的モデルが示されているといってよいだろう．

　すなわち，多くは女性だった鐘紡の従業員たちは，当時としては充実した社会福利厚生システムを享受しながら，「終身雇用」と程遠いとはいえ，何年かの勤続のうちに自らの経験と社内研修などを経て熟練工となってゆく．勤続が長ければよいというわけにはいかない．定期的に行われる昇給は，厳しい査定と一体であり，怠惰な従業員は，解雇されるとまではいかなくとも，低賃金に甘んじなければならない．逆に，自分を磨いて会社の収益向上に貢献する者には高賃金が与えられる．民間企業という，より大きな観点から見れば「私益」を追求する組織にすぎないかもしれないが，従業員個人にとってはやはり公的存在である会社に貢献し，「自己利益」の一部を——社内規則に服従するなどして——犠牲にするのが，かえって福利厚生や賃金上昇という長い目で見た「自己利益」の向上につながる．

　そればかりでなく，こうした温情主義に溢れた企業という中間集団が存在するおかげで，国家は社会福祉のための財政負担をいくばくか軽減されるだけでなく，経済的な国際競争力を高めることによって，植民地や戦争を求めることなく，国富の増進と国民生活の向上を図ることができる．

　こうして小池の議論を追い解釈してくると，村上らが『文明としてのイエ社会』のなかで，戦前日本の「イエ社会」について述べた，「……イエ型原則の動員と外来原則との習合の試みが，国家，企業，家族の三つのレベルでそれぞれ行なわれたにもかかわらず，それが多少とも成功し，強い活力を示しつづけ

表 3-2　各社綿糸格付け（左撚り 20 番手，標準品は東洋紡「金魚」）

(単位：円)

	1927 年 10-12 月	1928 年 10-12 月	1929 年 10-12 月	1930 年 1-3 月	1931 年 4 月	1931 年 11 月
東洋紡						
「金魚」						
価格差（円）	0	0	0	0	0	0
価格差（％）	0	0	0	0	0	0
「鯱」						
価格差（円）	8	5	3	2	3	1
価格差（％）	3.4	2.1	1.4	1.2	2.1	0.9
「赤三」						
価格差（円）	−2	−3	−2	−2	−2	−2
価格差（％）	−0.8	−1.2	−0.9	−1.2	−1.4	−1.9
鐘紡						
「釣鐘」						
価格差（円）	9	6	4	3	4	2
価格差（％）	3.8	2.5	1.9	1.8	2.9	1.9
「藍魚」						
価格差（円）	6	4	3			
価格差（％）		2.5	1.9	1.8		
大日本紡						
「鶴鹿」						
価格差（円）	7	3				
価格差（％）	3.0	1.2				
「郡山」						
価格差（円）	0	0	0	0		
価格差（％）	0	0	0	0		
富士紡						
「赤糸富士」						
価格差（円）		−4	−3.5	−3.5	−3	−3
価格差（％）		−1.7	−1.6	−2.1	−2.1	−2.8
「赤五星」						
価格差（円）	−5	−4	−4	−4	−2.5	−2.5
価格差（％）	−2.1	−1.7	−1.9	−2.4	−1.8	−2.4
倉紡						
「三馬」						
価格差（円）	0	0	0	0	0	0
価格差（％）	0	0	0	0	0	0
内外綿						
「五子」						
価格差（円）	−5	−5	−5	−5	−5	−6
価格差（％）	−2.1	−2.1	−2.3	−2.9	−3.6	−5.7
価格（円）	237	242	215	170	140	106
指数	100	100	100	100	100	100

(資料)「大日本績聯合会月報」と「紡績事情参考書」．
(出所) 小池 [2012：119] 表 5-2．

たのは，イエ型企業体のレベルのみであったことがわかる」［村上ほか 1979：464］という文章の意味が分かるような気がしてくる．

　しかし，小池の慧眼と学問的熱意には敬服するが，筆者は，年功賃金，終身雇用，企業別組合などからなる，いわゆる「日本的経営」の多くの特徴を技能形成や熟練のみに結びつけがちな彼の論法に，筆者が以前から違和感を覚えてこともあらためて確認しておかなければならない［佐藤 1994：第 2 章第 2 節；2006：第 2 章第 2 節］．

　それというのも，筆者は，年功賃金や終身雇用制の背後に，労働者や人間が，野放しの市場経済あるいは資本主義の暴威から身を守る，カール・ポランニーのいわゆる「社会の自己防衛」の要素を見るからである．具体的な現れ方は時代や国によって違いこそすれ，安定して見通しのきく生活への要求は人類普遍の要求の一部である．売上や景気のいかんによって馘首（かくしゅ）され減給されるのでは，家族はもちろん，自分一個の生活設計もままならないのであって，安定した生活設計を可能とする他の社会福祉システムが十分整備されていない限り，継続雇用を前提に，20 代，30 代，40 代，50 代，そして定年と給料が上がってゆくことを望まない人間はまれである．

　小池は，こうした解釈をとらないが，別の著書（『戦後労働史からみた賃金』[2015]）で，戦後日本企業の昇給の決定要素として「勤怠度」「能力」「勤務成績」，要するに「稼ぐ力」を主要な要素と考える証拠として彼が挙げている企業のアンケート結果（**表 3-3**）においても，これらの要素より低いとはいえ，単なる「年齢」や「勤続（年数）」を挙げる企業の比率が，50-60％と結構高いことが見てとれる．筆者には，「年功制」と「技能」「生活保障」と「熟練」などを二者択一する必要はなく，両者が，異質な論理を背景としながら，矛盾しないで共存する場合もあるのではないかと思われる．

　企業あるいは国家による「生活保障」や「社会福祉」が，技能形成や企業の競争力にプラスに働くかマイナスに働くかは予断を許さない．欧米では後者の例が多いようだが，戦後日本の高度成長期ではもちろん，戦前日本においても，厳しい査定などを条件に，前者の例が少なからず見られたといってよいのかもしれない．「社会の自己防衛」は技能形成や競争力にマイナスにもプラスにも働く場合があるというべきだろう．

　小池理論には，すでにいくつかの批判が寄せられているが［野村 2001；2003］，最近の批判では濱口桂一郎のものなどが目立っている．たとえば濱口の『日本

表 3-3 昇給の決定要素（総合決定給，事業所数の割合，製造業，1968年）

(単位：%)

		計	要素							
			年齢	学歴	勤続	能力	職務・職種	役職	勤務成績	勤怠度
企業規模5000人以上	生産労働者									
	総合決定給I(1)									
	若年	100	48.5	51.1	64.5	84.8	27.7	28.1	98.3	89.2
	中高年	100	47.2	47.2	62.0	85.2	28.4	43.7	98.3	89.5
	総合決定給I(3)									
	若年	100	53.8	41.8	70.2	88.5	35.6	13.5	97.1	84.6
	中高年	100	46.9	32.9	65.2	89.9	41.5	52.9	97.6	83.6
	管理事務技術									
	総合決定給I(1)									
	若年	100	50.7	67.9	66.9	82.5	27.2	31.8	98.0	86.8
	中高年	100	49.8	63.5	63.1	83.4	28.6	51.2	97.0	85.4
	総合決定給I(3)									
	若年	100	50.4	56.5	69.9	89.5	41.9	21.8	97.6	82.7
	中高年	100	47.2	44.7	61.4	91.1	47.6	43.9	97.6	79.7
企業規模30～99人	生産労働者									
	総合決定給I(1)									
	若年	100	64.7	31.4	72.5	66.7	17.6	15.7	70.6	52.9
	中高年	100	58.0	32.0	82.0	68.0	24.0	24.0	72.0	54.0
	総合決定給I(3)									
	若年	100	55.2	32.4	71.4	82.9	41.0	18.1	92.4	82.9
	中高年	100	59.0	19.0	73.3	86.7	50.5	33.3	91.4	83.8
	事務管理技術									
	総合決定給I(1)									
	若年	100	69.1	45.5	72.7	74.5	18.2	16.4	70.9	54.5
	中高年	100	63.6	47.3	81.8	76.4	29.1	30.9	70.9	58.2
	総合決定給I(3)									
	若年	100	54.2	48.6	67.3	83.2	43.0	24.3	91.6	78.5
	中高年	100	56.1	36.4	70.1	86.0	53.3	47.7	88.8	74.8

(資料)「1968年賃金労働時間制度調査」．
(出所) 小池［2015：118］表4-4．

の雇用と中高年』［2014］には，小池理論に一理は認められるとしても，従業員が50歳代を超えても，勤続年数が長くなれば熟練や技能が向上していくとは考えられない．だからこそ，1990年代以降の長期停滞期において，日本大手企業の中高年リストラが進んでいるのではないかという強い批判が見られる．

　筆者も，門外漢なりに濱口の批判には肯定できる点があると思うが，だから

といって，小池の「知的熟練論」が崩壊するというのも極端な議論であろう．パソコンのプログラミングなどはいざしらず，鉄鋼や石油化学など，巨大で高度な装置産業などでは小池理論はいまなお有効な側面を持つとしてよいのではなかろうか．

　戦前日本の鐘紡に関する小池の議論についても，一部の人々からの「時代遅れ」「資本家の致富衝動の隠れ蓑」などの批判にも関わらず，小池らが伝える事実による限り，戦前日本の文脈のなかにおける「正しく理解された自己利益説」実現の姿が見えるとしてよいだろう．

5．労働組合

　戦前の労働組合についての小池の議論も興味深い．本書ではこれまで，財界などが労働組合法の成立に一貫して反対し，それが事態の悪化の一因となったのではないか書いてきたが，確かに小池が『高品質日本の起源』で指摘するように，労働組合法がなければ労働組合活動ができないというのは事実に反している．イギリスの労働組合法は1871年に成立したが，「労働組合ははるかその数十年前から見事な業績をあげていた」［小池 2012：184］．温情主義という前近代的イデオロギーの下でも，たとえば鐘紡は，見事な社内福祉と品質管理を実現してきたし，近代的で「戦闘的」な労働組合のみが労働者を保護できるというのも，小池が強調するように，実証的根拠を欠いた「左翼的」イデオロギーにすぎないかもしれないのである．

　実際，『高品質日本の起源』の第3部（「知られざる貢献——戦前昭和期の労働組合」）を読むと，「製綱労働組合」などの「1926年……から1940年の間，毎年団体交渉をきちんとおこない労働協約を締結し，組合員のくらしを守る共済活動を地道に展開した組合」［同：203］があったことを知らされて，イデオロギー的視点の危うさを痛感する．

　製綱労働組合とは，海軍軍艦のロープ製造で起業した東京製綱社が，1926年に公認し労働協約を結んだ労働組合である．労働協約の締結を仲介したのは，当時も今も「左翼」陣営には「御用組合」として評判の悪い，全国労働組合組織の一つ，日本労働総同盟（「総同盟」）のリーダー松岡駒吉である．

　組合史と社史に基いて小池が述べるところによれば，松岡は，東京製綱の全役員3人と会見して，以下の5項目の協定を結んだ［同：205］．

1. 東京製綱株式会社従業員は，原則として日本労働総同盟製綱労働組合であること．
2. 東京製綱株式会社は，日本労働総同盟，製綱労働組合を公認し，団体交渉権を認めること．
3. 労資双方とも一切の労働条件の改善に関しては一般製綱産業の条件を充分考慮すること．
4. 組合は不良組合員に対してはその責任を負うこと．
5. 会社は出来るだけ従業員を優遇し，組合は作業能率の増進に努力すること．

1は，全従業員が組合員でなければならないという，いわゆる「クローズドショップ」(「締め付け組合」) の条件であり，2は，こうして一丸となった，労働総同盟の下部組織としての製綱労働組合と会社が団体交渉を行うことを定めたものである．

われわれの観点から興味深いのは，そうしたシステムのなかでの項目3-4の施行である．

すなわち3は，労資双方とも労働条件の改善に努めるべきだが，注目すべきは，その場合「一般製綱産業の条件を充分考慮すること」，つまり，世間常識や世間相場をよくわきまえ，非常識な振舞いや要求をしてはならないとされていることである．さらに4では，組合は，どのような集団においても出現する可能性のある「不良組合員」に対して責任を負うことができる自己統治能力を持つべきだとされている．その上で，5は，会社は可能な限り従業員を優遇し，組合に結集した従業員は「作業能率の増進に努力し」，会社の業績向上と発展に寄与することを労資双方に義務づけている．

これは要するに「労使協調」による会社と従業員の共存共栄をうたったものだが，東京製綱の一見何の変哲もない労働協約が興味深いのは，それらが，トクヴィルの「正しく理解された自己利益説」を見事に表現しているように思われるからである．

この場合の「自己利益」はもちろん会社あるいは資本家と従業員あるいは労働者双方の「自己利益」であり，それらを実現し増大させるためには，各々が狭い「自己利益」にこだわるのではなく，同業他社の「相場」に配慮したり，市民社会の道徳的・法律的ノルムを逸脱した「不良分子」を自ら排除するなど，

多少なりとも公共精神に則った行動をとらなければならない．こうした「正しい理解」の上に立って，労資双方が経営と労働に努力し，利潤と賃金という「自己利益」の増進に邁進する——これが，東京製綱の労働協約に盛られた「正しく理解された自己利益説」である．

しかし，こうした「利益説」の実行がむずかしいことは明らかだ．そもそも「経営者」「従業員」といっても，それぞれが一枚岩でなく，さまざまな人々の葛藤や権力争いや業績争いや「いじめ」があるのが普通である．それらの対立をまとめ上げ一個の「会社」の形をとり続けること自体が平常時においても困難だが，非常時，特に会社の業績が振るわなく，倒産の危機に瀕するような場合には，経営者も従業員も「人のよい仮面」はかなぐり捨てて，むき出しの「自己利益」を主張せざるをえなくなる．長い目で見れば互いの損になることが分かっていても，「囚人のジレンマ」にはまらざるをえなくなる場合もある．

1930年代日本の会社および労働組合の多くを襲ったのもこうした危機的状況であって，良質な中間集団の力を十分に発揮するためにも，マクロ経済の順調な発展が欠かせない．これは，1990年代以降の多くの大企業についてもいえることあり，年功賃金も終身雇用も，それらと一体となった技能形成や国際競争力も，高い経済成長率があってはじめて実現可能なのである．

これは，小池理論に対する批評にもなりうるだろう．筆者は以前から，「日本的経営」の優れた特質が日本経済のマクロ的パフォーマンスを促進すると同時に，「日本的経営」の良好な機能がマクロ的パフォーマンスに依存すること，両者が相互依存関係にあることを主張してきた［佐藤 1994：第2章第2節；2006：第2章第2節］．いかなるOJTも，従業員の長期雇用がなければ機能せず，長期雇用は企業業績が良好でなければ維持されにくいことからも，これは明らかだろう．

戦前から形成されつつあった日本の良質な企業組織や（企業別）労働組合がそのポテンシャルを十分に大きく開花させるためには，戦後の高度経済成長を待たなければならかったのである．

6．産業組合あるいは農業組合

戦前には「産業組合」と呼ばれていた農業（協同）組合を論ずるには，1904（明治37）年に書かれた柳田国男の小論文「中農養成策」［柳田 1904］までさか

のぼらなければならない．すぐあとに書くように，柳田の産業組合論自体は，「中農養成策」の2年前に出版された『最新産業組合通解』[柳田 1902]で展開されているのだが，その日本農業全般あるいは日本経済全般のなかでの位置づけを見るためには「中農養成策」を参照しなければならないのである．

「中農養成策」に目を通して驚かされるのは，その自由主義的スタンスである．柳田は，そこで当時問題となっていた中国米輸入問題に対し，農商務省をはじめとする政府の大勢と逆に，自由化賛成の立場を強調している．彼にとって日本農業の根本問題は，平均耕作面積が1町歩に満たない狭小な作付面積と，それに起因する低生産性にあるのであって，保護関税などかけて輸入を制限しても問題の解決にはならないものと思われた．

問題の解決のためには，せめて2町歩以上の作付面接と国際競争力を持った「中農」という自作農を全国につくらなければならない．当然，そのためには，農家戸数を減少し離農者を増やさなければならないが，それらの離農者は，大都市ではなく，農村の近隣に創生される「幸福なる小工業」[柳田 1904：582]に吸収する．藤井隆至や川田稔が明らかにしたように，「中農養成策」の背後には，当時からすでに東京や大阪に過度に集中しつつあった日本経済の構造を改革し，それを中農と地方工業を核とした多数の地方経済圏の連合体として再構成するという「国民国家構想」があった[藤井 1995；川田 1985][9]．

柳田の構想の実現のためにどうしても必要なのは，農家の経営規模の拡大なのだが，経営規模の拡大を農村の趨勢に任せていては期待できない．そのためには，国の主導の下に，産業組合法を制定し，産業組合を全国に普及させ，普及したあとは，産業組合のイニシアティブに基づいて農業改革を推進する．より具体的には，信用組合，販売組合，購買組合，生産組合からなる産業組合が，金融，流通，生産面で個々の農家をバックアップしながら，農民間の土地の売買交換を促進し，土地の過度の分割を制限するなどして，経営規模を拡大して中農を育成するのである．

「中農養成策」の2年前に書かれた『最新産業組合通解』は，大学を出て農商務省の高級官僚となったばかりの柳田が提出し，農商務省から拒否された「政策提言書」だった．

内容は，官僚の政策提言にふさわしく，具体的な法律条文の作成に関するものが大半であり，それほど面白いものではないが，末尾の次の文章には，柳田の思想的肉声が読みとれる．

「世に小慈善家なるものありて，しばしば叫びて曰く，小民救済せざるべからずと．予をもって見れば，これ甚しく彼等を侮蔑するの語なり．予はすなわち答えて曰わんとす．何ぞ彼等をして自ら済わしめざると．自力，進歩協同相助これ，実に産業組合の大主眼なり」［柳田 1902：183］．

「産業組合の大主眼」は「自力，進歩協同相助」，組合に結集した農民の「協同相助」を基礎として「自力進歩」を遂げること，遂げて国際競争力に恵まれた「資本主義経済の時代に即した農業経営」［藤井 1991：688］を実現することなのだが，これが，トクヴィルの「正しく理解された自己利益の説」に対応することは明らかである．

柳田の日本農業改革構想が，国家によるパターナリスティックな，「小慈善家」的な農民保護政策と違うのはもちろん，通常いわれる農業の規制緩和，国際化，自由化などとも異なる点に注意しよう．

今日叫ばれている農業規制緩和などの場合には，丸山真男のように「隣保共助の旧慣」を嫌うメンタリティ，個人主義的で進歩主義的で近代主義的なメンタリティが背後に隠されていることが多いが，柳田の産業組合は，逆に，かつての村落共同体の「隣保共助」すなわち相互扶助の伝統に根ざしたものである．もちろんその伝統は，新しい時代にふさわしく再解釈され練り直されたものでなければならないが，柳田がある種の伝統主義者であることは間違いない．[10]

そもそも，われわれの周囲を見渡し，自らを反省してみれば明らかなように，家族や友人や共同体の支えを欠いた「自立した個人」は幻影のようなものだ．それは，かつて M. サンデルが J. ロールズを批判した時に用いた言葉を借りれば「負荷されない自己（unencumbered self）」であって，自己以外の「負荷」を失った途端に「都会砂漠のなかの孤独な群衆」と化して，「民主的専制」の餌食にもなりかねない，不安定きわまる存在なのである［Sandel 1984］．

柳田の産業組合論の背景に，二宮尊徳伝来の報徳社への敬意があったことは多くの研究者によって知られている．並松信久が詳しく紹介しているように，農政官僚時代の柳田は，報徳社指導者の岡田良一郎と論争するなど，当時の報徳社の運営方式などについて多くの不満を持っていたようだが，報徳社と，その創始者の「尊徳翁」の精神に対する尊敬の念は終生持ち続けていたように思われる［並松 2012：第 2 章第 4 節］．

柳田が二宮尊徳のどのような面にどのように引かれたか筆者は寡聞にして詳

らかにしないが，尊徳が，戦前日本各地の小学校に建てられた薪を背負って読書する尊徳像や，内村鑑三が『代表的日本人』で描いた「道徳の手本」に収まり切るような人物でなかったことはおそらく間違いないだろう．そうした側面も否定はできないだろうが，筆者の尊徳像は，むしろ辣腕経営者，現在生きていればIT関連のベンチャー・ビジネスでも創業したに違いないほどの，タフな力量を持った人物というものに近い．[11)] もちろん彼の「独立自尊」は，農業金融システムの創始とそれらを通した農村経済活性化の取組みに見られるように，村落共同体と一体のものだった．

いずれにしても，柳田の農業改革論の背後にある思想が，国家の保護ばかりを求める「小慈善家」のそれと異なると同時に，個人を制約する（と考えられる）伝統や共同体を嫌う個人主義者や自由主義者のそれとも違いことは明らかである．それは，いわば「保守的自由主義（conservative liberalism）」あるいは「自由保守主義（liberal conservatism）」とも名づけうる独特の思想だったのである．[12)]

柳田の構想は，当時の政府の堅い抵抗に会って実現しなかった．実は，産業組合法自体は『通解』が出版される2年前の1900年に成立し施行されていたのだが，柳田が『通解』の「自序」で語っているように，その内容は彼の眼から見て甚だ不満足なものだった．事実，同法施行後30年近く経った1928年においても，総農家戸数に占める組合員数こそ41％に達したとはいえ，農家の総預金のうち産業組合に預けられているものの比率が7％強，組合を通して肥料を購入する割合が20％など，その利用度はきわめて低い状態に留まっていたのである［山下 2018：175］.[13)]

しかし柳田の意匠が消え去ることはなかった．それは——成功することがなかったとはいえ——農林官僚らによって継承されることになった．並松信久『近代日本の農業政策論』［2012］と山下一仁『いま蘇る柳田國男の農政改革』［2018］に主に依拠して，この点をもう少し説明してみよう．

柳田農政思想の継承者としては，「農政の神様」と呼ばれた，農商務省官僚の石黒忠篤の名を忘れることはできない．

石黒が農業問題に関心を持つにいたったきっかけは，高等学校時代に二宮尊徳に関する書物を読み強く影響を受けたことだったが，より具体的に当時の小作問題に関心を持つことになったきっかけは，1907年の水田の小作料物納制に関する柳田国男の講演だったといわれている．志はその後の官僚生活を通し

て持続し，1931年に農林次官に就任してからは，小作農の自作農化を目指した——ただし会期切れで流産に終った——「小作法案」の国会提出（1931年），「農山漁村経済更生運動」（1932-1941年）の推進などとして現れた．

　尊徳からの影響を受けた農業改革構想といえば，当時の日本では珍しいアメリカ流のプラグマティズムを導入した田中王堂の弟子，石橋湛山——これまでもしばしば言及してきた偉大な自由主義者，石橋——にも触れておくべきだろう．日本の帝国主義的アジア進出を強く批判し，アジア諸国と欧米諸国との自由貿易の利益を説いた石橋は，柳田との直接的関係は不明だが，自立的で収益の上がる農業への構造改革を唱えた自由主義的な農業政策の提唱者でもあった．[14]

　湛山もまた，師にならって，ある種のプラグマティスト，功利主義者，個人主義者ではあったが，「我の利益を根本とすれば，自然対手の利益も図らねばならぬことになる，対手の感情を尊重せねばならぬことになる」という「先ず功利主義者たれ」の文章からうかがわれるように，彼もまた，スミス流の「同感の原理」主義者，トクヴィル流の「正しく理解された自己利益」主義者であったことは確認しておけなければならない．[15]

　さらに，中国の産業発展の援助を意図した，いわゆる「西原借款」で有名なばかりでなく，柳田の「自力進歩協同相助」と同様の思想を抱いた村長として，雲原村（現福知山市）の経済自治の確立に成功した西原亀三，石黒忠篤の「秘蔵っ子」として，戦後農業改革に辣腕を振るった農林官僚，和田博雄なども，柳田農業改革思想の継承者として挙げておくべきだろう．

　しかし，彼らの一連の努力が実ったとはいえないのが日本の現実である．成功したといわれる戦後の農地改革すら，ただ地主の所有地を多数の小作に分け与え，多数の自作農をつくっただけでは，「大農」はおろか，「中農」すら生まれず，経営規模の拡大も国際競争力のある農業をつくりだすことができなかった．

　理由は，戦前に関していえば，大土地所有者あるいは寄生地主層の国会内外での反対，昭和恐慌以後の農村の窮状を救うための方策として，小作制度改革などの長期的改革ではなく，高橋財政下の「救農土木事業」などの即効性のある短期的施策が求められたこと［並松 2012：123］など，さまざまだろうが，最も大きく気の重くなる理由は，当の農民自身の保守性ならぬ「守旧性」ではなかっただろうか．

　あれほど農民を愛し，日本農業の発展を願った石黒が吐き捨てるようにいっ

ている.

> 「私は敢て申すが,日本国民,特に農民の場合,はっきり断言し得るのは,自主独立,つまり自分で自分の運命を切り開いて進むという自主的精神に欠けているということである.これは永年に亙る封建的圧制の結果,卑屈感と結びついて,一種の習性となったものである」[山下 2018：177].

翻って,石黒が柳田同様に尊敬する二宮尊徳はどうだったか.

> 「尊徳先生が桜町の小田原公の領地の復興を引き受ける決心をしたときの話ですが,二宮先生は荒地の復興は荒地でやるべきだと考えられた.日本が今日までになったのも外国力ではない.日本の力でやったのだ,と考えられた.そこではっきり先生は桜町に入る決心をされたのです.その時殿様は権力を貸して手伝おうといわれたし,近在の富んだ商人の人が資本を貸そうという話も出た.併し二宮先生はその何れをもことわられた.人心の融和を基として,自力で経済の発展をはかるという理念で事を成就されたのでした」[山下 2018：177].

確かに,産業組合は明治時代にすでにできていた.だがその組合は,戦前では,地主階級の利害を強く反映したものであり,多数の小作農は排除された.農地改革を経た戦後にはなるほどすべての自作農の利害を反映する団体,すなわち農協となったが,明治から今日に至るまで一貫しているのは,「権力を貸して手伝おうといわれた殿様」の好意を断ろうとする気概あるいは「自主的精神」の欠如である.柳田らが期待した「自力進歩」をサポートする「協同相助」,要するに「親方日の丸」の手助けを排して,個々の農民の独立自尊を可能とする共同体としての産業組合は,いまや国家の保護政策のみを期待する情けない中間集団に堕落してしまった.

上の石黒からの二つの引用文は,大竹啓介編著『石黒忠篤の農政思想』に収録された石黒の二つの論説（初出,『全国農民連合新聞』1955年3月と11月）から山下一仁が引用したものを筆者が再引用したものだが,それを解説する山下の文章には,そうした農協の現状に対する強い批判がうかがわれる.

石黒や山下が嫌った農村の現実は,丸山が嫌い嘲（あざけ）った「村落共同体」に似

ている．丸山が福沢諭吉の『文明論の概略』に読みとり，福沢とともに慨嘆するように，そこには皆が集まり「多事争論(たじそうろん)」し，知恵を出し合い，相互の生活を改善するという「衆論(しゅうろん)」の伝統が欠けている［丸山1986（中）：第9講］．

　実は，柳田自身も，村の集団主義の悪しき側面を批判して次のように書いている．

「多数の意向に合致するというは，すなわち平凡に流れるということを意味し，問題が起これば今まで通りが無難だと決するから，従って作物の新種を入れ，または新しい技術を採用するためには，ずいぶん久しい間の勧説(かんぜい)と忍耐を要する．全体に進んだ考えの者は押さえ付けられる．ゆえに人間の才智が望まれない．そうしてしばしば愚痴の失敗を全村に被らしめる．これを防ぐためには一般の智慮を開発し，判断力の改良を待つべきだが，現在の傾向は個々の約束の力が，おいおいに衰えて行くばかりで，代わって新たに現れるものは何もないようだ」［柳田1931b：262］．

　では「衆論」がないとしても，昔ながらの「隣保共助」の美風は健全だったかといえば，近代に入ってからはこちらの方も甚だ疑問であり，「村を出てひと旗挙げる」ことに熱心な輩が少なくなくなっている．

　柳田の農業改革案は，こうした農村の現実を見すえ上で立てられており，だからこそ，彼は，農民の精神的・文化的絆を再構築するための手がかりを，福沢や丸山のように外国ではなく，日本の過去に求める民俗学的探究を開始したのである．[16]『明治大正世相篇』末尾の有名な文章，「我々の考えてみた幾つかの世相は，人を不幸にする原因の社会にあることを教えた．すなわち我々は公民として病みかつ貧しいのであった」［柳田1931a：394］の意味もこの点にある．

7．「家」あるいは家族

　家あるいは家族は，おそらく最小の，そして最も重要な中間集団であろう．男女（男性と男性，女性と女性でも構わないが）が結婚し生活を共にし，必ずとは限らないが，子供を産み，教育し，社会に送り出し，自分たちはやがて老人となり，あの世に送りだされる．いやその前に，自分たちの老親のケアと葬送を済まさなければならないかもしれない．しつけと教育を受ける子供たちにとって

はもちろん，結婚する二人にとっても家庭は，エゴイズムのなにほどかの抑制を要求される「公共空間」といってもよい．しかもエゴイズムの抑制によって，各人は消費と休息ばかりでなく，明日の仕事への活力と意欲ばかりでなく，人生の生きがいを見出すことができる．もちろん「万事順調に行けば」という条件付で．

　しかし，こうした「正しく理解された自己利益」集団に，「家」「イエ」という語をあてはめた途端に，戦後日本では否定的な響きが生まれてくるのはなぜだろうか．先に引用した丸山の文章の直前に出てくる「家族国家観」などは，そのネガティブトーンを象徴する言葉である．しかし，その丸山が心酔する福沢諭吉が「我国の帝室は固より日本国を一家視するのみならず……」[福沢 1888：256-257]（傍点，引用者）と誇らしげに語っていることはさておき，明治民法によって規定された「家父長的家族」「家制度」が，「超国家主義」に集約できない多様な側面を持っていたことは明らかである．

　確かに，理想的な民主主義社会における家族は，戦前日本の「家」とさまざまな点で異なっている．トクヴィルが『民主政治』のなかでいうように，貴族的階層的に組織された諸国では「父は家の代表者であり，維持者であると同時にまた，これを治める役人でもある」[トクヴィル 1840/1845（第2巻（下））：63]のに対して，

　　「民主制の諸国にあっては，政府の手は群れの中の人間を一人ずつ探し当てて，共通の法に一人一人従わせるので，このような仲介者を必要としない．法律から見れば，父親は息子より年長で裕福な一市民に過ぎない」[同]．

　あるいは貴族的家族では「利害を同じくし，精神の一致がある．だが，心が通い合うのは稀である」[同：67]のに対して，

　　「民主的な法律の下では，子供同士は完全に平等であり，したがって独立でもある．強制的に互いを近づけるものは何もないが，また遠ざけるものもない．そして，誰もが共通の家に生まれ，同じ屋根の下で育ち，同じ養育の対象であり，いかなる個別の特権によっても区別され，わけ隔てられることはないから，彼らの間には容易に成長期の甘く若々しい親密さが生まれる」[同：67-68]（傍点，引用者）．

「デモクラシーはだから，利害ではなく，共通の記憶，意見と趣味の自由な一致によって兄弟を互いに結びつける．それは遺産を分割するが，兄弟の魂が一つになることを可能にする」［同：68］（傍点，引用者）．

引用文になぜ傍点をつけたのかを説明するのは後回しにしよう．とりあえずは，トクヴィルが，財産や相続をめぐる階統制などの「社会の絆」ではなく，自由で平等な家族相互の情愛に基づく「自然の絆」の強化が民主的家族の特徴となると述べていることを確認すれば足りる．

こうした議論に続いて，トクヴィルが，現在のフェミニストが聞けば「女性差別」「封建遺制」と激高しかねないことも述べていることも確認しておかなければならない．すなわち，

「アメリカでは，女性の独立は婚姻の絆の中に消えて帰らない．若い娘は他のどこよりも束縛を受けないとしても，妻はどこにもましてきつい義務の下におかれる．前者にとって父の家は自由で楽しい場所だが，後者は夫の住まいで修道院の中のように暮らす」［同：75］．

こうした一夫一婦制や女性の貞淑の勧めは，当時のアメリカ民主社会の宗教，つまりピューリタニズムの強制力の強さを抜きには考えられない．アメリカ人という「非常に宗教的な国民」は，「まず，個人の独立がひとりでに自己を律するように最大限の努力を傾け，人間の力の限界に至ってはじめて，宗教に援けを求めたのである」［同：73］と，トクヴィルは，ここでは，宗教の役割をいわば「最後の頼み」と控え目に表現しているが，ピューリタニズムの役割の強調は『民主政治』全体に一貫する主題の一つである．

上の引用文に傍点をつけた理由を説明しよう．これらの文章の趣旨は，民主国家の兄弟家族の間に「自然の絆」が文字通り自然に生まれるのは，彼らが共通の環境のなかで生育し，「共通の記憶」を形成するからだということである．

この言葉から筆者が直ちに想起するのは，トクヴィルへの深い敬愛の念に基づいて書かれた R. N. ベラーらの『心の習慣』［1985］における「記憶の共同体 (communities of memory)」という言葉である．『民主政治』に「記憶の共同体」という言葉があるかないか筆者はいまのところ確認できないが，ベラーらは，その言葉を，「心の習慣 (habits of mind)」と並ぶ，トクヴィル思想のキーワー

ドとしている．

「記憶の共同体」とは「深くて長続きのするコミットメントを引き出すことのできるような集団」であり，ベラーらは，代表的例を，トクヴィルが訪れた当時のアメリカ，ニューイングランドのタウンシップ，「小さな町」に求めているが，民主的家族もまた「記憶の共同体」の一つであることは間違いない．

いずれにしても，そうした「記憶の共同体」における「共通の記憶」によって，「上」からの権力的強制なしに人々は結びつき，「自然の絆」を形成するのである．

キリスト教と「共通の記憶」によって結びついた民主的家族——これが当面の課題に対する『民主政治』からのメッセージである．

トクヴィルの「民主的家族」のイメージを不注意に日本に輸入し，丸山真男，大塚久雄，川島武宜などのように，「家父長的家制度」と対置などしてはならないだろう．ましてや自分の都合の悪い部分を意識的・無意識的に無視して導入してはならない．そうした企ては，たとえば加地伸行が鋭く指摘したように，「キリスト教抜きの個人主義」［加地 1996：94-95］を導入し，旧来の儒教的道徳体系を崩壊させる一方で，新しい道徳原理を生み出さないという道徳的・文化的混乱をもたらすだけに終わりかねない．実際，明治維新以後の日本では，そうした混乱のなかで，人々のエゴイズムばかりが亢進したという側面があるのである．

柳田国男が苦闘したのも，近代日本の道徳的・文化的・社会的混乱のさなかだった．彼の民俗学の主眼が日本人の「固有信仰」，「家の永続」を基礎とした祖霊信仰あるいは氏神信仰の解明にあったことはよく知られているが，その柳田が，すでに明治 43（1910）年に書かれた『時代ト農政』のなかで，キリスト教国と違って日本では自殺に関するタブーはないが，「ドミシード」「家殺し」に対しては重い社会的制裁があったと述べたあと，激越な口調で次のように述べている．

「自分の子を殺しても同じく殺人罪であるのに，子孫をして生きながら永久に系図の自覚を喪失せしむるのは罪悪ではありますまいか，国に次で永い生命を持っている家を一朝に亡ぼすというのは，果たして戸主の自由になし得る行為でありましょうか，しかも今日は永住の地を大都会に移すのは十中八九までドミシードすなわち家殺しの結果に陥るのであります．私

はあえてここに断定は下しませぬが，自分の計算，自分の都合を基礎として都会に移住せんとする人に，あらかじめ必ずこの点を一考させたいと思います」[柳田 1910：56].

「自分の計算，自分の都合を基礎として都会に移住せん」とすること，「永住の地を大都会に移す」ことがなぜ，「家殺し」につながるのか．それは，農地や家屋と先祖代々の財産や見慣れ住み慣れた風景などからなる故郷を捨て，多くは都会企業の無産労働者となり，勤務先や住所を頻繁に変えざるをえない境涯に置かれた人々が，祖先と自分と子孫からなる生命の連続体としての「家」の観念を失ってしまう危険は極めて高いと柳田が考えたからである．

柳田にとっての「家」とは，すでに亡き前世代と現世代と生まれ来る将来世代からなる永遠の生命の共同体であり，その維持と発展のためには，各世代が安定した環境の下で共有する記憶，すなわち「共通の記憶」で結びつくことが不可欠な「記憶の共同体」だった．職場も住居もいつ変わるか覚束ない都会生活においては，そうした「記憶の共同体」は控え目にいって形成されににくく，従って，「家の永続」を前提した「固有信仰」，日本人のかけがえのない倫理と道徳と生きがいの源である祖霊信仰も成立ちにくくなる．

同じ論旨は，21年後に出版された『明治大正世相篇』においても執拗に繰り返される．柳田は，その「第九章 家永続願い」のなかで，農民の農村から都会への移動，職業選択や婚姻の自由など，いわば「永続すべき事業体（going concern）」としての家の存続を危うくする近代的要因を一つ一つ分析したあとで，家の動揺がもたらしうる孤児の問題を案じながら，次のように書いた．

「……一方にはこういう家庭の孤立を促成した始めの原因，すなわち移動と職業選択と家の分解，およびこれに伴う婚姻方法の自由などの，今日当然のことと認められるもの中に，まだ何ものかの条件の必要なるものが，欠けているのではないかということも考えてみなければならぬ」[柳田 1931a：273].

柳田が，近代化を拒否しているのでないことも強調しておかなければならない．前近代家族に「農民の家永続には，夙くからかなりの犠牲を必要としていた」[同：264] と苦言を呈する一方で，近代家族における「家庭愛の成長」を

「何よりも悦ばしい新世相」[同: 269] と歓迎していることからも分かるように，彼のスタンスは，トクヴィル同様，近代化を肯定しつつ，そこに「まだ何ものかの条件の必要なるものが，欠けているのではないか」と懐疑し，「固有信仰」の消滅を回避する方策を見出そうとするものだった．

柳田は自由主義者であると同時に，熱烈な天皇主義者にしてナショナリストでもあった．特に「各人とその祖先との聯絡すなわち家の存在の自覚ということは，日本のごとき国柄では同時にまた個人と国家との連鎖であります」[柳田 1910:56] といった類のことも書いたから，柳田を「家族国家論」のイデオローグとして批判する論者も少なくない（たとえば中村 [1967]）．

しかし，彼の「固有信仰」論が国家神道と対立するものであったことは，明治政府の神社合祀政策を南方熊楠とともに強く批判したことからも明白である．太平洋戦争敗戦時の連日の空襲下，不眠不休で書いたといわれる固有信仰論の代表作『先祖の話』の序文の中の次の文章には，「家の問題」の解明を怠ってきた明治以来の日本政府に対する強い憤りが示されているといってよい．

> 「明治以来の公人はその（固有信仰の学問的探索という——引用者）準備作業を煩わしがって，努めてこの大きな問題を考えまいとしていたのである．文化の如何なる段階にあるを問わず，およそこれくらい空漠不徹底な独断をもって，未来に対処していた国民は珍しいといってよい」[柳田 1946a: 10]．

柳田が不眠不休で『先祖の話』を書いたのは，敗戦後の日本人の離合集散が社会的混乱のなかでこれまで以上に激しくなり不幸となり，その不幸を和らげるために「時の古今にわたった縦の団結」[同: 207]，すなわち「家」を基礎とした世代間の連帯が必要と考えたからだが，上の文章からは，明治以来の近代日本においてすでに「縦の団結」が著しく失われつつあるという痛切な思いが伝わってくる．彼にとっては，戦前からすでに「家」は崩壊しつつあったのである．

実証研究は今後の課題としなければないが，柳田の仕事に基づく限り，農村から都市への人口移動，景気変動と一体となった職業選択の自由による職場と住居の変更，婚姻の自由による住居や交際相手の変化など，農村にも押し寄せつつあった近代化による人々の生活の大きな変動が，戦争以前から「家」と

「縦の団結」を大きく揺さぶりつつあったのは確かなことのように思われる．
　この点でも思い出すのは，ベラーらの『心の習慣』である．
　ベラーらは，この本の結論部で，事態の本質を表すキーワードとして，「記憶の共同体」と並んで，「分離の文化（culture of separation）」と「まとまりをもつ文化（culture of coherence）」という対語を駆使している[17]．
　「分離の文化」とは，知識も感覚も人間性も散り散りとなり断片化し，その程度がますますひどくなってゆく文化であり，「まとまりをもつ文化」あるいは「一貫性のある文化」とは，その逆に，さまざまな要素がまとまった構造を保つ文化である．そして，ベラーらは，現代（1980年代）アメリカ社会の病理を「分離の文化」に求めた．
　この場合，「分離」や「まとまり」は，同一時点での社会的・空間的距離に関するものと時間的分離に関するものの，大略2種類のものがあるとしてよいだろう．もちろん両者は密接に関連しながら現実の事態が進行するのだが，概念的には区別できるし，区別した方が議論が整理される．
　この観点から見ると，前世代と現世代と将来世代のつながり，永続的なつながりの意識を本質とする祖霊信仰が，典型的な「時間的なまとまりをもつ文化」に他ならない．だからこそ柳田は，それを，「横」ではなく，「縦の団結」といったのだ．
　そして，その「縦の団結」に基づいて「横の団結」も可能となる．自分たち一人一人が，同じ祖先と，同じ血筋を引いたやがて生まれくる子孫に挟まれて生きているという共通の思いが人々を結びつける．
　トクヴィルは，「共通の記憶」が家族の「自然的絆」を強めるといったが，その「記憶」のなかに「未来の記憶」も含まれていることを忘れてはならない．それというのも，家族の自然の情愛を育み彼らを結びつけるためには，「過去の共通の記憶」が今に，そしてこれからも生きてなければならない，あるいは生きると信じられなければならないからだ．「記憶」が死んだものならば，それは決して今を生きる人々を結びつけるものにはならない．今この瞬間に生きているとしても，それが間もなく滅び去るものなら，それは決して今を生きる人々の絆とはならない．
　そしてアメリカでは，「過去，現在，未来の記憶」の中心には，人々に意識されているか否かによらず，キリスト教という「永遠なるもの」が存在する．「過去 → 現在 → 未来」と不可逆に流れる時間はキリスト教起源のものだが，

キリスト教信者にとっては，時間を超越する「神」という「永遠なるもの」が存在する．そして，もちろん，「家」を，「前世代と現世代と未来世代の永遠の共同体」とする柳田にも不可逆に流れ，消え去っていく時間というものは存在しない．

カール・マンハイムはかつて『保守的思考』[1927]（邦訳題名：『保守主義』）のなかで，保守主義には，回帰する時間か同時存在する時間しか存在しないと述べたことがあるが，トクヴィル，柳田，ベラーらを読んでいると，マンハイムの議論の正しさを実感する．[18]

図3-1は，マンハイムの議論を手がかりとして，進歩主義と保守主義の時間意識の違いを類型化したものだが，前者の時間意識を「過去 → 現在 → 未来」と一方的に不可逆に流れる時間で特徴づけるのは，実は十分ではない．その場合の「過去」とは文字通り消え去るもの，「未来」とはなにが現れるか分からないものというより，内容のなにもないもの，つまり「無」なのであり，進歩主義者にとっては，「永遠の今」ならぬ，すぐに消え去るものとしての「現在」，つまり「刹那」があるにすぎない．「有」の「現在」が，「無」の「過去」と「未来」と分離分断されるのは当然のことだろう．

H-G. ガダマーは『真理と方法』[Gadamer 1960]のなかで，進歩主義者というより現代人の，いわば「常なるもの」を見失った時間意識を「歴史意識 (historishen Bewustsein)」という言葉で特徴づけたが，「分離の文化」とは，まさにこうした「歴史意識」の一つの現れにほかならない．逆にいえば，「まとまりをもつ文化」とは，「歴史意識」を欠き，永遠を信ずる，前近代的な「遅れた」保守主義者の時間意識にほかならない．

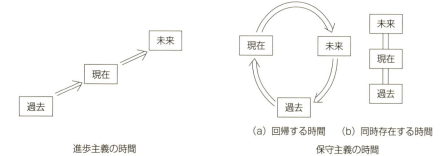

図3-1 時間意識における進歩と保守

（出所）佐藤・中澤 [2015：10].

いずれにしても，柳田が待望した「縦の団結」も「横の団結」も，戦前から戦後，そして現在に至るまで十分に実現しなかったとしなければならないだろう．

　以上のように戦前日本の中間集団の可能性と現実を見てくると，多少なりとも可能性の実現に成功した中間集団は一部の企業組織——労資協調路線をとった労働組合も含んだ企業組織——だけだったのではないかと思われてくる．国会議場内外で「乱闘」を繰り返す政党政治は論外であり，農村と農業を支えるべく期待された産業組合の可能性はほとんど実現されなかった．さらに国家の基礎となるべき「家」と「家の宗教」まで崩壊しつつあったとしたら，トクヴィルの期待が実現される可能性は，戦前日本においてはきわめて限られていたと考えなければならない．もちろん，これも暫定的結論にすぎないが，さらなる考察のためのワンステップとはなるだろう．

注
1）　牧野邦昭は，これまで未発見だった秋丸機関関係資料の詳細な分析に基づいて，「『確実な敗北』よりも『万一の僥倖』に賭けて開戦」［牧野 2018：170］した軍部と政府の，ある意味で合理的な選択の状況を見事に描き出している．同書からは啓発される点が多かったが，日本指導部が，そうした「座して死を待つよりは……」という決断を下さざるをえなかった国内的・国際的状況の分析がさらに必要だろう．
2）　文脈は大きく異なるが，池田［2017］は，二月革命で成立したケレンスキー内閣——いわば「ブルジョア政権」——とロシア民衆との間の感覚や価値観の違いが，後者の心をつかんだボルシェビキによる 10 月革命を招いたという，きわめて興味深い考察を行なっている．
3）　佐藤［1994：第 5 章第 4 節；2004：第 7 章第 2 節；2006：第 4 章第 4 節］など．
4）　「同感の原理」については，佐藤［2004：第 6 章第 1 節；2006：第 1 章第 2 節］などでも論じた．
5）　戦間期日本の中間集団あるいは中間団体の実態に関しては，他の著作と並んで，猪木［2008］に啓発される点が多かった．
6）　村上らはバークについては言及していない．その部分は佐藤が挿入した．
7）　ただし，望月和彦は，戦前日本の財界は中間集団としては未発達であり，官界政界に対して大きな影響力を持たなかったとしている（［望月 2008：257］など）．
8）　西沢［2004：377 - 379］によれば，マルクス主義と闘うと同時に，市場経済のゆがみの是正を目指した社会政策学を展開した近代経済学者の福田徳三は，ドイツ社会政策学の紹介を通して，武藤の鐘紡や大原孫三郎の倉敷紡績における産業民主主義の実践に強い影響を与えた．福田の社会政策学については福田［1922］など参照．

9) 「国民国家構想」という言葉は川田［1985：214；238］などによる．
10) 山下一仁［2018］は，農民自身による「自力進歩」旨とした柳田農政学の意匠を現代日本農業政策に再生させることを目指した力作だが，柳田産業組合論のなかにある「協同相助」と伝統主義の側面をいくぶん軽視している嫌いがある．
11) こうした尊徳像は，たとえば猪瀬［2005］で強調されている．
12) 「保守的自由主義」という思想類型の一般的特徴については，佐藤・中澤［2015：序章］で詳しく論じた．
13) 原資料は小倉武一『日本農業は活き残れるか』（1987年）．
14) 石橋の農業政策は，主に1927年に出版された『新農業政策の提唱』に示されている．並松［2012：第4章第5節］参照．
15) 石橋「先ず功利主義者たれ」からの引用文は，並松［2012：166］からの再引用．
16) この点については，すでに言及した藤井隆至と川田稔の著作以外に，藤井［2008］，川田［2016］も参考になる．
17) この点については，日本の現状に引き寄せて，佐藤［2012：第4章第3節］で詳しく論じた．
18) 保守主義の時間意識については，佐藤［2004：第5章］，佐藤・中澤［2015：序章］でもう少し詳しく論じた．

第4章　文化
「文化的真空」の帰結

1. 関東大震災の衝撃から

　戦前日本の状況を，文化や思想や精神の角度からもう少し掘り下げてみよう．
　桶谷秀昭は，労作『昭和精神史』を，1923（大正12）年の関東大震災が日本人に与えた経済的，社会的，精神的打撃を指摘することから始めている．文芸批評家，桶谷が重視するのはそのなかでも，作家や知識人の精神に与えたダメージであり，それを象徴するものとして，東京というより江戸の下町文化を生涯愛した永井荷風の詩「震災」の一部を引用している［桶谷 1992：10 - 11］．

　　われは明治の児なりけり．
　　或年大地 俄にゆらめき
　　火は都を燬きぬ．
　　柳村先生既になく
　　鴎外漁史も赤姿をかくしぬ．
　　江戸文化の名残 烟となりぬ．
　　明治の文化また灰とはなりぬ．

　詩文のなかの「柳村先生」と「鴎外漁史」とは，それぞれ，荷風が師事した（詩集『海潮音』で有名な）詩人，上田敏と文豪，森鴎外であり，荷風は，震災の衝撃は無論のことだが，その衝撃のなかで，「江戸の名残」が煙となり，「明治の文化」が灰となって消え去っている現実をいまさらながら痛感したというわけである．
　人間の知覚を含めた精神が，中空に浮かんでいるはずがなく，住み慣れた土地や建物や風景や，親しかった人々——要するに人間を取り囲む環境のすべてのなかに「埋め込まれ」ている以上，地震という物理的ショックが，環境の破

壊を通じて，われわれの精神のあり方に深く強く永続的なダメージを与えることは，筆者も，阪神淡路大震災によって生々しく体験したところである．

荷風が，江戸や明治の名残りが刻印された東京の風景の無残な破壊に強烈なショックを受けたのはいうまでもないが，同様の破壊は，少し振り返ってみれば，震災前の平常時から，「文明開化」や「新日本の創造」や，大小種類さまざまなイノベーションによってすでに着々と進行していたのであって，物理的ショックは単にその事実を彼に改めて思い出させたにすぎないともいえる．

桶谷は，そうした事情を「明治国家を生み，それを支えた主体が，大正九年，十年の交に，空洞化したという感覚」[同：10] という言葉で表現している．

実際，明治以来の日本の近代化，西洋化，「文明開化」が無理に無理を重ねた「死の跳躍」[1] であったことは明らかだ．和服と洋服，縦書き文化と横書き文化など文化的・文明的基礎の大きな相違のなかでの「死の跳躍」は，小林秀雄がどこかでいっていたように，涙なくして語ることのない悲喜劇を伴った．鹿鳴館などは，ビゴーの風刺画に端的に示されるように，西洋人の目には「猿まね」にすぎないものに見えたに違いない．

しかし，その屈辱に満ちた近代化の問題も明治国家を建設中は，おそらく「超多忙」のうちにそれほど意識されることはなかった．身の丈に合わない近代化のなかでも，それが西洋列強の植民地化を辛うじて免れ，日本国家の「一身独立」を可能としていることが実感できている限りは問題が気づかれなかったである．

しかし「文明開化」が一段落し一息つき，日清・日露戦争の勝利によって「一等国」と認められた頃から，近代化のほころびがあちらこちらで目立ちだした．特に，経済発展が本格化し加速化した第1次世界大戦後には，労資対立，地方と農業の衰退，経済格差の拡大などが目立ちだし，「近代日本の矛盾」が多くの日本人に明らかになってきた．

しかし，もちろん後戻りは不可能だった．松本健一の言葉を借りれば，「……こういった状況に直面して，人びとが『古き，懐しい』故郷に帰ろうとおもったとき，故郷はすでにどこにもなかった」[松本 1979：i]．

小林秀雄も関東大震災に強烈な打撃を受けた一人だが，その打撃は，震災から10年後の1933年に次のような表白となって現れた．

「いつだったか京都からの帰途，瀧井孝作氏と同車した折だったが，何処

かのトンネルを出たころ，窓越しにチラリと見えた山際の小径を眺めて瀧井氏が突然ひどく感動したので驚いた．あゝいう山道をみると子供の頃の思い出が油然と湧いて来て胸一杯になる，云々と語るのを聞きながら，自分にはわからぬと強く感じた．自分には田舎がわからぬと感じたのではない，自分には第一の故郷も，第二の故郷も，いやそもそも故郷という意味がわからぬと深く感じたのだ．思い出のない処に故郷はない．確乎たる環境が齎す確乎たる印象の数々が，つもりつもって作りあげた強い思い出を持った人でなければ，故郷という言葉の孕む健康な感動はわからないのであろう．そういうものは私の何処を捜しても見つからない」[小林 1933：369]．

2．大衆文化という「文化的真空」

しかし，こうした日本の近代化＝西洋化をめぐる人々，特に知識人の苦悩は，これまで幾分深刻に語られすぎてきたように筆者には思われる．福沢諭吉も漱石も鴎外も荷風も柳田も感じたに違いない苦悩が大げさだとか馬鹿げているというのはまったくない．彼らの苦悩と思索は真摯なものであり，大きな意味を持っている．

しかし，そうした苦悩や葛藤や格闘は何も近代日本に限られたものではない．ロシアや中国やインド，さらにはイスラム諸国などの，革命や植民地化などに彩られ，苦難の道というほかなかった現在も進行中の，多くの非西欧諸国の近代化はさておこう．

かつてオルテガが語ったように，近代日本が模範とした西欧近代自体が，ゲルマンの伝統的文化，すなわち「伝統的な自己の生」を生きてきたヨーロッパ人にとっては外来文化にほかならなかった「模範的なローマの生」，すなわち，ギリシア・ローマ文明とキリスト教を核とした外来文明との間での，長期にわたる苦痛に満ちた「精神的鍛錬」の結果にほかならなかった［オルテガ 1960：201-202］．

ヨーロッパの数百年にわたる近代化の過程が，高々――明治から現在まで数えるとしても――150年ほどの歴史しかもたない日本の近代化の比較対象としてふさわしくないとすれば，18世紀の産業革命とフランス革命を出発点としたヨーロッパの近代化・現代化の過程を参照してもよい．それは，近代日本知

識人がうらやむような「内生的」で「スムーズ」な過程であったかどうか.
　K. ポランニーは，産業革命が 18‑19 世紀のイギリス社会にもたらした悲劇について次のように書いた.

> 「もちろん現実には，社会的惨禍は……主として文化的な現象である.……産業革命——それはイギリス農村地方の大多数の住民を，半世紀足らずのうちに，定住者から所定めぬ放浪者に転化させた経済的な地殻変動であった.……単位が国民であれ階級であれ，過程がいわゆる『文化衝突』から生じようが社会内の階級構成の変化から生じようが，結果は常に自尊心と規範の喪失なのである」[ポランニー 1944 : 214]（一部改訳）.

　ポランニーは，この文章に続いて，自ら建設した「労働者のユートピア」であるべきニュー・ナラーク村の工場労働者を「人間のくず」と称し，その道徳的堕落を批判したロバート・オーウェンの演説を解説して，さらに次のように書いた.

> 「彼（オーウェン——引用者）は……，なぜこのように堕落した烏合の徒となってしまったのかを語ったのであるが，その堕落の原因の真の原因は，彼らが『文化的真空』のなかにあったという以外に適切な表現を見つけだしえなかっただろう」[同 : 215].

　「文化的真空 (cultural vacuum)」とは，産業革命と市場経済の拡張が伝統文化を「悪魔のひき臼」よろしく粉々に引き壊す一方で，それに代わる文化を生み出さないことから生まれる文化の状態である. 残念ながら，「文化的真空」についてポランニーは，さらには彼に続くポランニー研究者の大半は多くを語っていないが，筆者なりに解説すれば次のようになるだろう.
　産業革命すなわちテクノロジーの発展と，それを基礎にした，何でも金銭に還元する市場経済の社会の至る所への拡張が，前近代の家計が担ってきた衣食住の基本的機能，たとえば糸繰機による主婦の紡績を資本主義的機械制工業，つまり工場生産に置き換えるなどしてを家庭から奪い，外注化するなどして，家計と，それを取り囲む農村共同体を，そこで行なわれてきた伝統的道徳規範や文化を弱体化する——これは誰にも実感できる分かりやすい事実だろう.

「文化的真空」についておそらく分かりにくいのは, 伝統文化の破壊はよいとして,「文化」なるものがない状態, つまり「文化的真空」がなぜ生まれるのかという点である. 筆者なりに解釈してみよう.

なるほど,「金銭的絆 (money nexsus)」によって結びつけられ推進されたテクノロジーは, 日々新しい「文化」を生み出しつつある. ラジオの次はテレビが, テレビの次はパソコンなどのIT が, パソコンの次がスマホなどのIT が, IT あるいは CIT の次は AI を基礎とした「society 5」などと, ハイテクを基礎とした新しい文化と文明が次々と現れてくるのは, 18 世紀のイギリスでも, 19 世紀の日本でも, 現在の日本でも同じことであろう.

が, それらの「新しい文化」は, いわば「バブル」「泡」のようなものであり, 伝統文化のような厚みも持続性も欠いている. 今日ここに持っている「文化」, たとえばSNS 文化は明日には古くなり廃棄される運命にあり, その時間間隔が段々短くなっていけば,「いまここの文化」はないに等しいもの, つまり「文化的真空」に等しいものとなる.

震災後の日本に即した「文化的真空」の例としては, 1929 (昭和 4) 年に発売された『東京行進曲』(西條八十作詞, 中山晋平作曲) に象徴される東京の「モダン・ボーイ」と「モダン・ガール」が跋扈する大衆文化を挙げるべきかもしれない.

筒井清忠『西條八十』によれば,

> 昔恋しい銀座の柳
> 仇な年増を誰が知ろ
> ジャズでをどつてリキュルで更けて
> あけりや彼女のなみだあめ

という歌詞で年配の者に有名な曲を評して, 丸山真男は,「昭和初期に流行した『東京行進曲』(に――引用者) は, 歌詞のうちに当時あらわれた大衆文化の象徴がほとんどすべて出揃っている」と述べたという [筒井 2005 : 142][2].

丸山のこの評言には批判や非難の調子は込められていないが, 筒井 [2005 : 138-141] によれば, 官憲は, 東京放送局の放送の前日に,「ラヂオ [で] は真面目な, そして少しも知らぬ若い子女に, 浅草であいびきして小田急で駆落するような文句は, どうも困ると思ったからです」といってこの超ヒット曲の放

送を中止させ，権威主義的インテリは「江戸っ子の面よごし」，左翼インテリは「東京行進曲は逃避的である．そして徹頭徹尾，非階級性である」などといって同曲を強く非難したという．

　筆者は，彼ら，あるいはポランニーのように，都会の大衆文化という「文化的真空」が必ず自尊心の喪失や道徳的退廃をもたらすとは考えない．人々が都会の雑踏のなかで，思い思いに軽やかに生活を楽しむというのは望ましいことだとも考える．

　しかし，自由や軽やかさは雑踏のなかの孤独にも通ずる．彼ら都会人は「烏合の徒」「所定めぬ放浪者」であり，場合によっては，突然破廉恥にも凶暴にもなりうる存在である．「大都市の空間」には，成田龍一が江戸川乱歩の小説「屋根裏の散歩者」を解説しながらいうように，「各地から移動してくる人びと，『遊民（フラヌール）』としてさまよう人びとがみられ，その底流には怨恨（ルサンチマン）が滞留している」[成田 2007：184]．そのルサンチマンは，やがて経済危機や政治危機などをきっかけとして社会の表面に爆発的に浮上してくる可能性を持つ．

　当時の世相を垣間見るには，左翼評論家だった大宅壮一が1930年に出版した『モダン層とモダン相』を挙げてもよいだろう．「モダン層」とは「有識無産階級」，すなわち没落した中産階級の知識人であり，「モダン相」とは彼らを中心としてつくり出された世相，アメリカ直輸入の映画やジャズやスポーツなどの享楽的消費からなる時代の退廃的な雰囲気を指している．大宅は，当時の日本社会を「資本主義末期の社会」と見立てた上で，「モダン相」を次のように表現した．

　　「モダニズムには『昨日』もなければ『明日』もない．あるものはただ人工的刺激によって強く感覚に印象されるせつなが（刹那）があるばかりである．『昨日』は記憶から駆逐（くちく）しなければならない悪夢であり，『明日』はそれ自身なんの魅力をも約束しない沙漠（さばく）である」[大宅 1930：8]．

　鋭敏な大宅の眼には，当時の東京文化はまさに堕落した「文化的真空」に映ったのであり，それは，「有識無産階級」ばかりでなく，日本全土に広がりつつある「砂漠」を意味したわけである．[3)]

　筒井は，『東京行進曲』から4年後の1933（昭和8）年に発売された，同じ西條八十作詞，中山晋平作曲の『東京音頭』を解説して，「自分の生まれた東京

の人を，いちど自分の謡（うた）で賑かに踊らせてみたい」というのが作詞の意図だったという八十の言葉を引きながら，「それは東京の『ふるさと化』現象であった」と卓抜な指摘をしている［筒井 2005：192］．筒井の指摘はおそらく小林の「故郷を失った文学」を知ってのことであろうが，そうして見ると，『東京音頭』はまさに小林の心のなかの「文化的真空」を満たそうとしたことになる．

しかし『東京音頭』は，小林をはじめとする東京人の，都会と農村の大衆の心を十分に満たすことはできなかった．なにより，都会には「モガ・モボ」以外に低賃金と失業にあえぐ多数の労働者が，農村には，「農工価格シェーレ」に苦しみ，娘を人買いに出さざるをえない境涯に追い込まれた農民が多数存在していたのである．

3．「知識人の阿片」としてのマルクス主義

18世紀のイギリスにおいては，こうした「文化的真空」と労働者農民の苦境からの救済を目指して，社会主義運動やナショナリズムや，さまざまな前衛運動や反動が力を増してきた．さらにこうした流れのなかで20世紀には，ロシア革命やナチズムなどの，ポランニー流にいえば「社会の自己防衛」が起こってくるのだが，20世紀初頭の日本でも事情は似たりよったりだった．

桶谷は，こうした思想的運動の典型をマルクス主義に見出して次のように書いている．

> 「思想というとき，ここで最も有力な，持続力をもつのが，マルクス主義であるのはいうまでもない．オイケンもベルグソンもニーチェも，これほどの力をもったことはない．外にソヴェト・ロシア国家の出現と，内に第一次大戦後の好景気のあとの恐慌が，マルクス主義の影響の大きさと持続性をもたらした」［桶谷 1992：15］．

こうした流れのなかで，吉野作造のエリート主義的自由主義あるいは「民本主義」に飽き足らなさと欺瞞を感じた東大生のなかから「新人会」が生まれ，西田幾多郎の深遠ではあるが社会性を欠いた哲学に不満を感じた京大生のなかから，三木清などの「マルクス・ボーイ」が輩出して，昭和前期日本の思想界をリードすることになるのだが，もう一度確認しておきたいのは，「日本近代

化の苦悩と悲劇」を過度に強調するのはやめようということである.

　同様の「苦悩と悲劇」は,資本主義,社会主義,それら以外の体制のいずれの下においてにせよ,日本以外の非西欧諸国にも生じた.というより,日本自身を加害者の一部として,より強い強度と密度と広がりを持って,それらの国々や地域に生じたというのが真実だろう.筆者は,たとえばISの暴力主義やテロリズムに決して同調しないが,彼らがオスマン・トルコ崩壊以来,あるいはそれ以前から,西洋キリスト教諸国から受けてきた侮辱と暴力,侵略と略奪を度外視して,「日本近代化の苦悩と悲劇」を強調するのは犯罪的でもあれば滑稽でもある.

　さらに,近代ヨーロッパ自体が十分悲しみと苦しみに満ちたものだった.筆者は,20年ほど前に,友人たちとドイツのニュールンベルグを訪れた時のことを思い出す.ナチスの党大会が開催され,連合国による裁判が施行されたことで有名なニュールンベルグ駅で汽車を降りると,筆者の気のせいだったかしれないが,街一帯に悲しく落ち込んだ雰囲気が強く感じられた.街の中心にあるプロテスタント教会を訪れると,壁中に戦時期に刻まれた弾痕が残り(保存され),内側の壁一面にナチスの写真が貼られていた.弾痕を補修し写真を撤去することは,ヨーロッパ国際社会から決して許されない行為だという話も聞いた.

　こうしたヨーロッパの苦悩と悲しみは,戦勝国のイギリスの街を歩いていても感じとられることであり,街のあちこちにナチスと戦って,あるいは密通して命を落とした人々,あるいは中世以前から虐げられ殺戮されてきたユダヤ人たちの叫びがこだましているようだった.

　すなわち,野坂昭如流にいえば,西洋人も非西洋人も,近代日本人も「みな悩んで大きくなった」のであり,重要なのは,そうした状況をいかに受けとめるかということなのである.

　戦前日本のマルクス主義に話を戻そう.

　「マルクス主義」といってもさまざまなものがあるが,特筆すべきははやり1922年の日本共産党の結成であろう.山川均などを中心メンバーとして,ソ連の世界組織コミンテルンの日本支部として結成された同党は,天皇制の廃棄を含む日本の暴力革命を目指したが,1923年の第1次共産党事件などによって壊滅的な打撃を受け,1924年に一旦解党されたが,1926年に再建された.

　その過程はもちろん複雑だが,ここで注目したいのは,1926年の日共再建

に主導的役割を果たした福本和夫，いわゆる「福本イズム」で有名な福本の思想である．東大法学部を卒業し，ヨーロッパに留学して，『歴史と階級意識』で有名な G. ルカーチなどと交流しながら，マルクス・エンゲルスの原書を読破するという当時の日本マルクス主義者には稀有な体験を持つ福本は，帰国後，共産主義運動に飛び込み，それまで日本の左翼運動をリードしてきた山川均や河上肇らを徹底的に批判して一躍左翼学生たちのヒーローとなった．「諸過程を過程する」「いかなる過程を過程しつあるか」など，独特のお経のような文体によっても学生たちを魅了したらしい．

「福本イズム」は，前衛党と大衆組織の協同を旨とした温和な「山川イズム」を批判し，前衛党の突出したリーダーシップを強調し，レーニンの『何を為すべきか』に倣（なら）って「結合する前に，一旦分離せよ」をスローガンとした「分離・結合」論などで知られる．当時のすでに「保守化」したスターリン支配下のソ連共産党から危険視され，やがて批判・解任されることになる彼の理論は，おそらくマルクスやレーニンの読解としては世界的にも第一級のものだったのであろう．

ただし，有名な『社会の構成並びに変革の過程』[福本 1926a]などに眼を通した限り，時代や思想などの懸隔（けんかく）のせいか，筆者の場合には，唯物史観を簡潔な図式にまとめ上げる頭の良さに感心したとはいえ，それ以上の感銘を受けることはなかった．現在でも少なからず存在する福本ファンには申し訳ないが，マルクスやエンゲルスからの引用ばかりの初期の作品がなぜあれほどまでに左翼学生を魅了し彼らに衝撃を与えたのか，正確な原書からの引用自体が大変な「業績」だった当時の日本マルクス学の水準を考慮に入れても，筆者には理解しがたいところがある．

この点，すなわち当時の「福本ブーム」の理解に関しては，いいだももの次のような文章の方が正鵠（せいこく）を得ているのではないか．

「『エロ・グロ・ナンセンス時代』でもあった昭和初期，女学生にまで圧倒的人気をもっていた日本人と言えば，妙なとりあわせですが，俗門ではターキーこと水の江滝子さん，聖門では『日本のマルクス』こと福本和夫さん，このふたりにとどめをさすでしょう」［いいだ 1965：72］．

もちろん福本和夫は，単なる偏差値秀才でも，単なる「モダン層あるいはミ

ーハーのアイドル」でもなかった．彼は天皇制の暴力的転覆を目指した非合法活動家でもあり，その思想の根底にはマルクス・レーニン譲りのニヒリズムと裏腹の「革命精神」が隠されていた．

福本は『無産階級の方向転換』のなかで，河上肇の『社会問題研究』の文章を引きながら，次のように手厳しく批判している．

> 「(a) されば，河上博士の『社会問題』の考察態度──『余は，常に社会全体の利益を以って其の中心の標準となすことに依り，或事を主張し或事に反対して居る積りである』(『社会問題研究』第一冊四頁)といい，又『余は，社会問題の根本的解決ということを最後の標準として，一切の社会政策を批判すると同時に，更に人間の道徳的完成ということを最後の最後の標準として，社会問題の根本的解決のための実行手段を是非するであろう．……
> 　人生の目的は各自の道徳的完成にあらねばならぬ．……余は目的のために手段を選ばんとするものである．手段の末の末に至るまで，人生の根本目的に照らして，出来得る限り潔癖的に之を取捨せんとするものである．それ故私は，此叢書に於いても時折人生ということを考えるであろう』……という態度は，全然非マルクス的，非無産者階級的といわなければならぬ」[福本 1926b：78]．

傍点はすべて福本が付けたものであり，当時のマルクス主義者の熱意を感じなくもないが，それにしても，こうした河上批判は色々なことを考えさせる．

河上の「人間の道徳的完成といふことを最後の最後の標準として」「人生の目的は各自の道徳的完成にあらねばならぬ」などの文章には，明治大正期の古ぼけた人格主義や道徳主義が感じとられ，「時代遅れ」の感想を抱かされるが，同時に，それらの文章に徹底的に傍点を付けで批判する福本にも，ある種の「異常な熱意」が感じとられるというか，少なからぬ違和感を覚えざるをえない．

まして「余は目的のために手段を選ばんとするものである」という河上の文章を批判して，そういう態度は，「全然非マルクス的，非無産者階級的といはなければならぬ」として全面否定するとすれば，福本のいう「マルクス的，無産者階級的」，つまり真のマルクス主義とは「目的のためには手段を選ばない」，

プロレタリアート（と人類）の解放のためにはどんな不道徳，反道徳なこと，たとえば「内ゲバ」，大量粛清，大量殺戮をも厭わない思想ということになる．これは，マルクスやレーニン自身の思想といってよいのだろうか．

　しかし，マルクスやレーニンはさておき，多くの社会主義者やマルクス主義者の出発点は，おそらく「富裕な者がいる一方で，多数の貧しい者が苦しんでいる．彼らを救おう」といったヒューマニズム，「古臭いブルジョア道徳」だったのだろう．吉野作造の，善意に溢れてはいるが，眼前に展開しつつある国民の惨状に比べればあまりに微温的な「民本主義」に反旗を翻して，たとえばセツルメント活動に入って行った東大「新人会」の学生たちの原点も，そうしたナイーブな人間主義にあったのではないか．あるいは，学歴エリートたちの「高貴な義務」「ノーブレス・オブリージェ」の実践だったのではないかというべきか．事情は，ドイツでもロシアで中国でも大差なかったのではないかと思われるのである．

　しかし現実に行なわれたことは，ゲーテの「地獄への道は善意で敷き詰められている」ではないが，「悲惨」としかいいようのないものだった．革命戦争のなかで「階級敵」が殺戮されたばかりでなく，革命中，革命後には，スターリン体制化のソ連で，毛沢東指揮下の文化大革命で，西側観察者の数百万人，数千万人が粛正されたという指摘は誇張を含むとしても，多くの人々がまともな裁判もなしに殺戮されたというのは否定できない事実である．

　「貧しく弱い者を救おう」という「天使の志」が，「唯物史観」や「マルクス経済学」という「科学」というフィルターを通って「階級闘争」に転化するなかで，相手がブルジョア，プロレタリアート，農民のいかんを問わず，「階級敵は殺しても構わない」という「悪魔の志」に変わる，道徳が反道徳に反転する．こうした事態を，M. ポランニーは「道徳的反転（moral inversion）」と呼んだ．[4]

　しかし，そもそも，「貧しく弱い者を救おう」というのはよいとして，「すべての人々が自由で平等な社会をつくろう」という志自体に，「病的」といっては語弊があるとすれば「宗教的」ともいえる要素が含まれてはいないか．

　筆者も「すべての人々が自由で平等な社会を——友愛に基づいて——つくろう」というフランス革命由来のスローガンの崇高さと美しさは否定しない．「そんな社会ができたらどんなによいだろう」とも思うが，自分の家族の生活や昇給や年金額の上がり下がりに一喜一憂する自分を顧みる時，思いはため息

に変わる.この卑小な自分という現実と理想との間にギャップがありすぎるのである.そのギャップを,マザー・テレサのように,飛び越えられる人もいるだろうが,そうした人は「聖人」と呼ばれるべきだろう.「すべての人々を幸せにするコンミューンをつくろう」と呼びかける大学教授も,実際の教授会で同席する「あの人,この人とだけはコンミューンをつくるのはご免 被る」と思っているかもしれない.

　第2次世界大戦後のフランスと日本に盛行したマルクス主義を評して「知識人の阿片」といい捨てたのは,フランスの社会哲学者,レイモン・アロンである［アロン 1955］.これはもちろん,マルクスの「宗教は民衆の阿片だ」というテーゼの言い換えである.

　アロンにとって,現実というより,「この自分」の現実を無視してユートピアを語る周囲のマルクス主義者やその――サルトルを含む――同調者は,あの世でのみ実現可能なユートピアをこの世で実現しようとする,「世俗的な宗教者」に見えた.拙著『市場社会のブラックホール』［1990：第5章第2節］での言葉を使えば,彼らは,真正の宗教の「あの世未来主義」をこの世に誤って適用しようとした「この世未来主義者」だった.アロンにとっては,世界のマルクス主義者の多くは,「この世未来主義」を実践しようとした疑似宗教者だったのである.

　マルクスレーニン主義の背後にある種の宗教性を見る議論は少なくない.上で触れたマイケル・ポランニーの「道徳的反転理論」も,マルクスレーニン主義が,キリスト教の聖書に貫通する「キリスト教メシア信仰」を背後に隠し持っていることを強調している.イギリスの思想史研究家,G.グレイも,マルクスレーニン主義が,この世の一切の悪を一掃し,善に満ちた世界に更新しようという,新約聖書の「ヨハネの黙示録」の現代的表現にほかならないと断定して憚らない［Gray 2007］.[5]

　戦前日本の,福本をはじめとするマルクス主義者や日本共産党関係者に,アロンらの議論をそのまま適用するのはもちろん無理だが,彼らの言動に,「あの世」でのみ実現可能な世界を「この世」で実現しようという,絶対に不可能な企てを志したという意味で,ある種の「宗教性」を感じとるのは不可能なことではない.

　あるいは次のようにもいえるかもしれない.戦前日本の前衛たちは,「文明開化」と経済生活の近代化と改善と裏腹となって生まれた,「主体の空洞化」

あるいは「文化的真空」がもたらす「漠然とした不安」からの精神的な救済をマルクス主義に求めたのだと．

　福本個人の思想や内面性については不明な点も多い．彼の『非合法時代の思い出』[1962] などを読んでも，私的な事柄についてはほとんど書かれていないので，マルクス研究はともかく，どういうきっかけで非合法活動に入っていったのかなどについて情報を得ることは難しい．

　したがって，この点に関する判断は今後の課題としたいが，「福本イズム現象」や「福本ブーム」をもたらした人々や状況については，大宅やいいだの議論が正確なように思われる．「福本イズム現象」や「福本ブーム」は，大正〜昭和期日本の「文化的真空」の病を——疑似的に——癒す「知識人の阿片」の吸引がもたらしたものであり，それは「水の江滝子ブーム」にも比肩すべき文化現象だった．寺出道雄は，アヴァンギャルドとしての山田盛太郎を論じた優れた著作『山田盛太郎』のなかで，昭和恐慌以降の時代を「マルクス主義文化とエロ・グロ・ナンセンス文化の並存の時代」[寺出 2008：130] と特徴づけたが，二つの文化には，確かに，「文化的真空」という共通のルーツがある．

　福本和夫の軌跡を追ってきて興味深いのは，1928 年に 3・15 事件で検挙・投獄され，14 年間に及ぶ獄中生活を送って出所したあと，頻繁に柳田国男と接触していることである．

　実際，柳田の『炭焼日記』の昭和 19（1944）年に次のような記述がある．

「三月二十七日　月よう　和日　風やや冷かなり
　……
　るす中福本邦雄君来，和夫君の息子，本をもって来る」[柳田 1958：202].

「三月三十日　木よう　漸晴　寒し
　……
　福本邦雄君来，父の為に『御蔭参り』の資料を借りて行く」[同：203].

「四月十六日　日よう　晴　風冷なり
　……
　福本邦雄君来，父の為に本をかえし又，『服装語彙』かりて行く」[同：211].

「五月二十八日　日よう　晴
……
福本の子，本を返しに来る」［同：228］．

　要するに，出獄した福本和夫が，息子邦雄を介して，頻繁に柳田に本を借りに来たということである．福本は，獄中期間から芸術史や科学技術史などを研究し始め，それが戦後になってからの『北斎と印象派・立体派の人々』『日本ルネッサンス試論』『カラクリ技術史：捕鯨史』などの一連の著作となって現れるので，それらの仕事に関する資料や文献を柳田に借用したのだろうが，それ以上のことは分からない．『柳田国男の後継者　福本和夫』という名の本［清水 2014］も書かれており，マルクス主義者やマルクス主義からの転向者の幾人か柳田民俗学に接近したという話も聞くので，戦中・戦後期の福本と柳田の関連は筆者が知る以上に深いのかもしれない．福本をはじめとする——かつてのマルクス主義者も含めて——マルクス主義者が，自分の精神の空白を柳田民俗学によって埋めようとしたのではないかという空想にも駆られるが，これらの点についての考察は今後の課題としなければならない．[6)]

4．「国への一撃（クーデタ）」の思想

　それなりの独創性に恵まれていたにせよ，所詮は外来思想と運動を研究し実践したにすぎなかったマルクス主義者に比べれば，「日本ファシズム」のイデオローグとされた人々の思想はさすがに日本の土壌により根づいているように見える．

　たとえば，犬養首相の殺害などで有名な5・15事件（1932年）の参加者であり，思想的背景の一つを与えた農本主義者，橘孝三郎は，立身出世の窓口であった一高を周囲の反対を振り切って中退し，郷里に戻って，R.オーウェンあるいは武者小路実篤よろしく，家族愛と同胞愛に燃えて自給的農業を営む「兄弟村」をつくり発展させた（1918年）．さらに1929年には，広域団体，愛郷会をつくって農民の啓蒙教育，農民組合運動，共済活動などの推進に尽力した．[7)]

　意外なことに，兄弟村のモデルは畜産を柱の一つとしたデンマーク農業であり，橘の学識は，オーウエンはもちろん，ベルグソン，マルクス，キリスト教など西洋文化の精髄を吸収したものだったが，その原点はあくまで日本農業の

現実，より具体的には兄弟村などでの実地体験にあり，その観点から外来思想も容赦なく批判した．たとえばマルクス主義を，階級分化以前の「家族的独立小農」あるいは「夫婦共稼ぎの農家」［橘 1932：46］を今後も基礎とせざるをえない日本農業の実態にそぐわない思想として強く批判した．

橘は，同時に，北一輝の『日本国改造法案』なども農業への無知や農業の軽視などの点で批判した．実践者，橘の日本農業振興策は，あくまでデンマークなどの例を参照しつつも日本の現実に根差したものでなければならなかった．もっともその振興策は，『日本愛国革新本義』に示された国民経済改革プランを読む限り，「国民社会的計画経済による新国民社会的経済組織」［橘 1932：8］や「愛国同胞主義」［同：9］の抽象的スローガンを掲げる一方で，柳田国男の「中農養成策」のような具体的で合理的な改革案を欠くものであり，経済学的批判に耐えるものではない．しかし彼の本領は，社会経済思想の提示ではなく，農村での具体的実践活動にあり，この点に関しては，保阪正康『五・一五事件』［1974］の記述による限り，心打たれるものがある．もちろん，彼の天皇に対する敬愛の念は生涯を通して変わらなかった．

人物に関しては，時折宗教的霊感に襲われるなど特異な面もあったが，基本的に穏やかで人情に厚い人柄であり，橘個人も愛郷会も地域社会や自治体役人から敬愛されたという．

その橘が，突然，海軍将校と接触を始め，首相狙撃や発電所襲撃などからなる5・15事件という「国への一撃」の立役者の一人となる．この不連続性が多くの研究者を当惑させることになるのだが，そのきっかけが農業恐慌（1930-1931年）だったことは間違いない．もちろん日本農業はそれ以前から慢性的経済苦境にあったのだが，恐慌のショックがクーデタの引き金となったのである．

しかし，博識ばかりでなく鋭敏な感覚に恵まれた知識人だった橘には，もう少し深刻な思想的苦悩もあったようである．5・15事件のわずか10日前に脱稿された『日本愛国革新本義』の冒頭には次のような文章が書かれている．

　「どっからどこまでくさり果ててしまった．どっからどこまで困りはててしまった．全体祖国日本は何処へ行く，我々はどうなる．――祖国日本は亡びるというのか．我々はどうにもこうにもならんというのか」［橘 1932：序］．

この場合の「くさり果ててしまった」ものに当時の財閥や大地主や政党が含まれるのはいうまでもないが，意外なことに，橘が愛してやまなかった日本農民も含まれていた．

橘は『本義』のなかで，汽車の車中で乗り合わせた純朴そのものな村の年寄りの一団の会話を思い出してこう記録し，彼らに同情しつつも嘆いている．

「『どうせなついでに早く日米戦争でもおっぱじまればいいのに．』……『……どうせまけたって構ったものじゃねえ．一戦争のるかそるかやっつけることだ．勝てば勿論こっちのものだ，思う存分金をひったくる……』」[同：76]．

丸山真男はかつて「日本ファシズム」のイデオロギー的特徴の一つとして農本主義を挙げたことがあり [丸山 1947]，橘の思想もやはりある種の農本主義といわざるをえないが，彼の「農本主義」は，多くの日本人に共有されたものではなかった．彼ら，特に日本農民の少なからぬ部分は，やむをえない事情があったにせよ，「農」や「伝統」よりむしろ「金」や「戦争」を愛しており，橘の目には「どっからどこまでくさり果ててしまった」者たちに見えたのである．

実際，第1章でも指摘したように，戦前日本あるいは戦前昭和期の日本農村はわれわれの予想以上に「都市化」され「大衆社会化」していた．板垣邦子の言葉を借りれば，当時の農村には「都市的（消費主義的・個人主義的）モダニズム」が急速に浸透しつつあった [板垣 1992：288]．

ここでの「モダニズム」が『東京行進曲』のモダニズム，あるいは大宅壮一の「モダン相」を表していることはいうまでもない．してみると，橘が「国への一撃」を決意した，桶谷の言葉を借りれば「デスペレエトな決意」[桶谷 1992：147] をした理由の一部は，日本農村の経済的困窮と一つになった戦前日本の大衆文化への憤りということになる．

帝大出のマルクス主義者が，大衆社会に生きる自らの精神の空洞＝ブラックホールを暴力革命によって満たそうとしたとすれば，帝大出の栄達を断念した農本主義者は，農民精神のなかに広がりつつあったブラックホールに怒り戦き，クーデタに推参したのである．

5・15といえば2・26事件にも触れなければならない．

同事件の「黒幕」として処刑された北一輝は，橘より10歳ほど年上の明治

人であった．が，興味深いことに，彼は，明治 39（1906）年に出版した『国体論及び純正社会主義』において，明治憲法と国体論を，天皇を頂点とした国民によって近代民主主義国家を創設しようとしていた明治維新の精神を，「万世一系の天皇制」などという時代錯誤な復古主義によって台なしにしてしまった代物だとして激しく批判し，同書は当然のことながら発禁処分を受ける．板野潤治はこの時期の，すなわち若き日の北を，議会主義を通して漸進的な社会主義の実現を目指した「広義の社会民主主義者」として賞賛している［坂野 2005：200］．

　しかし，古屋哲夫の「北一輝論」［1973-1977(5)：153］によれば，中国大陸に渡り，辛亥革命に参加するなどして日本に帰国した北のスタンスは大きく変わった．『支那革命外史』［北 1921］での「武断主義」への傾斜からも分かるように，この頃以降の北の言説からは，議会主義に基づいた平和的な天皇制社会民主主義の実現というテーマは影を潜めて，軍事的色彩が強まり，その流れが 1923 年の削除だらけで出版された『日本改造法案大綱』となって結実することになる．

　元の姿になって出版された『法案』（西田税版）を読むと，それが「国民の天皇を頂いた軍事的クーデタ」の計画書であることが明白となる．天皇大権に基づく 3 年間の憲法停止と戒厳令の下での，財閥解体，私有財産制度の制約，労働者農民や女性の権利の擁護，オーストラリアとシベリアの戦争による獲得などからなる，この計画書は戦前右翼や軍国主義，さらには「革新官僚」岸信介などのバイブルとなった．そればかりでなく，達成手段はともかく，達成目的に疑いなく民主主義的内容が含まれていることから，よく知られているように，敗戦期の GHQ 主導の憲法改正の手本の一つともなった．

　『国体論』から『改造法案』への，平和的議会主義からクーデタによる社会主義への北の変化が何によるものかは，昭和に入ってからは，『法華経』の読誦三昧の日々を送り，「……益々世の中に対して厭世的な様な考を懐いて，自分の行くべき途は祈りの途であり，神秘の世界であると信じまして，益々訪客を謝絶して専心信仰の就業を努めて居りました」（北「警視庁聴取書」．桶谷［1992：310］からの再引用）と述懐する北の動静からは分からない．

　しかし，『改造法案』冒頭の次の文章からは，読経する北の胸中に，政財界の支配者が私利私欲をむさぼる一方で，国民の大多数が，天皇を頂く社会主義の建設に努力するどころか，第一次大戦後のロシアやドイツの革命運動を真似

て国家破壊に邁進する（と北に見えた）当時の日本の現状への深く強い絶望感や危機感や憤りが渦巻いていたことは間違いない．

　「今ヤ大日本帝国ハ内憂外患並ビ到ラントスル有史未曾有ノ国難ニ臨メリ．国民ノ大多数ハ生活ノ不安ニ襲ワレテ一ニ欧州諸国破壊ノ跡ニ学バントシ，政権軍権財権ヲ私セル者ハ只龍袖ニ陰レテ惶々其ノ不義ヲ維持セントス」
　［北 1926：「緒言」369］．

　古屋は，『改造法案』が議会主義を捨てた理由を推測して，北が，目の当たりにする議会を「『経済的諸侯』とその『私兵』の拠点と化した」［古屋 1973-1977(5)：155］，すなわち，帝国議会が，私利私欲を追求する財閥や大地主と，彼らの支配下にある国民大衆の駆け引きの場にすぎないものになったと見なしたのではないかと書いている．
　こうした政党政治への失望感は，当時の多くの人々に共有されており，特に珍しいものではないが，北のような「天皇制社会民主主義者」にとって特に腹立たしかったものには，ロシアやドイツの革命運動を直輸入して天皇制打倒を企てる日本共産党と，その追随者はもちろん，やがて『東京行進曲』と『東京音頭』に乱舞することになる「遊民」あるいは「モダン層」たち，要するに「大衆」という「経済的諸侯の私兵」の群も含まれていたのではないか．
　それにしても北一輝とは，橘以上に不思議で奇怪な人である．橘の場合は，少なくともクーデタに飛躍する直前までは足が地に着いていた．しかし，北の場合は，そもそも何で生計を立てていたのか分からない．大陸にあっても日本にあっても，彼は浪人だったというより，彼もまた「遊民」だったのではないか．
　しかし，浪人でも生活できており活動を続けていたのは，何かの資金源があったはずである．桶谷によれば，昭和に入ってからは，読経三昧の日々のなかで，「右翼の黒幕」として重きを置き，金解禁時の三井銀行のドル買いに怒った右翼団体を鎮静させる仲立ちとして，三井財閥から年に（当時の金で）2万円，5・15事件後は，2万円のほかに，中国に渡る旅費として，1933年の血盟団事件で殺された団琢磨の後継者，また「財閥の転向」の主導者として有名な三井合名会社の池田成彬から5000円を2度に渡ってもらっている［桶谷 1992：310］．
　当時の大卒の初月給を50円，現在の大卒初月給を20万円とし，その比率を

貨幣価値の差として計算すると――無論，この種の計算は前提次第で大きく結果が異なってくるので，あくまで大雑把な目安にすぎないが――，2万円は，現在価値に直して8000万円ほどとなる．さらに，北は，カネを請求し出すと，相手に受け入れられるまで何度も執拗に電話をかけ続けたというから，相当な「変人」だったことは間違いない．

場合によっては，戦後民主主義の先取りとしても評価されることもある北の「社会民主主義」にも，もう一言しておこう．

『改造法案』には，すでに見たように，達成手段はともかく，華族制度の廃止，普通選挙の施行，治安警察法や新聞紙条例などの廃止による国民の自由の回復，一定額以上の私有財産，企業活動，私有地の国家による没収と管理，労働時間の制限，借地農業者の保護，女性や児童の権利の擁護などの「民主的な」要素が含まれている．

また私有財産などの制限といっても，「自由ノ物質的基礎ヲ保証ス」［北 1926：380］「……民主的個人ノ人格的基礎ハ則チ其ノ私有財産ナリ」［同：381］などの言葉からも分かるように，国家によって課せられる制約はそれほど大きなものでなく――個人の私有財産の場合の上限は，上の換算率を適用すれば今日の120億円ほどに当たる300万円という，かなりの富裕層をターゲットとした水準に設定されており――それ以下の金額の財産，企業活動，私有地は個人の自由に任せるというものだった．それらの経済的自由は「民主的個人の人格的基礎」として尊重されるのである．

松本健一は，私有財産制の全面的廃止と国家による計画経済を目標とした共産主義革命と大きく異なる北の国家社会主義構想の高く評価されるべき特徴だとし，「かれらが自由に生きることの出来る国家に改造しなければならない，というのが，北の革命的な国家構想である」［松本 2004：241］と書いて，その自由主義的側面を強調した．

しかし，古屋が「在郷軍人ハ嘗テ兵役ニ服シタル点ニ於テ国民タル義務ヲ最モ多大ニ果シタルノミナラズ其ノ間ノ愛国的常識ハ国民ノ完全ナル中堅タリ得ベシ．且其ノ大多数ハ農民ト労働者ナルガ故ニ同時ニ国家ノ健全ナル労働階級ナリ」［北 1926：384］などの文章に注目しながら指摘しているように，北の国家構想には，クーデタの一時的担い手としてだけでなく，クーデタ後の定常的な国家経営に関しても，現役と退役を問わず軍人を重視する，いわば「軍にならって国をつくる」という軍事国家観の傾向が少なからず看取される［古屋

1973-1977(5):158-159].

　この傾向は『改造法案』にだけ見られるわけではない．平和的議会主義をとっていた『国体論』の次のような文章，坂野潤治が「迫力のある普通選挙論」[坂野 2005：200] として激賞している次のような文章にも，北思想の軍事主義的・国家主義的色彩が濃厚に現れている．

> 「——わが愛国者よ答弁せよ！　爾等(なんじら)は国家の部分として，国家の他の部分の生存進化の為(た)めに，笑(え)みて以(もっ)て犠牲となりき．……『国家の為め』とは国家の上層の部分の為めのみならずして等しく国家の部分たる爾等の妻子の為めをも含まざりしか．……而(しこう)して，凡(すべ)ての犠牲たるべき義務は，凡てが目的たるべき権利を意味す．……『国家』の声に眠(ねむり)を破られたる国民が満州の野より血染(ちぞめ)の服を以て進撃し来るとき，而して（日本国内にある国民もまた——引用者）進撃軍を歓迎して進軍に加わるべく用意しつゝあるとき，尚且(なおか)つ普通選挙尚早論を唱え得るや」[北 1906：391-392]．

　この文章の差し当たりの意味は，日露戦争時の日本兵士のように，文字通り命がけで兵役義務を果たした者が参政権を要求するのは当然だということだが，その場合の大前提は各人が兵役義務をきちんと果たすことである．こうした主張に，筆者は反対しない．民主主義への参加の権利と，兵役をはじめとする民主主義に対する義務がワンセットになっていると考えるのは当然のことだろう．自由主義国家を守るためにも，時には手に銃をとってテロリストや独裁国家と戦うことが必要なのである．

　問題なのは，北国家論の民主主義的側面と自由主義的側面，特に後者と「国家の部分として，国家の他の部分の生存進化の為に，笑みで以て犠牲となりき云々」という軍事主義的・国家主義的側面の関連が説得的に示されていない，というより，北には両側面の矛盾が明確に意識されておらず，結果として何の説明もされていないという点だ．北が夢想するクーデタ後の日本では，「民主的個人」と「軍事」，「自由」と「国家」がのっぺりとつながっている．とすれば，彼もまた立派なユートピア主義者だったということになりはしないか．

　橘孝三郎とともに5・15事件に連座し，北とも交流があり，「吾等(われら)の手に在(あ)る剣(つるぎ)は双刃の剣である．其(その)剣は，亜細亜に漲(みなぎ)る不義に対して峻厳(しゅんげん)なると同時に，日本に巣喰う邪悪に対して更に秋霜烈日(しゅうそうれつじつ)の如し」[大川 1922：7] と書いて，

テロリズムによる日本の改革とアジアの復興あるいは解放を目指した大川周明についても何か書きたいところだが，本書では省略する．理由は筆者の準備が不足しているからであり，また，イスラム研究にまで及んでいた彼の思想に興味ある点があるには違いないが，革命にせよテロにせよ，暴力によって状況を突破しようとする者たちの思想には，なにがしかの短絡と欠陥が垣間見えると思うからでもある．

いずれにしても，クーデタの思想家たちも，自分の外部の，自分の内部の大衆社会に苛立ち，失敗が約束されていたとすれば，大衆社会に生きざるをえないわれわれの問題の解決は一筋縄ではいかないということであろう．

5．「近代の超克」

自分の内外の大衆社会や大衆文化，さらにそれらをもたらした「近代化」という名の西洋文化への苛立ちを表明し闘ったのは，クーデタの思想家たちに限らない．それの一つのモニュメントは，太平洋戦争勃発直後（1942年7月）に雑誌『文学界』の主催で行なわれ，同誌に収録された，有名な座談会「近代の超克」であろう［河上ほか 1943/1959］．

座談会の出席者は，当時の所属や専攻などを付して書けば，西谷啓治（京都帝大，哲学），諸井三郎（東京音楽学校，音楽），鈴木成高（京都帝大，歴史），菊池正士（大阪帝大，物理学）下村寅太郎（東京文理大，哲学），吉満義彦（上智大，神学），小林秀雄（明大，文学界同人），亀井勝一郎（文学界同人），林房雄（文学界同人），三好達治（明大，文学界同人），津村秀夫（朝日新聞記者，映画），中村光夫（文学界同人），河上徹太郎（文学界同人）の13名だった．座談会に先立って，小林を除く12名の「基調報告」論文が提出されたが，座談会が単行本になる時点で鈴木論文は収録から除外された．

それにしても豪華な顔ぶれである．出身大学を見ると皆例外なく，東大，京大など旧帝国大学の出身であり，当時の日本の最高の知識人（のもちろん一部）による座談会といってよい．

座談会は生き生きとして面白いが，どうしても舌足らずのところが残るから，まず提出論文に眼を通すと，亀井の「現代精神に関する覚書」［河上ほか 1943/1959 : 4-17］には，「現代の危機について私の最も憂いとするところは，言葉に対する労苦と敏感な心の衰えつゝあることである」「我々の筆蹟が驚くほど低

下した」「啓蒙意識とスローガンの濫用」「(表現の——引用者) 露骨化」「(感受性の退廃に拍車をかけるものとしての——引用者) 映画と写真術の進歩」「機械の発達による速度の急激な増加」がもたらす「精神の滅亡」の予感，など，津村の「何を破るべきか」[同：118 - 136] には，大正時代に流行した「文化住宅」「文化ドンブリ」「文化サルマタ」「文化コンロ」などを評した「……如何に日本がアメリカ物質文明の悪影響を受けたかは明瞭である」「……このアメリカニズムを如何に克服するかという課題」などの言葉や文章が目につく.

亀井や津村は，「近代文明」「西洋文明」というより，その末裔のアメリカ文明や大衆文化に腹を立て危機感を募らせているようだ．彼らが今の日本にタイムマシーンで降り立ったら，即座に憤死することだろう．

さすがに，西谷の「『近代の超克』」私論」[同：18 - 37] には，視野をはるかにヨーロッパ近代の開始期まで広げて，それ以来ヨーロッパを覆った「宗教改革とルネッサンスと自然科学の成立という三つの運動」，「科学の視野にも這入って来得ない唯一のもの」つまり人間主体を捉えうる「主体的無の立場」，「主体的無の立場」に立脚した「東洋的な自由主義」，「……いわゆる（西洋的——引用者）自由主義に於ては，それは私益追求のために努められたのである．然るに今やそれは滅私奉公という如き，最も根本的な国民倫理の精神によって貫かれねばならぬ」，「道徳的エネルギー」など，おそらく西田幾多郎譲りの高邁な言葉が目につく．

「主体的無の立場」が「滅私奉公」につなげられたり，「西洋的自由主義」が「私益追求のために努められた」などの文章に接すると，京都学派の哲学も意外に底が浅い，彼等はアダム・スミスの『道徳感情論』を読んだのだろうかなどと野次を飛ばしたくなるが，京都の哲学に当時の日本で最も深く考えられた哲学の一端が顔をのぞかせていることは間違いない．彼等は，「大東亜戦争の応援」などというケチな根性とは無縁のところで長期にわたる研鑽を積み重ねた上で，「西洋の超克」と「東洋の復権」のための哲学を語ったのである．

座談会のホスト役の中村光夫の「『近代』への疑惑」[河上ほか 1943/1959：150 - 164] には，意外に，亀井，津村，西谷らとかなり違うニュアンスが感じられる．彼もまた「西洋近代」を疑っているのだが，同時に日本人による疑い方をも疑っているように見える．すなわち「古典復活を説き，歴史と伝統を説く人々に間にもこういう精神の不具合は数多く見出されるのである．いわば彼等はかって西洋を担いだと同じような調子で我国の古典を担いでいる」「……今

更西洋文化を排斥して見たところでこの病弊の根本は救われまい」などの文章がその証拠である．

　しかし「座談会」は「座談会」，「報告」は「報告」にすぎない．戦後になってからこの『文学界』の特集を論評した竹内好は，この座談会の人間構成を「文学界」グループ，「日本ロマン派」，「京都学派」の3グループに分け，出席者のなかでは，西谷と鈴木が「京都学派」，「日本ロマン派」は強いて挙げれば亀井だが，本来は，保田与重郎が出席すべきだったと書いている．またホストの「文学界」グループのここでの代表としては，中村と下村を挙げ，小林は，「文学界」と「日本ロマン派」の紙一重の境目にあるとした［同：288‐289］．

　こうした分類は，竹内自身も苦労しているようにきわめて難しいので，ここでは，筆者の独断と好みに応じて，「日本ロマン派」の代表者としての保田与重郎と，「京都学派」の重鎮としての西田幾多郎と，「文学界」グループと「日本ロマン派」の境目にあるとされた小林秀雄についてだけ私見を述べたい．[10]

　保田与重郎について読んだり考えたりする時，筆者が主に参照するのは橋川文三の『日本浪漫派批判序説』［1960］である．といっても，橋川の日本ロマン派論は，単なる「批判」ではなく，保田の「イロニー」論に一高生時代の自分が嵌り込んだ経験を振り返りながらの「温かい」内在的批判である．

　その橋川は，「私は，日本ロマン派の起源は，精神史上の事件としての満州事変にさかのぼると思う」［橋川1960：33］と書いて，1940年に発表された保田の文章「『満州国皇帝に捧げる曲』について」から長文の引用を行なっている．その一部を再引用してみよう．

> 「満州事変がその世界観的純潔さを以て心ゆさぶった対象は，我々の同時代の青年たちの一部だった．その時代の一等最後のようなマルクス主義的だった学生は，転向と言った形でなく，政治的なもののどのような汚れもうけない形で，もっと素直にこの新しい世界観の表現にうたれた．……『満州国』は今なお，フランス共和国，ソヴェート連邦以降初めての，別個に新しい果敢な文明理想とその世界観の表現である」（橋川［1960：33‐34］からの再引用．傍点，橋川）．

　保田のこれらの文章を解説して，橋川は次のように書いた．

「ここで，私のひそかな仮説をいえば，私は，日本ロマン派は，前期共産主義の理論と運動に初めから随伴したある革命的なレゾナンツ（resonanz, 共鳴あるいは共振——引用者）であり，結果として一種の倒錯的な革命方式に収斂(しゅうれん)したものにすぎないのではないかと考えている．……少なくとも，現実的に見て，福本イズムに象徴される共産主義運動が政治的に無効であったことと，日本ロマン派が同じく政治的に無効であったこととは，正に等価であるというほかはないのではないか？ いずれもが，大戦後の急激な大衆的疎外現象——いわゆるマス化・アトマイゼーションをともなう二重の疎外に対応するための応急な『過激ロマン主義』の流れであったことは否定できないのではないか？」［橋川 1960：37-38］．

橋川の「仮設」が正しいとすれば，「日本ロマン派」は，「ロマン層」における福本イズムに象徴される前期共産主義の「革命的なレゾナンツ」，すなわち，「左」へ「右」へと激しく振動する革命運動の「右」への共振運動だったことになる．それを「倒錯的な革命方式」と橋川がいうのは，「日本ロマン派」が，「嘲笑（Persiflage）そのものである」とさえ特徴づけられることもある，ドイツロマン派の「イロニー」の手法を借用していたからにほかならない［同：47］．

「イロニー」とは，「皮肉」とも「倒語」とも訳されうるが，いずれにしても，現実世界に絶望した人間が，言葉の上で，観念のなかだけで，現実と自分を嘲り否定し，幻想のなかに逃げ込む行為である．橋川によれば，保田が逃げ込んだ幻想は「理想の満州国」や「万葉集の世界」だったわけだが，それは，福本和夫らが逃げ込んだ「すべての人間が解放され共産主義社会」の等価物だったわけである．

筆者には，橋川の「仮設」は，きわめて真っ当な，今のところ現実による反証を免れた仮説であるように思われる．それというのも，それらの「革命的なレゾナンツ」とともに「政治的に無効」であったばかりでなく，日本に限っても数百万人の命を，その少なからぬ部分が無能で無責任な大本営の命令によって奪った，文字通りの「幻想」であったからである．

それにしても，いくら文学的な作法の一つに則ったものとはいえ，次のような保田の文章の「自虐趣味」は何とかならないものだろうか．そこには，『東京行進曲』に踊り狂う「モガ・モボ・エロ・グロ・ナンセンス」の品位を欠いた「レゾナンス」しか感じとれない．

「この数年間の文学の動きは，合理から合理を追うてある型を出られぬ『知性』がどんな形で同一の堕落形式をくりかえすかを知る一つの標本的適例であつた．そんな時に於いて，己の退廃の形式をまづ予想した文学運動があらねばならないとすれば，日本浪漫派などはその唯一のものであろう．この意識過剰の文学運動は，従って，今日から云つても，旧時代の没落を飾る最後のものとして十分なデカダンスである」[保田 1939：7].

「デカダンス」は，やはり自分の胸の奥底に隠しておくべきものだろう．

西田幾多郎については，「悲しみ」は感じられても，「デカダンス」はまったく感じられない．筆者は，意外に思われるかしれないが，若い時から西田を読んできた．『善の研究』に傍線をたくさん引いていたのを発見して，我ながらびっくりするほどである．そこに何より感じられるのは，ただならぬ宗教性と，「暗黙知」でしかありえない知識を言語化しようとするただならぬ気迫である．晩年になって到達した時間論，「永遠の今」に関する議論などは——繰り返しの多さに閉口するとはいえ——ただ傾聴するばかりである．

本物の学者の常として，彼もまたあるタイプの自由主義者だったのだと筆者は思う．思索の命は「自由に考える」ということであり，結論が定められた問題なぞ，研究者の興味を引くはずがないからである．

しかし，その希代の碩学(せきがく)が次のような文章を書く時，筆者は，ある種の痛ましさを感じざるをえない．

「我国体は単に所謂(いわゆる)全体主義ではない．皇室は過去未来を包む絶対現在として，皇室が我々の世界の始(はじまり)であり終(おわり)である．皇室を中心として一つの歴史的世界を形成し来たった所に，万世一系のわが国体の精華があるのである．わが国の皇室は単に一つの民族的国家の中心と云うだけでない．我国(わが)の皇道には，八紘為宇(はっこういう)の世界形成の原理が含まれて居るのである」[西田 1943：430].

筆者が「世界新秩序の新秩序」のこうした文章に痛ましさを感じるのは，当時の欧米やアジア諸国の政治経済情勢，あるいは日本のそれについてすら事情に疎(うと)かったはずの西田が，なぜこうした「皇道」や「八紘為宇」を美化した文章を書かなければならなかったのかという疑問に基づいている．

確かに，上田閑照がいうように，西田は，日露戦争の頃から武力による対外進出には一貫して反対であり，「世界新秩序の原理」執筆当時の命すら狙われない状況のなかで，「皇室」「皇道」「八紘為宇」などの言葉に関する「意味の争奪戦」を行っていたのかもしれない［上田 1995：206-210］.

また大橋良介がいうように，この論文の執筆には，西田の激怒を買うような海軍からの執拗な圧力がかかり，2度にわたる海軍関係者による改変が行なわれたのかもしれない［大橋 2001：第1部第1章］. 上の引用文は，1966年に発行された『西田幾多郎全集』からのものだが，ここにも「皇道主義」を嫌っていた西田の意図に反した，何かの改変があるのかもしれない.

しかし「世界新秩序の原理」の原稿はともかく一旦西田自身によって書かれたのであり，筆者が「痛ましい」とするのは——こういっては失礼だが——現実の日本と世界の具体的情勢に関しては「赤子」同然の西田がなぜそうした仕事を引き受けたのかと訝かるからである. きっぱり断って座禅を組んでいた方が，蹟学にはふさわしかったのではないかと思うからである. 事実，この時期の日本の対外進出や戦争について，柳田国男や小林秀雄のように沈黙を守った人々が存在した.

小林秀雄についても，筆者は，高校時代から現在に至るまで結構数多くの作品を読んできた. 最初に読んだのは，昭和17（1942）年発表の「無常という事」だった. 一番短くて読みやすそうだと勘違いしたからではなかったか.

もちろん意味は読みとりにくい. 最近になって読み返してみても，面目ないが，よく読めたという自信が湧いてこない. しかし，昔も今も，何かすごいことを書いているようだという，強烈な読後感だけは変わらない.

「無常ということ」は，「或云，比叡の御社に，いつわりてかんなぎのまねしたるなま女房の……」［小林 1942c：357］という『一言芳談抄』からの長い引用に始まり，「確かに空想なぞしてはいなかった」［同：358］という格好いいフレーズを挟んで，「生きている人間などというものは，どうも仕方ない代物だな……」［同：359］と川端康成に話した思い出が語られ，最後は以下の文章で結ばれる.

「上手に思い出す事は非常に難かしい. だが，それが，過去から未来に向かって飴の様に延びた時間といふ蒼ざめた思想（僕にはそれは現代に於ける最大の妄想と思われるが）から逃れる唯一の本当に有効なやり方の様に思える.

成功の期はあるのだ．この世は無常とは決して仏説という様なものではあるまい．それは幾時如何なる時代でも，人間の置かれる一種の動物的状態である．現代人には，鎌倉時代の何処かのなま女房ほどにも，無常という事がわかっていない．常なるものを見失ったからである」[同：360]．

「過去から未来に向かって飴の様に延びた時間」とは，プロレタリア文学と戦った小林にとっては，とりあえずは，「古代」→「封建時代」→「近代（のブルジョア社会）」→「未来（の共産主義社会）」という唯物史観の発展図式に込められた時間意識だろうが，その背後にはキリスト教起源の現代の進歩主義的時間意識がある．しかし「知識人の阿片」やキリスト教を信じることをやめた，あるいはそれらと無縁な現代人の時間意識は，むしろ万事を変化の相，「モダン相」の下において見るという，前章末尾で触れたガダマーのいわゆる「歴史意識」にほかならないといった方が正確だろう．

「歴史意識」に囚われ呪われた現代人は，なぜ「上手に思い出す事」ができなくなるのか．「思い出す」手がかり，あるいは「思い出す」技術を忘れてしまったからである．現代人は，昇進昇給など，より善いものを求めて「未来」を志向し「未来」を期待する．逆にいえば，「現在」に常に不満で「現在」に静止することができない．だからせっかく手に入れた「善きもの」，たとえばわずかばかり増えた給料もすぐに不満の種となり，忘却され，「過去」となり，また新しい「未来」が求められる．忘却された「過去」，一瞬前の「現在」は永遠に戻ってこない．「過去」は文字通り過ぎ去りしものとなり，永遠に失われてしまう．誰もそんなものに関心がないのだ．

「過去」となる「現在」の一つは，われわれの命である．どのようにダイエットし，豊かな生活のなかで健康診断に励み，平均寿命を延長しても，死は必ずやってくる．死んでしまえば，肉親や友人たちの追憶のなかに辛うじて留まることを期待したいところだが，残念ながら，現代人は「上手に思ひ出す」ことができなくなっている．死んでしまえば，生は永遠に失われてしまうのだ．

死んでもしばらくの間は，法事を営んだり，記念写真をめくるなどして，「ある程度は思い出して」くれるかもしれないが，思い出す側にも新しい「未来」が待ち構えているし，第一，皆，生活に忙しくて，法事はおろか写真を見る暇もなくなる．

そして，超多忙な生活のなかで，人々は「この世は無常」という事実を忘れ

る.「死」という客観的で宿命的な事実を忘れる,忘れたがる.もちろん誰もが死ぬことは分かっているのだが,その事実から眼を背け,「死」から逃走し,生命至上主義の幻想に幻想と分かっていながら浸ってしまう.そうした幻想的生活のためには,多忙な生活という「気晴らし」(パスカル)が不可欠である.多忙な「気晴らし」をやめて静寂に戻れば,恐ろしい「虚無」が待ち構えていることに気づかざるをえなくなるからだ.こうして,K.ポランニー流にいえば,現代人は「死の認識」を忘却することになる[11].

「無常」ということ,この世がはかないという客観的・宿命的事実を,「鎌倉時代の何処かのなま女房」ほどに正視し,受け入れ,「わかる」ためには,「無常」あるいは「死」を意味づけ,場合によっては「死」をも愛して,人々に受容させる「常なるもの」,「歴史意識」を超越した時間意識が必要なのだ.「後生をたすけ給もう」「常なるもの」を見失わない技術を取り戻すことが不可欠なのである.

以上は筆者自己流の解釈であり,誤っているかもしれないが,ともかく「無常ということ」の時間意識や歴史観は,先に触れた「近代の超克」座談会における発言にも,簡単ではあるが明確に示されている.

> 「……(僕は——引用者)歴史を常に変化と考え或(ある)は進歩というようなことを考えて,観ているのは非常に間違いではないかという風に考えて来た.何時も同じものがあって,何時も人間は同じものと戦っている——そういう同じもの——というものを貫いた人がつまり永遠なのです.そういう立場で以(もっ)て僕は日本の歴史,古典というものも考えるようになって来たのです」[河上ほか 1943/1959:220].

小林の歴史観は,歴史的事実に関する「根本の技術」によって裏打ちされている.これも小林研究者には周知の『ドストエフスキーの生活』の序文で,彼は次のように述べた.

> 「子供が死んだという歴史上の一事件の掛替(かけがえ)の無さを,母親に保証するものは,彼女の悲しみの他はあるまい.……悲しみが深まれば深まるほど,子供の顔は明らかに見えて来る,恐らく生きていた時よりも明らかに.愛児のささやかな遺品を前にして,母親の心に,この時何事が起こるかを仔

細に考えれば，さういふ日常の経験の裡に，歴史に関する根本の知恵を読み取るだろう．それは歴史事実に関する根本の認識というよりも寧ろ根本の技術だ」［小林 1939：109］．

「僕は本質的に現在である僕等の諸能力を用いて，二度と返らぬ過去を，現在のうちに呼び覚ます．而もこの呼び覚まされたものが，現在ではない事も亦よく知っている．こういう矛盾に充ちた仕事を，僕等は何んの苦もなくやってのける」［同：111］．

　小林によると，現代人が「上手に思い出す事」ができなくなったのは，子供を失った母親のよう，自分たちの過去を愛惜する「根本の技術」を失ったからだ，ということになる．より正確にいえば，「根本の技術」は精神の奥底に依然として存在しているのだが，現代人は，「モダン相」に災いされてそれを忘れてしまったからだ，ということになる．そうした技術を思い出し取り戻すためには，「無常ということ」における「常なるもの」への信仰の回復が必要なのだろうが，小林はこの点について多くを語らず，理解は各人に任されることになる．

　小林秀雄の戦争への態度にも一言しておこう．先に，この時期の戦争などについて小林が沈黙を守ったと書いたが，それは厳密には正確ではない．彼は，太平洋戦争宣戦の詔勅の放送を聴いて「畏多い事ながら，僕は拝聴していて，比類のない美しさを感じた．やはり僕らには，日本国民であるという自信が一番大きくて強いのだ」［小林 1942a：346］と書いた．また別の時には真珠湾攻撃の新聞写真を見て，「空は美しく晴れ，眼の下には広々と海が輝やいていた．漁船が行く，藍色の海の面に白い水脈を曳いて．そうだ，漁船の代わりに魚雷が走れば，あれは雷跡だ，という事になるのだ．海水は同じ様に運動し，同じように美しく見えるであろう」［小林 1942b：348］と書いた．

　これらの文章に戦争賛美や勝利の歓喜を見るのは無理だろう．そこには，「僕は政治的には無智な一国民として事変に処した．黙って処した」（小林ほか［1946：31］における小林の発言）文学者の美意識，時局への対処にはまったく無力な美意識だけが示されているというべきである．

6. 「文化的真空」と自由主義(I)——アダム・スミスの期待と現実

　革命が挫折し，失敗に終わったクーデタが結果として戦争への道を拓き，碩学たちの「近代の超克」が積極的にせよ消極的にせよ事態の推移を追認した観念遊戯に終わったとすれば，日本の自由主義者は当時の文化状況にどのように対処しただろうか．この点については，個別具体的にはすでにかなりの程度触れてきたので，ここはもう少し一般的・抽象的に論じてみたい．

　戦前期——それからある程度までは現在——の自由主義をめぐる議論を追いかけて眼につくのは，自由主義＝個人主義＝利己主義という等式に還元できるような非難の言葉である．軍部や右翼や左翼のパンフレットはもちろん，上の西谷啓治発言のなかの「私益追求」という言葉からもうかがわれるように，優れた知識人にもしばしば見られる自由主義観である．

　彼らの多くは，そこから進んで，金持ち，すなわち資本家や財閥という強者のみが私益の追求に勝利し，貧しい労働者農民という弱者はその勝利の餌食になる——要するに「弱肉強食」の資本主義社会を批判したり，ブルジョア・プチブル文化の「エロ・グロ・ナンセンス」を非難する．

　確かに，田中浩が書くように，福沢諭吉らの努力にも関わらず，近代日本では自由主義の評判が悪い［田中 1993：序章］．封建的人間関係や家族主義や国家主義的文化的土壌の強い日本では当たり前のことのような気もするが，一つの理由は，やはり，日本の知識人のいく人かが，「自分自身の利益を追求することによって，彼はしばしば，実際に社会の利益を推進しようと意図するばあいよりも効果的に，それを推進する」［スミス 1776(2)：304］という，『国富論』のなかの有名な「見えざる手」による議論を読んで受けた印象によるものだろう．こうしたマンデヴィル流の「見えざる手」の議論だけを読めば，「市場経済あるいは資本主義経済とは，『自分自身の利益を追求する』エゴイストたちによる弱肉強食の致富ゲームだ」という経済自由主義のイメージができ上がり広まるのも当然のこといえるかもしれない．

　ちなみに『国富論』の本邦初訳は 1884-88（明治 17-21）年の石川暎作・嵯峨正作訳であり，「富国強兵」の参考書として訳され読まれたという説を昔聞いたことがあるが，仔細は専門家に任せよう．筆者が気になるのは，スミスのもう一つの主著と目される『道徳感情論』がいつ頃から誰によってどのように

読まれ研究されたのかという点だが，本邦初訳は，1948（昭和23）年の米林富男訳とされている．この初訳時点の，およそ60年という著しいタイムラグは何によるものだろうか．詳しい事情は知らないが，このあたりに，近代日本における自由主義思想受容のゆがみがあるのかもしれない[12]．

もちろん翻訳がなかったとしても，語学に堪能な戦前知識人は原語で『感情論』を読んでいたのかもしれないが，そうだとすれば，自由主義＝個人主義＝利己主義という等式がしつこくつきまとう理由が分からないのである．

自由主義にとってさらに深刻なのは，欧米の優れた知識人の間でも『感情論』をはじめとするスミス理解が不十分なことが少なくないことである．たとえば市場社会の「文化的真空」を喝破したポランニーは，『大転換』のなかで次のように書いている．

「彼（スミス――引用者）の見解には，道徳律や政治的義務の源泉になるような経済領域が社会のなかに存在することを示すものなどはいささかもみられない．肉屋の利己心（self-interest）が究極的には，われわれに食事を提供してくれるように，利己心というものは元来がわれわれを促して他人にも恩恵を与えるようなことを行なわせるにすぎない．人間世界の経済領域を支配する法則は，他の領域を支配する法則と同様に，人間の運命と調和するものだというおおらかな楽観主義が広くスミスの思考を支配している．見えざる手が利己心という名のもとに共食いの儀式をわれわれに強制するなどということはないのである．人間の尊さとは，道徳的人間としての尊厳であり，そうしたものとして，人間は家族・国家および『人類の大社会』（"the great Society of mankind"）という市民的秩序の一員なのだ．理性と人間性とが出来高制度に対して制限を加えるのであり，競争と利得より理性や人間性が優先されねばならないのである」［ポランニー 1944：152-153］（一部改訳）．

ここには，スミスの道徳哲学の最も重要な論点が欠けている．「人類の大社会」とは『感情論』に出てくる言葉だから［スミス 1759（下）：134-135］，ポランニーがスミス道徳哲学にまったく無知だったとは思われないが，「同感の原理」という言葉が，上の引用文に限らず，『大転換』にまったく出てこないのは不思議というほかない．

上の文章は，『国富論』のスミスが，経済の領域，特に市場の内部には，善悪の基準などの道徳律や政治的義務を与える仕組みはないが，利己心は，人間にはじめから，あるいは市場の外部から与えられている理性と人間性の制約の下において働くのだから，「共食いの儀式」，すなわち，利己心と利己心が互いを傷つけ合ったり，「弱肉強食」に陥ることはありえないと，楽観的に考えていたとするものだが，これは，『国富論』解釈としてはともかく，『感情論』解釈としては，控え目にいって不十分なものである．

　『感情論』のキーワードは，N. フィリプソンも注目するように [フィリプソン 1983：308]，「商業」とも「交際」とも翻訳することができ，またスミス自身も意識的に「かけ言葉」として使っている commerce である．

　「同感の原理」とは，差し当たり，ある者が，他の者から得る同感，好意，是認の感情に基づいて我が身のあり方を律し，利己心を制御することを旨とする道徳の原理である．いいかえれば，教会で『聖書』を読むことなどによってではなく，俗世間の社交や人間交際のなかで，人々が，「一目を気にして」経験的に学びとっていくエチケット，マナー，ルールに重きをかけた道徳の原理である．[13)]

　フィリプソンによれば，スミスが主に念頭においていた社交や交際は，ジェントリーなどの土地貴族が，「社会 (societies)」「協会 (associations)」「団体 (companies)」「クラブ (clubs)」，より具体的には，各地域のコーヒー・ハウスや居酒屋やサロンなどで，洗練された会話を交わし，情報を交換し，友情を形成するなどの類のものだった（[フィリプソン 1983：308] など）．だから，単純化の危険を冒していえば，「同感の原理」とは「社交界で形成される道徳原理」ともいえる．

　しかし考えてみれば，そうした「社交」や「交際」の場所がコーヒー・ハウスなどに限られる必要がないことも明らかだ．「市場」における「かけ引きや値ぎり (higgling and bargaining)」のプロセスもまた，道学者はしかめ面をするかもしれないが，売り手と買い手の「社交」と「交際」の場所なのである．

　というのも，市場における「かけ引きや値ぎり」が，一回限りでなく，継続的なものである限り，そこには必ず，売り手と買い手の間で持続的に会話や情報交換が行なわれ，それらのコミュニケーションが円滑に行なわれるためには，両者の間の信頼関係の醸成が不可欠となってくるなるからだ．目先の金銭的利得に眼がくらんで，「使い回し」をしたり虚偽表示をする売り手に重いペナル

ティが課せられることは，最近の事例からも明らかであり，「企業の社会的責任」が問われるのは，「浮利を追わず」を家訓とした江戸期の商家の時代からの商いの鉄則である．つまり筆者なりに解釈すれば，すでに上で述べたように，スミスの「同感の原理」とは，大阪商人にもなじみ深い「商道徳(あきない)」のスコットランド的表現なのである．

スミスはどこかで，「市場は道徳の学校だ」といっていたように記憶しているが，その「学校」の「生徒」「学生」は，ジェントリーや貴族に限られない．一般の労働者や農民もまた，ものを売り，ものを買う限りは，客には「おもてなし」の心で接し，釣銭や代金の支払いをごまかしてはならない，などの道徳の習得を強いられる以上，「同感の原理」の担い手でありうる．

重要なのは，スミスの道徳律が「理性」や「人間性」などによって「自然に」，アプリオリに与えられるのでなく，社交場や市場のなかの「交際」＝「商業」によって，人々に経験的に学びとられてくると想定されていることなのだが，ポランニーの議論にはそうした論点がまったく抜け落ちている．

アプリオリな「理性」や「人間性」の存在や働きが信じられないとすれば，市場は「利己心の修羅場」あるいは「共食いの儀式」の場とならざるをえないが，ポランニーは「理性」や「人間性」をスミスのように楽観的には信じられないという．ポランニーのスミス解釈は誤っているのだが，そうした解釈に基づいてスミスを批判するので，詰まるところ，戦前日本同様の，通俗的な，次のような市場経済観しか生まれないことになる．

> 「市場社会に対する真の批判は，それが経済にもとづいていたということではなく……，その社会の経済が利己心にもとづいていたということにある」［ポランニー 1944：333-334］．

「同感の原理」や「商道徳」が，「モーゼの十戒」や「忠孝の徳」に比べて道徳的強度や密度が劣ることは当然である．そのベースにあるのはやはり「利己心」であり，「自分の資産や命をなげうっても貧者を救う」とか「万人を家族や兄弟のように愛する」などという聖者のような道徳的行為は生まれない．「商道徳」は，「ビジネスを長続きさせるためには，刻苦奮励してよいものを安くつくり，お客さまにサービスしなければならない．結局は，長い目で見て，その方があなたの得になるのだよ」とささやくが，そのささやきを「結局は自

分の利己心の充足のためではないか．結局はエゴイズムの肯定ではないか」と批判するのは簡単である．

　しかし古今東西の道学者の議論に欠けているのは，このエゴイズムにまみれた世界のなかで，多少なりともエゴイズムの暴走を抑制して経済を営むにはどうしたらよいか，という点に関する代替案，具体策である．なるほどかつての「プロレタリアート革命」や「クーデタ」や「陸軍パンフレット」は，そうした代替案——大抵は人類愛や同胞愛や愛国心に基づいた計画経済あるいは統制経済などという代替案——を用意したつもりになったのかもしれないが，それらのすべてが幻想にすぎなかったことは歴史が証明していることではないか．そもそも，道学者風の代替案を提案する当人のエゴイズムは具体的にどう処理されているのか，処理されうるのか．

　もちろん「同感の原理」が十分に働く場所は，なにほどか「顔の見える場所」，経済に限れば「顔の見える市場」でなければならない．インターネットやグローバル・マーケットを通した「社交」や「交際」でも，「炎上」や「製造物責任法」などの規制を受けるなど，人々の道徳的態度の涵養に貢献する要素をまったく失わない限り，「道徳の学校」でありうる．その可能性はあらかじめ排除できないし，排除するつもりもないが，やはり，エチケットに反したり，ルール違反を犯した場合には速やかに裁可（sanction），制裁，忠告がなされやすい「顔の見える市場」「顔の見える場所」であることが望ましい．

　実際，スミスが主に念頭に置いていた「同感の原理」の舞台は，地方や地域における社交場や局地的市場などの，フェイス・トウ・フェイスの「交際」＝「商業」が営まれやすい場所だった．フィリプソンがスミスの期待する道徳性を「地方的道徳性（provincial morality）」と呼んだのも，そのためである（［フィリプソン 1983：324］など）．

　しかし，結果から見ればスミスの期待が十分に実現されることはなかった．その意味で，ポランニーのスミス批判，市場経済批判はまったく間違ってはいなかったともいえる．

　18-19世紀のスコットランドやイングランド経済は，局地的市場や地域社会を飛び越してというより，それらを犠牲にして，外国貿易や全国市場へと発展していった．『国富論』のスミスが，市場経済発展の「事物の自然的順序」を農業→製造業→外国貿易の順としたのは有名であり，またその議論の立て方が，柳田国男「中農養成策」における「市場拡張ノ普通ノ順序」の議論とよ

く似ていることは筆者も指摘したことだが［佐藤 2004：第6章第1節］，それらの「順序」は，むしろ外国貿易から発達し，国内の農業や地方を犠牲にした形で発展しつつあった現実経済によって逆転され裏切られた．橘孝三郎らの憤りにも一理があったというべきだろう．

　こうした事態を招いた責任の一端は，ポランニーとは違う意味で，スミス道徳哲学自体にもあるといわなければならない．スミスの「道徳の学校」に関する議論はきわめて優れたものだが，市場経済が，外国貿易から発展する場合はもちろん，一国の地方や地域を足場として徐々に支配圏を拡大していく場合においてさえ，地域市場や局地的市場の取引量の相対的縮小と見知らぬ者との交流の拡大を通して，「同感の原理」の基礎を自ら掘り崩してゆく危険性に，彼が周到な注意を払っているようには思われない．

　さらにスミスの道徳哲学が，「地方的道徳性」が，地方や地域を足場とした社交場や市場から自生的に，何の前提条件もなしに生み出されてくるように考えているように見える点も疑問の残るところである．確かに，人と人との「交際」は，他者の是認や否認を通じて我が身のたたずまいを正す重要な契機となるが，その場合の「是認」や「否認」や「正」や「不正」，一言でいえば道徳や倫理の基準はどこから来るのか．それらは，多分に各地方，各地域の習俗や民俗と一体となった過去の文化，つまり伝統文化によって与えられると考えるほかないのではないか．

　スミスの盟友でもあったエドマンド・バークは，ポーコックが鋭く指摘したように，『フランス革命の省察』のなかで，スミスらスコットランド経済学者の議論の意義を十分に認めながらも，市場経済の健全な発展のためには，その前提として，中世の騎士道（「紳士の精神」）とキリスト教（「宗教の精神」）の文化的・道徳的遺産を——現代風に装いを改めながら——継承することが不可欠だと述べたことがある［Pocock 1982：198‐200］．確かに，公正な取引や等価交換などの観念は，欧米の場合には，それらの伝統文化と無縁なものではありえない．道徳や倫理の基準に限らず，どのような文化も無からは生まれないからである．

　しかも，それらの伝統文化は，中空に浮かんでいるのではなく，多分に地方的・地域的バイアスを伴いながら，各地の共同体や社会に根付いたものでなければ生きた文化とはならない．とすれば，市場経済の発展は，これら地方や地域社会の変容，場合によっては破壊を通じて，自らの物質的・文化的基盤を掘

り崩し，ポランニーのいう「文化的真空」を生み出していく傾向を帯びると考えなければならないが，そうした傾向に対する警戒心がスミスには不足しているように思われるのである．

7．「文化的真空」と自由主義(II)——再び戦前日本の現実へ

スミスとポランニーの議論を振り返ってくると，近代日本，特に第1次大戦後の日本が，スミスの期待を裏切り，ポランニーの予言を実現して，あまりにも急速に「故郷」もろとも伝統文化を失い「文化的真空」状態に陥りつつあったことが分かってくる．日本に比べれば漸進的近代化を遂げてきたといわれる大英帝国すら「文化的真空」に見舞われたとすれば，それを数倍上回る速度で近代化しつつあった日本が同様の状態になるのは当たり前のこととも言えよう．

しかし戦前日本の現実に立ち返る前に，しつこいようだが，『大転換』の議論に立ち返ってみよう．

そこでの議論は，産業革命の成果をエゴイズムに基づいて実現した市場経済の急速な拡大が「文化的真空」をもたらし，それと一体となった労働者大衆などの（絶対的・相対的）貧困がやがて労働運動や社会主義運動などの「社会の自己防衛」という対抗運動を呼び起こしたというものだった．

ポランニーによれば，「社会の自己防衛」の中核を占めるものは「民衆統治」，すなわち，民衆の参政権や経済的格差の是正などを求めた民主主義の台頭だった．ポランニーは，こうした運動と経済的自由主義を背景とした市場経済の拡張を対抗するものとして捉えているが，これはまったく誤りではないとしても，いくぶん浅薄な議論だといわなければならない．というのも，市場経済拡張の論理のなかには，「貨幣による投票」という，ある種の民主主義がすでに含まれているからである．

実際，新製品の発売を目前にした企業経営者の心中を慮（おもんぱか）ってみれば明らかのように，そうした新機軸の成否は「大衆の支持」，すなわち売上げが延びるか否かに懸っている．どんなに「いい製品」をつくって売っても「売れなければ負け」，逆に「売れれば勝ち，勝てば官軍」なのであって，売り上げの多寡によって経営者の地位の帰趨（きすう）も決まるというのがビジネス世界の掟（おきて）である．

もちろん，普通選挙などの政治的民主主義，つまり民主政と違って，「貨幣による投票」には所持する貨幣量の多寡という不平等が含まれている．金持ち

は沢山の投票，貧乏人は少ない投票という不平等，すなわち「自由，平等，友愛」を謳う民主主義の原則に反するエレメントが含まれている．

が，王侯貴族や金持ちのマーケットだけをターゲットとした企業が早晩行き詰るのは目に見えている．1台数千万円もするロールスロイスをつくって数千人に売るより，ヘンリー・フォード考案の大衆車，フォード車を1台百万円で数千万人に売る方が企業収益を増大させるのは明らかであり，特権階級は「多勢に無勢」と敗北せざるをえないからである．

市場経済に内在している経済的民主主義に，参政権獲得などの政治的民主主義が加われば民主主義社会は万全であり，社会の至る所に，「友愛」はともかく，「自由」と「平等」が浸透し蔓延して，大衆社会ができ上がることになる．

「大衆文化」とは，大衆社会の「文化的真空」の別名だが，その生成が，科学技術を活用してのモノの増産を旨とする産業主義と，カネの魔力と魅力を活用した資本主義と，大衆＝マスの生命力の爆発的解放を目指した民主主義の台頭と発展によって可能となったことを思えば，大衆文化を「モノとカネとマスの文化」と呼ぶことも可能だろう．筆者はかつてその種の文化を，地理的普遍性に着目して「世界文化」，あるいは，時間的新奇性に着目して「現代文化」と呼んだことがあるが，それらの言葉を使えば，大衆文化とは「世界文化」あるいは「現代文化」の別名でもあることになる［佐藤 2006：第1章第4節；2012：第4章第2節］．

つまり，ポランニーの議論あるいは期待と異なって，産業文明や市場経済とデモクラシーは少なくとも部分的には共犯関係にあり，それら3人の共犯者が19世紀の大英帝国には，20世紀の大日本帝国にもどっと押し寄せ，『東京行進曲』や「エロ・グロ・ナンセンス」をもたらしたことになるわけである．

こうした文化状況への日本リベラルの対応は，すでに述べてきたように，控え目にいってもどかしいものだった．反自由主者や非自由主義者のそれの方がよかったとは思わないが，戦前日本の自由主義者たちの対応が無力だったことを否定することも不可能である．自由主義一般が「貪欲飽くなき資本家階級」の味方だとか無力だとも決して思わないが，戦前日本リベラルの無力さを否定することもできないのである．

吉野作造の「盗泉を飲むなかれ」という大衆批判，美濃部達吉の「（大衆迎合的な）陸軍パンフレット」批判，石橋湛山の「小日本主義」の勧め，浜口内閣の対英米協調路線，清沢洌による松岡洋右（の国際連盟残留工作失敗）批判など，

これらはすべて正しく，日本リベラルの栄光を示すものだが，にもかかわらず，『キング』あるいは講談社文化に熱狂する日本国民から浮き上がっていたという印象を拭い去ることはできない．

　日本リベラルは，西條八十の歌謡曲ほどの社会的影響力を持たなかった．彼らエリートたちは，マスメディアを嫌い軽蔑するのではなく，それをうまく利用して，大衆を批判し教化するというよりむしろ，大衆の心にしみるような言葉で語るべきだったのだが，方法を知らなかった．その可能性に恵まれていたのは，おそらく大宅壮一や長谷川如是閑のような「庶民派知識人」であっただろうが，当時の状況下では彼らも事態の推移を追認するほかなかった．

　日本リベラルが大衆の動向，特に大衆の背後にある貧困に無知だったわけではない．だからこそ，吉野は，娘婿を通して社会大衆党を支援し，清沢や河合栄治郎は社会民主主義に近づき，武藤山治という「ブルジョア」ですら社内福祉に努めたのであろう．柳田国男に至っては，明治時代から農村窮状の打開策を考えていたのだが，1930年代から40年代の事態に対して，彼らは総じて無力に留まった．

　当時の窮状を突破するほとんど唯一の方策は，高橋財政，高橋財政の下での持続的な経済成長と，その下での国民大衆生活の眼に見えるような改善と向上だったのだろう．もちろん経済成長さえすれば問題がすべて解決するというほど事態は単純でなかったに違いないが，農民と労働者の生活の目に見える向上とそれなりの社会政策（失業保険制度の導入，労働組合法の制定など）の実施を背景として，リベラルな知識人や財界人や政治家が協力して，軍部の暴走を抑えるべく国民に呼びかけたなら，自由主義的な政治経済体制の骨格を維持し，戦争を回避することはあながち不可能ではなかったことだろう．

　大衆の経済的欲望の充足に力点をかけることには「大衆蔑視」だという批判もありえようが，イデオロギーや道義的批判によって，大陸での戦線不拡大や英米協調路線が国民に支持されたとは考えられない．そうした支持をするほどの経済的余裕は彼らにはなかったのである．

　しかし，いかに高橋財政——2・26事件以後は高橋是清なしの高橋財政——を継続したとしても，それが短期的な景気対策にすぎない以上，金融政策と財政政策という「ポンプの呼び水」にすぎない以上，長期的成長を阻む構造を改革することなしには成長は早晩行き詰ったに違いない．財閥を中心とした高度な寡占経済体制，ますます拡大した貧富の格差とそれに起因する国内消費市場

の狭隘さ，小作制度に基づく農業の搾取と非効率のシステムなどの改革なしには，国内投資と国内消費を持続的に拡大することは不可能だっただろうし，そもそも構造改革の実行のためには10年単位の時間経過を覚悟しなければならない．

また当時の国際環境も，世界的な保護主義の台頭など，日本経済成長の障害にとなるものが多かった．石橋のように「小日本主義」と自由貿易主義を掲げたとしても，英米を含めた諸外国がそれに同調する可能性は小さかった．結局，その種の障害は，国内についての改革は戦時体制の下である程度，より根本的にはGHQ占領下での「戦後改革」によって，また国外については，第2次大戦後のアメリカ主導の自由貿易体制の創設によって可能となったのである．

8．「文化的真空」のなかの「常なるもの」

しかし，文化，思想，精神という観点からより深刻な問題は，小林秀雄の「常なるものを見失った」という現代日本社会についての認識の方かもしれない．小林は「常なるもの」を「解釈を拒絶して動じないもの」などとさまざまに表現しているが，具体的には，それはどうやら『古事記』や『万葉集』や『古事記伝』などの古典を読むことによって得られる何ものからし．ドストエフスキーの小説やモーツアルトの音楽なども読むべき古典に含まれるようだ．

いずれにしても，小林は，内外の古典に「推参」し，古典の中身というより，書き手の，永遠に変わらぬ精神に触れることから得られるものかを「常なるもの」としてイメージしているようだが，筆者のような者には，そうした作業は，西田幾多郎の座禅に似て，達人にのみ実行可能な難行に見える．もっと近づきやすい「常なるもの」はないだろうか．

この点でも頼りになるのは，柳田国男である．

すでに書いたように，柳田は，敗戦間際，連日の空襲下の東京の自宅で，『炭焼日記』をつけながら，不眠不休で『先祖の話』を書いた．若くして散って行く戦士たちの後生と，敗戦後に必ず日本人全員に訪れるであろう孤独と不安を案じたからである．先祖あるいは祖霊を信仰することを基本とした日本人の「固有信仰」の歴史的経緯をきちんと調べて，日本人が「常なるもの」を再び見出すための手掛かりを残しておこうと思ったからである．

「固有信仰」は「祖霊信仰」——それを単一家族から氏まで拡張した場合に

は「氏神信仰」——とも呼ばれるが、その本質は、旧世代（先祖）→現世代（私たち）→将来世代（子や孫）と続く永遠の生命の流れを信ずることにある。

この場合重要なのは、先祖は決して「過ぎ去った」もの、つまり死に絶えたものとは考えられていないことである。この世を去った先祖たちは、里山の上空で祖霊の融合霊となって現存し、子孫たちを見守り叱咤激励し、正月と盆などの節目には、里山を降りて子孫たちと交流する。

まだ生まれていな子孫の方はどうかというと、オカルトじみるが、彼らも現存する。それというのも、前近代の日本人は先祖が子孫となってまたこの世に回帰するという「生まれ替り」の思想を信じていたからである［柳田 1946a：198-206］。彼らにとって子孫は、決して「見知らぬ者」ではなく、「親しみのある者」だった。もしかすると、この私自身が死後にやがて、赤子としてこの家や村に戻ってくる者かもしれない存在だったのである。

科学的に考えるのが好きな人には、先祖と私の遺伝子が子孫に確実に伝達される、その意味で子孫は「既知の未来」として「いま、ここ」に存在するのだといった方が分かりやすいかもしれない。もちろん先祖や私の遺伝子は他の家系の遺伝子と混じり合い、突然変異や環境要因などによって変化しうるから、先祖や私の遺伝子は子孫の一部を構成するにすぎないが、母集団を家族、親族、家、氏、同胞、民族などと拡大していけば、他集団との婚姻が一般化しない限り、当該集団の遺伝子のかなりの部分が子孫に伝達され、子孫が「いまここ」に現存するといういい方も可能となるだろう。

いずれにしても、柳田によれば、前近代の日本人の多くの意識にとって、先祖も自分も子孫も「いま、ここ」にともに生きているのであり、その意味で、現在は、西田幾多郎や小林秀雄と幾分違った意味で「永遠の今」なのである。

日本人の「固有信仰」には、聖書も教義も存在しない。だから、キリスト教圏などの外国人には、こんなものは未開民族によく見られるアニミズムに類したものであり、「宗教」と呼ぶに値しない代物なのだとしばしば悪口をいわれるのだが、よくもわるくもそれがわれわれの「固有信仰」なのだ。

聖書も教義もないとすれば、何がその「信仰」を支えるのか。この点について、戦後 1946 年に書かれた『祭日考』のなかで、柳田は次のように書いている。

「大切なことは祭の準備、すなわち古来定まった手続き規則が、少しもぬ

かりなく守られいていたという自信さえあれば，神様は必ず来て下さるものと安心していられたのである」［柳田 1946b：368］（傍点，引用者）．

「固有信仰」にとって大切なのは，「古来定まった手続き規則」を守ることだけであり，この規則を守る限り，神すなわち祖霊は降臨する．そして規則を守るぐらいのことは，古老の記憶の援けがあれば誰にでもできる．特別の達人や聖職者でなくとも，誰でも「常なるもの」を手に入れることができるのだから，「固有信仰」にとってのほとんど唯一の障害は「古来定まった手続き規則」，たとえば「御幣の串」の使い方を忘れることである．

近代日本にとっての不幸は，急激な経済社会発展のあおりを受けて，多くの日本人が「固有信仰」のための「手続き規則」をはじめとする伝統文化を忘れ，「文化的真空」のなかに投げ込まれたことである．書いたもの，「固有信仰の古典」があれば読んで思い出すこともできようが，不文律として伝承されてきた「手続き規則」を忘れてしまったとしたら，皆の心から「常なるもの」が失われ，空虚となった心を満たしてくれるのは『東京音頭』だけということになりはしないか．

東京に暮らしていた柳田は，『東京行進曲』も『東京音頭』も聴いたはずである．『音頭』を踊ったとは思えないが，その意味を即座に理解したことだろう．これは筆者の勝手な推測にすぎないが，『先祖の話』を必死になって書きながら，柳田は，B29 の爆音と焼夷弾の炸裂音を聴くとともに，『音頭』の音色を思い出していたのではなかろうか．

かといって，柳田が，「文化的真空」に絶望していたというのも少し違うと思う．実際，『先祖の話』に悲痛な感じが現れるのは，「自序」と「二つの実際問題」を書いた最終章だけであり，本論のほとんどすべては淡々としているというか，ユーモアにあふれているというか，いつもの「柳田節」のままである．いや，『先祖の話』の最終章の最後に書かれた次のような文章にも，柳田の溢れるような心の余裕とユーモアが感じとられるように筆者には思われる．

「それ（日本固有の生死観を国民間に盛んにすること——引用者）は政治であって私等の学問の外ではあるが，実は日本のたった一つの弱味というものが，政治家たちの学問への無関心，今なおこういう研究はよくよく閑のある人間だけに，任せておいてよいかのごとく，思っている人が多いことにある

と思うので，思わずこんな事まで口を出すはずみになったのである」[柳田 1946a：209].

恐らく柳田は,「手続き規則」の忘却にもかかわらず，日本人がそれを「上手に思い出す」時が来ることを確信していた．それはたとえば，亡くなった老親や子供や友人への追憶として現れる．これから死にゆく自分を，同じように子や孫や友人たちが追憶してくれるだろうという希望あるいは信頼として現れる．「古来定まった手続き規則」の名残りは，たとえば年末年始の儀礼の中に残っている．SNS経由の年賀にも残っている．

昔通りに「手続き規則」の一々を思い出す必要はない．近代の産物かもしれない「家」制度を復活する必要もないし,「縦の団結」によってつながる人々が血縁の者である必要もない．必要なのはただ，家族や友人への愛と追憶と希望だ．亡くした我が子のように「過去」を思い出し，やがて生まれてくる我が子のように「未来」を待望することだ．そうした感情(センティメント)を，わずかばかりの規則(リチュアル)に乗せて実行する——これなら今でもできるし，それで十分なはずだ．学問的達成と裏腹に，浄土宗によって自分の葬式を挙げさせた柳田は，そう考えていたに違いない．

注
1) 明治政府によって東京医学校（現東京大学医学部）教師として雇われたドイツ人医学者エルヴィン・フォン・ベルツに日記（『ベルツ日記』に出てくる言葉．佐藤[1970]の題名『「死の跳躍」を越えて』は，その言葉に由来する．
2) この文章は，丸山真男「個人析出のさまざまなパターン——近代日本をケースとして」M・B・ジャンセン編，細谷千博編訳『日本における近代化の問題』岩波書店，1968年，p.404からのもの．
3) この点については，有馬[2002：152-154]も参照した．
4) マイケル・ポランニーの「道徳的反転」については，佐藤[2010：第1章第6節；終章第3節]などで詳しく論じた．
5) この点については佐藤[2012：第4章]などで，もう少し詳しく論じた．
6) 戦後の福本に関してもう一つ断っておきたいのは，スターリニズムや日本共産党を批判し続けるなど異端の位置を占めたとはいえ，中国の文化大革命を評価し，マルクス・エンゲルスの生産協同組合論をソ連型国家主義へのアンチテーゼとして推奨するなど，彼が一貫してある種のマルクス主義者であったという点である（福本[1969]所収の諸論文).この点の評価に関しては意見が分かれうるが，いずれにしても「中期

以降の福本イズム」研究はこの分野の専門家に任せることにしたい．
7) 橘孝三郎の生涯と思想にいての本書の記述の多くは，保阪正康の労作［1974］によっている．
8) 他の特徴は家族主義と大アジア主義．
9) この点は，桶谷［1992：150‐152］でも強調されている．
10) 保田と西田については，佐藤・中澤［2015：第5章］でもう少し詳しく議論した．
11) この点は佐藤［2012：第4章第2節］でもう少し詳しく書いた．
12) 田中［2003］によれば，戦前・戦中期の日本においても，白杉庄一郎のそれのように，『道徳感情論』までさかのぼった，包括的なスミス研究が存在した．しかし，その白杉にしても，時代的制約もあってか，「共同体的経済倫理」の観点からスミスの「個人主義経済倫理」を批判するものだった．白杉［1940；1941］など参照．
13) スミスの「同感の原理」について筆者は，これまで，以下と同様の趣旨のことを佐藤［1990：第1章第2節；2004：第6章第1節；2006：第1章第2節］などで語ってきた．また堂目［2008：第1章第4節］も参照．

終 章
リベラリズムの現在へ

1. 戦間期の軌跡から何を学ぶか

　本書の出発点は，吉野作造，美濃部達吉，河合栄治郎，柳田国男，清沢洌，石橋湛山，馬場恒吾，高橋是清，浜口雄幸，井上準之助，幣原喜重郎，宇垣一成，山本五十六，西園寺公望，牧野伸顕，吉田茂，武藤山治など，優れた知識人，政財界人，軍人などが存在したにもかかわらず，なぜ日本が無謀とも思える戦争に突入していったのかという素朴な疑問だった．本書では，これらの広い意味での自由主義者を一括して「日本リベラル」と呼んだのだが，現在から見て，彼らの言動に誤りがあったとは思われない．

　たとえば，満州事変に歓喜する国民を「盗泉を飲むなかれ」と叱咤した吉野や，帝国主義や植民地主義は「割に合わない」，「小日本主義」と自由貿易主義に徹しよと呼びかけた石橋の見識と勇気には敬服せざるをえない．軍人の山本ですら，右翼と軍部からテロを予期して常時遺書を携帯しながら対米戦争に反対したのである．これらの言動は，まさに彼等の栄光，「日本リベラルの栄光」と形容されるべきだろう．

　ただし確認しておきたいのは，満州事変の拡大，日中戦争の継続，日米戦争の開始などの──戦略も戦術も欠いたという意味で──現時点から見て無謀に思われる企てに参加した軍人や国民を，筆者は批判したいとも貶めたいとも思っていないということだ．もし真珠湾攻撃の写真に接したとしたら，筆者も，小林秀雄のように，もちろんはるかに稚拙な表現を伴って「美しい，日本人として誇りに思う」と感じたことだろう．

　筆者は，これとかなり違う文脈での話になるが，東日本大震災の折，福島原発の必死の消化活動に当たった東京消防隊の姿や，その後の救助・救援活動に当たった10万人にも上る自衛隊員の姿に，同じような「美しさ」を感じた．この歳になって告白するのは恥ずかしいが，「自分が同じような年齢と立場に

あったら，彼らと同じように見事に任務を果たせただろうか」と自己懐疑しながら，強くこみ上げるものを感じざるをえなかった．

しかしながら，他方で，満州事変の勃発は避けられなかったとしても，その，泥沼の日中戦争にもつながる拡大は，リットン報告に依拠するなどして避けられなかったものか，「ABCDライン包囲網」による経済的窮状を打開する方策が対米開戦しかなかったとしても，ミッドウエイあたりで休戦に持ち込む手立てはなかったか，ましてやインパール大作戦のような愚策は大本営に一撃（クーデタ）を与えても阻止すべきではなかったか，などとも思うのである．

するとまた日本リベラルの栄光を想起するのだが，彼らの試みは，結局は，マルクス主義や国粋主義に挟撃され，そして何より，国民の支持を得られなくて挫折し敗北した．

確かに，人々の思想や行動の自由を可能な限り認め許容しようとするリベラリズム，一言でいえば「寛容と忍耐（tolerance）」を旨とする自由主義思想には，その出立点からしてある種の弱味がある．自由主義も一個の支持一貫した思想であるためには，「自由の敵」すなわち全体主義や国粋主義に対しては断固として戦わなければならないが，それは，しばしば自らの敵に対してすら「寛容」でありうる．カール・シュミットのいう「友敵関係」の識別・実践が不得手な思想ともいえるのである．

その上，自由主義は，本性上，人々に分かりやすい「人生の意味」や「世界の意味」を教えない．それらの「意味」は，各人がそれぞれの良心に基づいて「自由に」選びとらなければならないのである．

しかし，こうした「思想の自由」「信教の自由」は，かつてエーリッヒ・フロムが喝破したように，不安や恐怖の源泉にもなりうる．もちろん普段は，自分勝手に映画を見たり食事をしたり恋をしたりして何の不足もないのだが，そうした平穏な生活は，「人生の意味」や「生きがい」を欠いた不安な生活と背中合わせであり，何かをきっかけとして生活のバランスが崩れた時には，人々が，不安から逃れ出るために，「人生の意味」を手軽に与えてくれる権威にすがりつくという行動をとることも起こりうる．

まして生活上の深刻な困難に直面した場合には，たとえば失業して家族もろとも路頭に迷いそうになったり，娘を身売りしなければならなくなったりした場合には，「自由」は一個の贅沢品にすぎないものとなり，困難の克服のため，自他の「自由」を破壊する政策を政府に求めることもある．

日本リベラルの戦間期の軌跡から見えてくるものの第1は，彼らの言動が国民大衆の思いから「浮き上がって」おり，彼らのリベラルな言説や政策が，岩波文化同様，国民大衆の多くの者には「贅沢品」に見えたのではないかということである．国民の多くは「盗泉を飲んでも」飢えを癒したかったのかもしれない．あるいは「盗泉を飲んでも」，日清・日露戦争での肉親や知人の死の恨みを晴らしたかったのかもしれない．

　確かに，古川江里子が指摘するように，美濃部や吉野の言説は「正論」かもしれないが，現在価値に直して数千万円を下らない年収と特権的地位に恵まれた「帝大教授」の「お説教」は，庶民にとっては，恐らく縁遠いものに思われた．言説ということでいえば，『キング』に代表されるような講談社文化の方が，内容，形式ともにはるかに説得力があったことだろう．あとで述べるように，筆者は「エリート主義」に反対しないが，日本リベラルの多くに見られたエリート主義には挫折と敗北を自ら招き寄せた面があった．

　より一般的にいえば，日本ベラルの挫折の理由の一つは，筒井清忠や佐藤卓己が見事に描いたように，彼らがすでに大衆メディアに浸透されつつあった当時の日本社会への対応，つづめていえば，大衆デモクラシーとポピュリズムへの対応に失敗したことであろう．日本リベラルの多くは，西條八十作詞の歌謡曲などのように，それ自体は正論であるメッセージを，大衆に分かりやすく「受ける」形で発信することができなかった．

　そもそも，「自由貿易の利益」などの経済学では常識とされているメッセージ自体が，「メキシコからの輸入に高率の関税をかければ，一見，国内企業を有利にして国内雇用を増やように見えて，実は，国内物価の上昇などを通じた国内景気の悪化を長期的にはもたらし，結局アメリカの経済的利益を損なう」などの，きわめて回りくどい思考の迂回を要するため，現在の日本や欧米にも顕著なように，一般人にはあまりにむずかしすぎて分かりにくい．悪くすると，そうした自由主義的メッセージは，当時や現在の日本と世界によく見られるように「自由主義＝個人主義＝利己主義」という等式を経由して，「強者の論理」「弱肉強食の勧め」と，庶民ばかりでなく，知識人の少なからぬ部分にも受け取られかねないのである．

　では，『東京行進曲』や『東京音頭』のように大衆に「分かりやすく」，世論調査を頻繁に行なうなどして「分かりやすく」語りかければよかったかというと，事はそう簡単でなかった．大衆が『キング』を圧倒的に支持し，政党より

軍部を支持した背景には，板野潤治が強調するように，当時，特に昭和恐慌以後の国民の経済的窮状に対する政党人の多くの無理解と冷淡さ，逆にいえば，「陸軍パンフレット」に象徴的に示された軍部（陸海軍）の理解と同情があった．その理解と同情は多分に国民を総力戦に動員するためのリップサービスと裏腹のものであり，岸信介も傾倒した国家社会主義のプラン，ソ連の計画経済をモデルにした彼らの「国家改造計画」は「総力戦体制」を遂行するという当座の目的にはある程度の有効性を持ったとしても，ソ連経済の実態が示すように，早晩限界を露呈し破綻せざるをえない代物だったのだが，彼らは「実感」のレベルでは，政財界のリベラルより事態を的確かつ真摯に受けとめていたともいえる．

　日本リベラルもこうした動向に無知ではなかった．だからこそ，吉野が「帝大教授」の地位をなげうっても社会大衆党の結成と発展を援助しようとしたのであり，清沢や河合栄治郎などの「戦闘的自由主義者」が，イギリス労働党をモデルとした「新自由主義（New Liberarism）」の日本への導入を図ったりもしたのであろう．が，彼らの善意と努力は，総じて実を結ばなかった．そこには彼らの政治的行動力の不足や，急展開する事態のなかで，具体的成果を出すための十分な時間に恵まれなかったなどのさまざまな事情がからんでいただろうが，ともかく日本リベラルは局面の打開に失敗した．

　おそらく，「盗泉を飲むなかれ」などのメッセージが国民の胸に沁み入り，支持の振れ子を軍部から政党に戻すには，高橋財政下の経済発展，国民生活の眼に見える形での発展向上の持続が必要だった．それは，十分条件ではなくとも必要条件の一つだった．われわれ大衆は，道義や正義，あるいは長期的利益という言葉だけでは動かないからである．しかも，それは，まったく不可能だったわけでもない．実際，高橋財政下の日本経済の回復と発展のプロセスには，中村隆英や橋本寿朗が指摘したように戦後の高度成長につながるような要素（重化学工業の発展，新興財閥や独立系企業の出現と発展など）が含まれていた．「2・26事件による高橋の暗殺がなければ……」ともいいたくなってくる．

　しかし，「日本のケインズ」の政策，すなわち果敢な金融緩和と財政政策は，所詮，短期的な「ポンプの呼び水」にすぎない．いくら「呼び水」を注いでも，「ポンプ」自体が壊れていては，あるいは「ポンプ」が吸い上げるべき水自体が不足していてはどうしようもない．

　筆者の見るところ，戦前・戦中の日本には，経済発展をさらに持続させうる

ような社会的・経済的条件が欠けていた．たび重なるテロによって「財閥の転向」を余儀なくされた旧財閥の改革や急激な寄付金の増額にもかかわらず，同族支配と高度な寡占体制の基本は改められなかったし，労働者保護や農業振興策は，いくつかの試みにもかかわらず十分な成果を上げられないままだった．さらに，「権力の分立」といえば聞こえがいいが，その実統治能力 (governability) の欠如がつくりつけられていた明治憲法体制，特に「統帥権の独立」が，政軍関係を制約していたことも否定できない．筆者は，敗戦時の GHQ 改革のいくつかの点に強い不満を覚える者だが，財閥解体，財産税，労働の民主化，農地改革などが，GHQ の意図におそらく反して，戦後の高度経済成長を可能とするいくつかの条件を用意したことは否めないと思っている．

　もし，こうした戦後改革のいくつかが戦前日本人自身の手によって実行され，より平等化され民主化された環境の下で，当時すでに発展しつつあった新産業と新技術をエンジンとして，ゆっくりとしてではあるが内需を拡大し，国民生活を向上させ，諸外国と政治的妥協を重ねながら，節度ある輸出によってエネルギー資源や地下資源などの輸入に必要な外貨を稼ぐ——つまり，穏やかな経済成長を実現しながら時を稼ぐことができれば，あるいは「軍国・日本」の悲劇は避けられたかもしれない．

　逆にいえば，悲劇を避けるには，長期視野に立ったさまざまな社会経済構造の改革が不可欠だったということだが，その種の改革がまったく行なわれていなかったわけではない．

　あまりにも短命に終わり，最後には醜態をさらして国民の不興を買った政党政治ですら，伊藤博文や原敬らの藩閥政治改革努力の成果であろうが，近代的政治体制への歩みを進めつつあった．武藤山治指導下の鐘紡の労働者の福利厚生政策と一体となった生産性向上の努力と成果なども，欧米的な労働組合なしの「温情主義」と「家族主義」に基づく後進的なブルジョアの弥縫策などと冷ややかに見るのではなく，その積極的意義を強調されてしかるべきだろう．松岡駒吉率いる総同盟の労使協調を旨とした労働運動，しばしば「右翼的労働運動」として蔑まれろことも多かった労働運動にも，小池和男が強調するように見るべきものがある．それらは，戦後の高度経済成長を牽引することになる「日本的経営」を準備したのである．

　さらに，遠く明治時代に柳田国男によって発案された農業改革思想（中農養成策）が，農林官僚の一部などに細々と受け継がれ，戦後の農業改革（農地改革

や農業基本法制定)を準備したことも忘れてはならない．柳田農政思想の源流の一つが江戸時代の二宮尊徳の言動だったことを思えば，欧米流の改革だけがありうべき改革ではないことが分かる．武藤の鐘紡改革も柳田の農業改革も，日本の伝統に棹さした「保守的改革」だった．そして，これらは，トクヴィルが大衆社会の病弊を是正する方策の一つとして期待した「よき中間集団」を，当時の日本で形成しようとする試みでもあったのである．

しかし残念ながら，こうした構造改革には当然ながら時間がかかり，戦前日本の急場を救う方策にはなりえなかった．必要な改革の一部が不十分ながら戦時下で行なわれ，戦争を回避するために行なわれなかったのは歴史の皮肉というほかない．

日本リベラルの無力と挫折は，マルクス主義や国家主義などの台頭と表裏一体のものだった．こうした動向を文化や思想や精神という次元に力点を置いて見直す時，見えてくるのは，急激な市場経済の発展，都市化，大衆社会化，近代化によってもたらされる文化的混乱，あるいはカール・ポランニーの言葉を使えば「文化的真空」ということの問題である．

「文化的真空」は，「故郷を失った文学」ならぬ「故郷を失った文化」ともいい換えることもできる．それは，知識人の場合は「精神の空虚」「自意識の病」[1]などと，庶民の場合は「生きがいと死にがいの喪失」「わけのわからなくなった世の中」などともさまざまにいいかえることができる．

こうした状況に最も早く最も強く反応したのは知識人だった．吉野作造の門弟たちのなかから東大「新人会」がつくられ，マルクス主義に傾斜する者が増え，やがて日本共産党が結成されることになるが，彼らが，吉野の微温的な民本主義に飽き足らない思いを抱いたのにも無理からぬものがあったように思われる．民衆の苦しみと比較すれば，「帝大教授」の言説は，善意は疑えないとしても，あまりに高踏的に思えたことだろうし，財閥資本家と大地主の「旦那衆」が仕切る議会を通した体制内改革などでは，いつになったら改革が実現するか分からない，改革が遅れること自体が正義に反することではないか．エリート学生たちはこうした「義憤」に駆られたかもしれないし，ある種の「ノーブレス・オブリージェ（高貴な義務）」の意識に駆られたのかもしれない．

しかし，左翼エリート学生の精神のさらに奥底には，自分自身の精神の危機，「自意識の病」があったのではないか．彼らは，明治時代の「煩悶青年」の後継者でもあったはずである．「人生の意味」「世界の意味」の喪失に悩み，「文

化的真空」からの脱出あるいは逃走を図ろうという，本人にも気づかれにくい動機が隠されていたのではないか．

　左翼運動が壊滅し共産主義思想に幻滅すれば，同じ脱出願望は，明治以来の「近代化」という名の西洋化への憎悪に変わる．文明開化がもたらした物質文明は，結局，巨大な貧富の格差ばかりでなく，大衆文明という「文化的真空」をもたらしただけではないか．この場合の脱出先は，「労働者＝人類のユートピア」ではなく，外来文明に汚染されない「美しい日本」というユートピアである．保田与重郎ばかりでなく，橘孝三郎，北一輝，大川周明などの国家主義者の文章を読んで感ずるのは，日本あるいはアジア古来の「同胞主義」や「道義主義」や「王道主義」に対する幻想的な憧憬の念である．そうした国粋的なユートピア思想とソ連譲りの社会主義的・社会民主主義的──具体的内容がきわめて乏しい──経済体制に関する，これも幻想的な構想が結びついている．これが，筆者の率直な感想である．

　こうした，マルクス主義と同様に，失敗を約束された幻想が，場合によっては自らの意図に反して，軍部や右翼の過激派を刺激し，結果として日本全体を破滅に追い込んでいく．

　しかし失敗したのは，マルクス主義や国粋主義に限らない．日本リベラルもまた失敗したのであり，彼らの栄光ばかりを称えるわけにはいかないのである．

　日本リベラルのなかにあって，戦前日本の「文化的真空」に最も深いレベルで反応したのは，おそらく柳田国男である．

　柳田は，祖霊＝氏神信仰という「国民の常識」の動揺に「文化的真空」の主な原因を見出した．祖霊すなわち「ご先祖」に対する信仰を失えば，日本人は最も大切な文化的資産を失う．それは，数百年，数千年にわたって，日本人に最も大切な「生きがい」と「死にがい」を与えてきた．祖霊信仰という「家の宗教」を失えば，日本人は，「文化的真空」という虚無のうちに生きて死ななければならなくなる．そればかりでなく，「家の宗教」に基づいて先祖と自分と子孫が「縦に団結」し，その「縦の団結」のために行なわれる盆や正月などを通して，家族，親族，さらには日本人同士の「横の団結」も可能となってきたことを思えば，「文化的真空」は日本という国の解体すらもたらすかもしれない．

　柳田は，「文化的真空」の拡大深化に対して，「国民の常識の歴史」「民俗の年久しい慣習」の確認と復元によって対処しようとした．観念やイデオロギー

によってではなく，一つ一つの事実を積み重ねることによって成立する民俗学という「社会科学」によって確認し復元することによって対処しようとした．

柳田の戦略が正しかったかどうか，柳田の試みもまた失敗を約束された幻想的な試みであったかどうかの検討は第 4 節の課題としよう．ここでは，柳田が，戦前日本の「文化的真空」の最も奥底まで降りて行った自由主義者の一人だったという事実を確認すれば十分である．

本書の議論をこうして振り返っていると，大略，三つほどの問題，その問題をさらに考えることによって，われわれが何かの教訓を得ることができるかもしれない問題が浮かび上がってくる．一つはエリートと大衆の関係，二つは社会経済改革の問題，そして三つ目は，いまもわれわれの心に巣くう「文化的真空」の問題である．

以下では，これらの問題を，今日の日本と世界の状況も加味しながら，筆者なりに自由に考えてみることにしたい．

2．エリートと大衆

戦前期日本の状況を見ていると，一部の人々には意外に思われるかもしれないが，オルテガ・イ・ガセーの『大衆の反逆』と，ごく最近の欧米の状況，特にイギリスの EU 離脱国民投票とアメリカの「トランプ現象」などのことが頭に浮かぶ．

1930 年に出版された『大衆の反逆』は，19 世紀までは貴族やエリートに支配されてきたヨーロッパ社会が 20 世紀に入ると大量の「大衆」の登場に直面し，大衆が支配階層へ「反逆」する様を批判的に描いたものである．

この場合の「大衆の反逆」の具体的イメージは，イギリスにおける労働党政権の樹立（1922 年）やドイツにおけるナチスの台頭（1920 - 30 年代）など，穏やかなものから過激なものまでさまざまだが，序章で触れたように，ロシア革命（1917 年 10 月革命）もその一例としてもよいように思われる．

オルテガは，群をなして登場した大衆を「慢心した坊ちゃん」と呼んで，豊かさを享受しながら，外部あるいは上位の権威に心を閉ざし，思慮も留保も手続きも無視して直接行動によってすべての事柄に介入し，自分の凡庸な意見を他人に押しつけると非難した．オルテガの「大衆」は，ヨーロッパの支配階級を特徴づける「教養と財産」を持たない無学の無産者階級，すなわち一般の労

働者や農民を指すといっても間違いではないが、細分化された領域に関する知識しか持たないくせに、ずうずうしく他分野にも口を出す科学者などの専門的知識人も「大衆」に含められていることには注意を要する.[2)]

　政治的指導者、政治的支配階級への国民大衆の反逆が 20 世紀初頭のヨーロッパ情勢を良くも悪くも特徴づけるというのが『大衆の反逆』のテーマなのだが、類似の構図が、日比谷公園焼打ち事件や満州事変に対する大衆的熱狂だけでなく、最近のイギリスの EU 離脱、アメリカのトランプ政権登場、大陸ヨーロッパにおける極右政党の台頭などに見られることは明らかだ.

　といってもこの場合の政治的支配階級は、もちろん世襲貴族階級ではなく、イギリスであれば選挙で選ばれた議員、閣僚、首相とそれをとりまくオックスブリッジ卒業者を中心とした側近や政策ブレーンや官僚、さらには一国の政治的世論を支配する知識人やジャーナリストの集団、アメリカであれば、選挙で選ばれた議員、閣僚、大統領とそれをとりまく、あるいは知識界や言論界を支配するハーバードや MIT 出身者などの「パワーエリート」（ライト＝ミルズ）の集団、大陸ヨーロッパ諸国の類似のエリート集団などである. したがって、オルテガの議論を厳密に適用すれば、マクロ経済学の専門論文しか書いたことのない経済学者を含むエリート集団も大衆の集団ということになるが、首相官邸や大統領府を中心として、それら「大衆エリート」が頻繁に情報と知識を交換し議論を行ない、それを閣僚や首相や大統領が束ね総括するなどして、一般大衆とは一段レベルの違う意思決定能力を持った「エリート」集団をなんとか形成しているわけである.

　いずれにしても、現在の欧米では、エリート集団の政治的指導に大衆が「反逆」しつつある. イギリスの場合は、D. キャメロン首相（当時）や専門家やメディアの大方の予想を裏切って EUC 離脱国民投票が可決され、アメリカの場合は、H. クリントン圧勝の予想と期待を裏切って「サプライズ」が起こり、ヨーロッパ各国では、政権をとるまでには至っていないが、排外主義的な極右政党が（国によっては極左政党も）台頭しつつある.

　欧米の「大衆の反逆」はなぜ起こったのか. よく知られているように、そこには合法的・非合法的移民問題と密接に関連して、ここ 30 年間ほどの間に両国で急速に、拡大した経済格差の問題がある.

　第 2 章の図 2 - 3 に戻ると、アングロ・サクソン諸国に限らず、大陸ヨーロッパや日本においても、第 2 次世界大戦以前、特に 20 世紀初頭にはきわめて

大きな経済格差（上位1％の階層の所得が全国民所得に占める割合）があったこと，それが大戦以後は急激に縮小していたのが，1980年頃から，特に英米で再び急激に拡大し始めたことなどが分かる．ヨーロッパや日本ではそれほど目立っていないが，それでも同時期にじわじわと格差が再拡大していることが分かる．[3)]その理由は，Th. ピケティが解説するように，先進諸国の実体経済の成長が鈍化する一方，金融資産の世界規模での取引が急拡大し（スーザン・ストレインジの言葉では，資本主義が「カジノ資本主義化」し），かつその収益率が高めに推移した（金融資産収益率＞経済成長率）ことなどだが，この点を詳しく説明するのはほかの機会に譲ろう．

　この場合重要なのは，この経済格差の重荷が白人貧困層（white poors）に特に強くのしかかったと思われたということである．もちろん貧富の格差は，白人，黄色人，赤色人，黒人のいかんを問わず貧困層全般を直撃したのだが，短期間のうちに急激に増加した非白人の移民層の存在は，ホワイト・プアーの少なからぬ部分に，「自分たちの貧しさは，職を奪い，賃金水準を引き下げる奴ら移民のせいだ」という感情を抱かせた．

　議論をアメリカに絞れば，同国の大企業は，かなり前から母国を捨てて生産拠点を東南アジアや中国やインドに移し，現地の低賃金の上に高利潤を稼ぐ反面，「産業の空洞化」を促進し，国内雇用を減らしてきた．大量移民も「産業の空洞化」も政治経済のグローバリズムが元凶なのだと，一部の専門家やメディアに指摘され煽られれば，庶民が「そうか」と思うのは必定である．

　もちろんこうした感情には多くの誤解が含まれているのだが，いつかテレビで見た，代表的なホワイト・プアーの切々とした訴えと彼の住む，確かデトロイトかピッツバーグの，空家とバイオレンスとドラッグの爪痕の生々しい風景には衝撃を受けた．彼らにはトランプ以外に自分たちの窮状を理解し，意見を代弁してくれる者がいなかったのだと，筆者は勝手に納得した．

　ではエリートたち，アメリカの場合は東部の「ベストアンドブライテスト」たちはどうしていたかというと，彼らの多くは，授業料だけで年額200万円を超えるアイビーリーグを卒業し，ウオール街で働かないまでも密接な関係を持つなどして国民大衆から見れば眼の玉が飛び出るような高所得を稼いでいる．クリントンの取り巻きや支持層も同類であり，彼らの眼は中国，ロシア，ウオール街は見ても，ドラッグとバイオレンスに荒れた白人貧困層には注がれない．

　イギリスの場合も，大きな経済格差が問題の背景にあるという意味で，アメ

リカと同様に考えてもよいだろうが，自由主義というより社会民主主義が支配的な大陸ヨーロッパ諸国の場合は，従来からの国民が福祉国家の高負担を課される一方で，続々と押し寄せる移民たちが，それほどの負担なしに高福祉を享受していることに対する国民大衆の怒りが，「福祉排外主義」を掲げる極右政党への支持を強め，逆に，高福祉高負担政策と同時に，移民難民受け入れ政策を強力に推進してきたエリート層への反発を強めつつあるというのが，おおよその見取り図であろう．

　こうしたエリートと大衆の関係は，もちろん時代環境などの大きな相違を無視した大雑把な印象にすぎないが，1930年代の日本に似ている．少なくとも通ずるところがある．

　図2-3で，1930年代の欧米の少なからぬ国の所得格差が徐々に縮小するなかで，わが日本のそれが顕著に拡大しつつあること，さらに上位1％所得シェアの絶対水準もおよそ20％と，いくつかの欧米諸国を上回っていたことに注意しよう．血盟団事件，5・15事件，2・26事件は，そうした国際的に見ても水準，趨勢ともに劣悪な格差環境の下で起こった．そして，そうした状況に最も鋭く強く反応したのが，おそらくテロリストや青年将校だったのだと付け加えるのは蛇足だろうか．

　筆者は，経済格差自体を否定したいとは思わない．それは自由主義経済に不可避の現象であり，能力，成果，運などによって所得と富に大きな格差が生じるのはやむをえない，場合によっては望ましいこととさえ思っている．ただ自分の生活がわずかながらでも絶対的な意味で向上し，家族や少数の友人たちとの情愛と敬意に不足しない交流の日々があれば十分であり，自他の経済の相対的格差を気にするのは，福沢諭吉のいう「怨望」に類した卑しい態度だと個人的には思っている．松下幸之助やビル・ゲイツのような生活をしたいとは思わないのである．

　しかし1930年代の日本や現在の欧米には，絶対的貧困や家族四散などに苦しむ国民も少なからず存在した（する）のであり，また，相対的格差にも「我慢の限界」というものがあり，それがあまりにも大きく，ますます大きくなりつつあるとすれば「大衆の反逆」をしたくなるも当然というものだろう．

　つまり「大衆の反逆」にも，道理のないものとあるものがあり，道理のある「大衆の反逆」の可能性に対しては，冷静にその背景や原因を分析し，先手を打って，その原因を除去するというのが，エリート，特に為政者の責務なのだ．

その責務を果たすことは，彼らエリートの義務，「高貴な義務〔ノーブレスオブリージェ〕」の一部であるはずなのである．

　ここで思い出すのは，「諸君（ブリストルの有権者——引用者）は確かに代表を選出するが，一旦諸君が彼を選出した瞬間からは，彼はブリストルの成員ではなく，イギリス本国議会の成員となるのである」[バーク 1774：165]，つまり，政治家はポピュリズムに屈することなく国全体の長期的利益に奉仕しなければならないと力説したE.バークが，同時に，為政者を突き動かす民衆の不満にも，「人間本性の普遍的弱点を特徴づけるに過ぎない……苦情」と「われわれの風土と季節に特有な不満」[バーク 1770：7] との二つがあり，後者の不満には耳を傾け，その解消のための具体的政策を断固として実行しなければならないといっていることである．

　すなわち政治的エリートは，大衆の声におもねっても，それを無視してもならず，特に「われわれの風土と季節に特有な不満」には真摯に耳を傾け，不満を除去する方策を実行しなければならいということだが，戦前日本と現在の欧米のエリートたちには，その点に関する自覚と実行力が欠けていたということになる．

　すでに第1章で述べたように，高坂正堯は，バークの上の議論に言及しながら，民主政治につきまとう，統治の必要と政治の民衆化の必要との「二つの要請のジレンマ」を強調したが，日本や欧米のエリートは，この永遠の課題ともいえる「二つの要請のジレンマ」への対応に失敗したといってよいかもしれない．

　確かに「二つの要請のジレンマ」は永遠の課題なのだ．すべての国民大衆が「主権者」の名にふさわしい自己統治能力持つことが民主政の建前であり，その建前の実現に向かって「公民教育」（柳田）を続けていくことが不可欠なのだが，現実には統治能力に恵まれた者は限られている．必要な知識という点だけからでも，なにほどかエリートに政治を任せざるをえないというのが現実なのだが，「二つの要請のジレンマ」にうまく対処できるエリートを捜すのはむずかしい．

　たとえば，J. M. ケインズは，「教養と財産」に恵まれた知的貴族，具体的にはオックスブリッジを中心とした名門大学出身のエリートたちに経済政策のかじ取りを期待した．ハロッドは，ケインズの期待を「ハーヴェイ・ロードの前提」（「ハーヴェイ・ロード」はケンブリッジ市のケインズ宅のある通りの名前）と呼んだ

が，その「前提」がプラトンの「哲人王」を思わせるエリートの存在を予定していた以上，そうした知的貴族が現実に出現するのは不可能に近いことだった［佐藤 2010：第2章］．

また T. S. エリオットは，バークが期待した理想の政治的指導者（「自然的貴族」）は「業績」あるいは「成績」だけに秀でた「エリット」では不十分で，上流階級の文化やマナーをも身につけた者でなければならないと述べた（佐藤［2008］第3章第2節，参照）．さらに，柳田国男は，日本の急ごしらえの「華族」などは「貴族」の名に値せず，「高貴な義務」を果たすには，第一次大戦戦場で真っ先に突撃し，一般兵士より高い死亡を記録したイギリスの世襲貴族の子弟のような存在でなければならないとも述べた［佐藤 2004：第3章第2節］[4]．

しかし，1日実質1食，真冬にも支給される毛布は2枚だけ，閉めることを許されない窓などによって特徴づけられる「地獄」の寮生活を学生に課し，勉学以上にスポーツを奨励してフェアプレイの精神を叩き込み，週に2回の軍事教練を行なうパブリック・スクール，ウェリントン公爵に「ウオータールーの戦勝はイートン校の校庭において獲得された」［池田 1949：8］といわせたパブリック・スクールの時代は，1930年代のイギリスにおいてもすでに「古き良き時代」になりつつあったことだろう．

上の記述は，第2次大戦中にケンブリッジ郊外のリース・スクールに留学・寄宿した池田潔の名著『自由と規律』によるものだが，彼が，血盟団事件で暗殺された団琢磨の後継者として三井財閥を率い，「財閥の転向」などの改革を行った池田成彬の二男であることを確認しておこう．従って，成彬が息子の「ノーブレス・オブリージェ」教育をパブリック・スクールに託したのではないかという夢想にもかられるが，詳細は分からない．

翻って日本の戦前の教育システムを考えると，学生の年齢からいってパブリック・スクールに当たる旧制中学や旧制高校などにおいても特別の指導者教育は行なわれなかったように思われる．少人数の知能に秀でた学生を教育したという意味ではエリート教育だが，それはまさにエリオットのいう「エリット」に対する教育であり，上質の文化やマナーという点では――江田島海軍兵学校などを除いて――「バンカラ」でもちろん落第であり，特別の「ノーブレス・オブリージェ」教育が意識的に行なわれた形跡もない．戦後の「マスプロ大学」に至っては，干からびた「学歴エリート主義」はあっても，指導者教育が行なわれた試しがなかったといってよいと思う．

いずれにしても，戦前日本と最近の欧米の事例から学ぶ点は，ポピュリズムに流されずに国民大衆のための政治を行うことの重要さと困難さである．特に重要なのは，「人間本性の普遍的弱点を特徴づけるに過ぎない……苦情」，つまり民衆の無体な不満と，「われわれの風土と季節に特有な不満」，つまり民衆の正当な不満を見わけ弁別し，後者と認定される場合には断固として具体的改善策を提案し実行する能力である．この能力を持つのが民衆自身であることが望ましいが，それが不可能な場合には，能力を保持し磨き高めるのはエリートや指導者の重く不可欠な責任となる．

そうした統治能力を持つ人間をいかにしてつくるか．この点に関しては今後の課題とせざるをえないが，必要なのは，エリートを大衆のレベルにまで引き下ろし「平準化」するのではなく，エリートにはエリートにふさわしい地位と待遇を与える代わりに，彼らに常人を超えた負荷と試練を与えることだろう．1日1食，毛布2枚はさすがに「古き良き時代の地獄」として採らないとしても，せめて全寮制と質素な生活やボランティア活動を義務づけるなどの方策が必要だろう．「古き良き時代」のパブリック・スクールは，そのためのヒントを与えているのである．

3．保守的改革の可能性

戦前日本，特に1930年代の日本を概観してきて思うのは，なぜもっと早く必要な改革を行なわなかったのかということである．なるほど「日本のケインズ」による「金本位制の呪縛」からの解放，管理通貨制への改革は行なわれたが，財閥改革，経済格差是正，労働者保護，農地改革など必要な改革は行なわれたとしても微温的なものに留まり，それも多くは戦時の「総力戦体制」構築のための改革に留まった．

「不磨の大典」明治憲法の改革を日程に上らすのは無理だったとしても，やはり「統帥権の独立」などは軍部のシビリアンコントロールを著しくやりにくいものとした．美濃部達吉の憲法論（『憲法講話』）などには，シビリアンコントロールの方向へ「解釈改憲」しようとする努力が見られ，北一輝の改憲論（『日本改造法案大綱』）には，濃厚な軍事的・社会主義的色彩にもかかわらず，「国民の天皇」をはじめ戦後改革に通ずるような洞察が見られた[5]．が，それらが実を結ぶことはなかった．

すべてが後手後手に回り，気づいた時には遅かった．そうして追い込まれていった状況のなかで，明確な戦略も，強力で統一的な政治的統治能力もなく，日本がずるずると戦争に飲み込まれていったというのが筆者の受ける印象である．これは，「ファシズム」でも「軍国主義」でもなく，やはり，ただの「無責任の体系」ではなかったか．

眼を現在の日本に向けて見ると，欧米や中国など諸外国同様，改革を必要としている問題が山積しているのは明らかだ．安全保障，憲法，政治制度，「日本的経営」と「日本的経済システム」，財政赤字，少子高齢化，労働力不足，農業と地方の過疎化と疲弊等々，これらの改革や改善はまさに「緊喫の課題」である．

しかし，改革にも，大きく分けて，「進歩的改革」と「保守的改革」の二つがあることに注意したい．

進歩的改革とは，過去の経緯や現在の制約を打破して改革しようとするラジカルな改革であり，典型的な例としてはフランスやロシアでの暴力革命を挙げることができる．戦前から戦後しばらくまでの日本共産党など，かつての日本の進歩主義者や革命主義者は，中国の文化革命を含めて，それらの暴力革命を理想とし賛美した．現在はさすがに「革命」を公然と賛美する者は少なくなったが，少なからぬ進歩主義者の胸中には今のなおフランス革命，ロシア革命，中国革命，文化大革命などへの憧憬が消えていない．

他方，保守的改革といえば，「そもそもそんなものがあるのか，語義矛盾ではないか」と怪訝に思う人も少なくないだろう．「保守」といえば「守旧」や「反動」を連想する場合が多いからである．

しかし，イギリス国内の宮廷改革や政治改革などを実行し，アメリカ革命に賛成しつつフランス革命に強く反対したバークは，「保存と改革を同時にする」［バーク 1790（II）：52］という，フランス革命とはまったく異なるタイプの改革，筆者なりに表現すれば「保守的改革」があるといっている．

バークによれば，保守的改革においては，「活発な精神，着実で根気よい注意力，さまざまな比較力と結合力，機略に富む知性の諸手段が，行使される」ことによって，「古い制度の有益な部分が維持され，つけ加えられたものが保存されたものに適合させられる」［同］．

さらにバークは，保守的改革がもたらす進歩を「ゆるやかながら，よく接続された進歩」と呼び，その進歩を次のように特徴づけている．

「ゆるやかながら、よく接続された進歩によって、ひとつひとつの段階の結果が見まもられる。最初の段階の成否が、次の段階において、われわれに光をあたえる。このようにして、光から光へと、われわれは、全系列を安全にみちびかれる。……ここから、(保守的改革においては、進歩的改革が生み出す——引用者) 単純さにおける優越ではなく、はるかにすぐれた優越、すなわち複合における優越が生じる」[同: 53-54].

保守的改革が「ゆるやかながら、よく接続された進歩」である以上、それを「漸進的改革」といって間違いではないが、バークの説明には、それに留まらない要素が含まれていることに注意しよう.

まず「保存と改革を同時にする」ためには、何を保存し、何を改革し、新しく付け加えるべきかを判別する「良い目」が必要となる.「良い目」を持つには、冷静で客観的で詳細な事前の調査と考察が不可欠なのはいうまでもない. しかも、「保存されたもの」と「つけ加えられたもの」が調和を保ち、「複合における優越」を生み出すには、「活発な精神」「着実で根気よい注意力」「さまざまな比較力と結合力」「機略に富む知性」が必要となる.

つまり保守的改革は、「改革のための改革」という破壊を旨とする進歩的改革より、ある意味ではるかに厳しい条件を要求するのだが、それらの条件が現実に満たされるのはいうまでもなくむずかしい.

筆者には、戦前日本に必要なのは、失敗を約束された「プロレタリアート革命」でも「クーデタ」でもなく、リベラルな日本を維持し発展させるための保守的諸改革であり、高橋是清をはじめ、それを実現する見識と能力を持った人々がいなかったわけではないと思われるが、現実には必要な改革は行なわれなかった.

その最大の理由の一つは、当たり前のことだが、「ゆるやかながら、よく接続された進歩」を実現するには時間がかかるからである. 時間のかかる改革を、状況の波乱万丈の変化を通して行ない続けていくには、並々ならぬ精力と忍耐力が必要だからである. あの国内的・国際的悪条件のなかで、日本リベラルはむしろよくやったと称賛されるべきであり、筆者には、彼らの蹉跌を惜しむこそすれ、彼らを非難するつもりはない. 特に「あの状況のなかで自分なら何ができたか」と考える時、その思いは強くなる.

しかしわたしたちは、戦前日本あるいは近代日本の「失敗」からも何かを学

ぶことはできるだろう．

　たとえば憲法改革問題．筆者は，高坂正堯らとともに，戦後レジームとしての「吉田ドクトリン」が正しかった，というより，やむをえなかったと考える．いかに GHQ による占領以降の対米従属が屈辱的だったとしても，安全保障や対外政策，時には対内政策をもアメリカに任せた軽武装・経済重視路線以外の選択肢が当時の日本にあったとは思えない．

　しかし，筆者の考えでは，「吉田ドクトリン」の本質は，自由主義国家という大原則はさておき，「軽武装・経済重視」という点自体にはなく，むしろ，与えられた具体的状況に対して発揮される「活発な精神」「着実で根気よい注意力」「さまざまな比較力と結合力」「機略に富む知性」などにある．逆にいえば，「吉田ドクトリン」の本質は，具体的状況が変われば，注意深くそれに適応し現状を保守的に改革してゆこうという精神の働かせ方にある．

　そして，1940–50 年代と現在では具体的状況が変わった，激変した．中国の経済的・軍事的超大国化，アメリカとヨーロッパの相対的な経済的衰退と政治の劣化，北朝鮮の核武装，いつ日本にも潜入してくるともわからないイスラム過激派……，数え上げればきりがないほど状況は変わった．

　そうした変化のなかで，じりじりとゆっくりと，安保法制を整備し，巡航ミサイルを導入するなどして自主防衛の比率を国家財政の許す限りで増大させ，やがて憲法の一部を現行憲法の基本的精神を厳守しながら変えていくのは，むしろ「吉田ドクトリン」の精神に適うことであろう．

　日本の改革の必要はもとより多くの人々によって強調されてきた．筆者の記憶では少なくとも 30 年ほど前から強調されてきたが，革新派はもちろん，保守派の多くも「保守主義」ならぬ「守旧主義」に陥り，この点に関する改革は遅々として進まなかった．繰り返しになるが，「ゆるやかながら，よく接続された進歩」も，というよりこの種の進歩こそ，人々の「活発な精神」を要する建設的な真実の進歩なのである．

　さらに日本的経営や日本経済の問題．この点に関しても，改革の必要が強調されだして久しい．その理由の最大のものは，1991 年のバブル崩壊以後，ある意味では現在も進行中の日本経済の長期停滞と国際的な相対的地位の低下であろう．

　この場合も進歩的改革と保守的改革が区別されなければならない．現在叫ばれていくつの改革案は，さすがにソ連や中国をモデルにしたものではなくなっ

たが, 日本的雇用慣行, 特に終身雇用制と年功賃金制をラジカルに改め, 短期雇用や成果主義を旨とする「アメリカ的経営」や, 男性と女性, 正社員と派遣社員, 新入社員と中高年社員などの区別なしに「同一労働同一賃金」を適用する「ヨーロッパ的経営」, 失業保険, 育児支援, 住宅補助など分厚い国家福祉体制に補完された「ヨーロッパ的経営」への「レジームチェンジ」を勧めるものなどである.

しかし, 筆者は, 戦前期から長い年月をかえて築かれてきた経営と雇用の仕組みを, アメリカやドイツの例などにならって変えることには無理があると思う.「日本的経営」を「アメリカ的経営」に変えれば, たぶんピケティが調査したような巨大な貧富の差が日本にも生まれかねないし,「ヨーロッパ的経営」に変えるには, 中高年になってから解雇されてもきちんと住処を確保し子育て・教育できる, 国家による分厚い「セーフティネット」が必要だが, そのためには, おそらく30％近い消費税率が必要だろう.

筆者は, 小池和男の熟練論に多くを学び, それが妥当する部面が少なからずあること, これからもあることを認める者だが,「日本的経営」には, カール・ポランニーの「社会の自己防衛」の側面, 簡単にいえば社会福祉の側面があるのではないかとも考えてきた.

筆者の考えが正しいとすれば, たしかにアメリカやヨーロッパの観点から見る時,「日本的経営」とは不可解なものだろう. ビジネスシステムであるべき企業（大企業）が, 全部ではないとしても, 社会福祉の重要な一部を担っているからである. これでは, ますます厳しさを増してきた国際経済競争に勝てない, このままでは日本企業と日本経済はますます落ち込み没落してしまう, という懸念が生まれるのも無理からぬことかもしれない.

しかし, 成果主義導入の失敗も示すように,「日本的」から「アメリカ的」あるいは「ヨーロッパ的」への大転換は, かつての進歩主義者が夢想したソ連型や中国型経済への転換と同様に, 破壊だけをもたらしかねないというべきだろう.「体制転換のコスト」が高すぎるのである.

より見込みがあるのは,「日本的経営」の骨格を守りながら, それが不適合となった部分を改革し, 新しい部分を付け加える——つまり「日本的経営の保守的改革」である. 新入社員以来の社内訓練（OJT）による生産性の向上が中高年になったら鈍化し, 年功賃金プロファイルと乖離し始めたら, 中高年の生産性をさらに向上させるための社内研修や社外研修（Off-JT）を会社の負担で

実施する，派遣社員にも研修の機会を与え補助して，一定のスキルに達した者は正社員に登用する，OJT が大規模装置産業以外，たとえばパソコン技能には不向きなら，その分野は別部署あるいは別会社をつくって内外の競争に対応するなど，現実的な有効な改革は少なくないように思われる．

　労働力不足が日本経済成長のネックなら，やはり女性，高齢者，外国人労働者の受け入れを促進しなければならない．外国人も含めた「1億総活躍社会」をつくるべきだが，そのための待機児童解消のための公的施策と一体となった女性のための働き方改革，たとえば長時間労働や転勤の規制，定年の延長あるいは定年の廃止，自治体あるいは企業負担による外国人向け日本語・日本事情講座の開設など，日本には日本なりの，ただし思い切った改革が必要であり，また可能なはずである．

　日本農業の改革にしても，山下一仁が強調するように，江戸時代の二宮尊徳の伝統を受け継いだ柳田「中農養成策」の改革案を，100 年以上の遅れを伴って今こそ実行すべき時なのである．もちろん，離農したり廃業したりしなければならなくなった農民には，政府や国民による手厚い経済的・精神的支援を行うことを前提としてだが，TPP 締結による農産物輸入自由化促進はそのための重要な契機となり，「攻めの農業」もそれによって一層拡大強化されうる．

　TPP をグローバリズムの一類型と見るのは狭すぎる考えである．もちろん TPP に経済や社会の国際化・グローバル化を促進する要素があるのは確かだが，それは同時に，日本古来の農業思想の復活，新しい時代に適合した姿での復活のチャンスでもある．

　巨大な財政赤字問題にも，保守的改革が貢献する余地がある．1000 兆円を超える国と地方の累積債務を減少させるのは，いくら 1500 兆円の個人金融資産を誇る金持ち国，日本にとっても容易なことではない．税収のことを考えれば，「ゼロ成長論者」の主張にも関わらず，今後もなにほどかの経済成長（実質 2％ほど）が不可欠であり，なにほどかの消費税率の引き上げなども不可欠なのだが，それらと並んで，年金，医療，介護に関わる高齢者向けの社会保障費が国の歳出全体の 30％弱を占めるという現状も改革されなければならない．

　国が歳出を増やさなければならない分野はたくさんある．子育て支援のための保育所増設や保育士待遇の改善，派遣労働者の減少，教育費軽減，大学教育と学問（人文・社会・自然科学）振興のための文科省交付金増額，過疎に悩む地方支援のための地方交付金の増額，さらにはアジア安全保障情勢の緊迫による

防衛費の増加など，これらの歳出増額が求められる一方で，高齢者向け社会保障費だけが突出するというのは，いくら急速すぎた高齢化と寿命の延長という悦ばしい事態への対応のためとはいえ，歪(いびつ)な予算構造になっていることは否めない．

他方，高齢者は貧しい者だけかといえば，富裕な者も少なくもない．その富裕な高齢者をターゲットとした「高齢者産業」を活性化し成長させると同時に，高齢者の自己負担を増やすなどという方策も必要である．年金支給時期を遅らせる，過度の終末期医療を慎むなどというのも検討されてよいことだろう．

そもそも，日本には，柳田国男が調べた「デンデラ野」の事例に象徴されるように［柳田 1935：182］，老人は子や孫のために「身を引く」という伝統があったはずである．それは，そうしなければ家族や村落共同体が「食えなくなる」という経済的貧困にもよっているが，貧困のなかで子や孫に迷惑をかけず彼らを生き延びさせたいという，命をかけた愛情の表現でもあった．その伝統を，もちろん高齢者に過酷にならない形で蘇らせ，財政改革に生かすという工夫が必要であり，可能でもあると高齢者の一人としての筆者は考える．これも，もちろん保守的改革の一つである．

この節の最後に地方の過疎化問題にも一言しておこう．筆者は，現代社会が健全な発展を遂げるためには，社会学でいう「中間集団」，厳密にいえば「よき中間集団」の存在が不可欠だと考える．それが十分に存在せず十分よく機能しないことが，戦前日本の窮状をもたらした一つの原因だとさえ考える[6]．そしてもちろん，中間集団には地方や地域のコミュニティも含まれる．柳田が「中農養成策」を打ち出したのも，当時の日本の大部分を占めた地方の農村の疲弊を憂えたからだった．

その地方の農村が，多くの人々の努力にも関わらず，都市と比べた相対的・絶対的経済的疲弊を主な要因とする若者の人口流出などによって，戦後はますます過疎化し，「三ちゃん農業」を通り越して，「廃墟」に化しつつある．現時点で農業者の平均年齢はすでに65歳に達しているのである．国家による保護に保護を重ね，柳田の改革案を拒否し続けた結果がこれであり，地方が過疎化し人が住まなくなれば，やがて国土の保全もままならなくなるだろう．

では人口の流出先の都会の方はどうかといえば，NPOやNGOのある程度の盛り上がりとは裏腹に，神社の氏子や寺の檀家の寄り合いはもちろん，自治会や理事会も盛り上がりを欠く状態にある．現代日本では戦前同様，企業を除

いて中間集団は依然として低調なままであるといってよいだろう．

こうした状況をどう打開するか，どう改革してよりよい局面を切り開くか．これが現在の日本が直面する最も困難な問題の一つである．

要するに，今日の日本に解決を要する問題が山積しているということだが，それらを保守的改革によって解決するには，繰り返しになるが，長い時間と持続する志と能力が必要である．別のいい方をすれば，保守的改革を成功させるには，可能な限り早く問題を発見し，問題解決のための具体策を着々と実行し続けることが不可欠である．

柳田の農業改革案は実に明治時代に提案されていたのだが，欠けていたのは，それを倦まずたゆまず実行する志と気力と能力――一言でいえば「バーチュー」――だった．少子高齢化や人口減少問題や財政赤字問題なども，1980年代にすでに，政治家を含む一部の人々によって正確に予測され憂慮されていた．「問題の先送り」は保守的改革と正反対の態度であり，保守的改革主義者は，いち早く気づき認識した問題を，過去から伝えられた善きものを守りながら，解決するための具体的な改革を実行することに全力を傾けるのである．

4．現代社会のブラックホールとその行方

しかしより困難で基本的な問題は，日本人に限らず現代人が，「生きがい，死にがいの喪失」あるいは「自意識の病」とも形容できる，精神の巨大な空虚を抱えた文明のなかに生きざるをえないという問題だろう．

本書では，こうした現代文明の危機的な精神状況を，「文化的真空」や「モノとカネとマスの文化（の問題）」などと呼んできた．そして，その問題が，戦前日本の「孤独な群衆」を生み出し，極左・極右の運動を発条として軍国主義をもたらしたのではないかとも書いてきた．

筆者は，現代文明を否定しない．クローン人間やキメラを生み出しかねないBT（バイオテクノロジー）や，未開人の「御宣託」にも似た，人知を超えた予言や指令を人間に下しかねないAI（人工知能）はもちろん，スマホにさえついていけないと思う反面，車や水洗トイレの快適さは絶対に手放したくないとも思っている．この執筆も，パソコンがなければ高齢者にとっては耐えがたい苦行となるはずである．

そもそも，現代人あるいは人間に，現代文明を根本的に否定することなどで

きはしない．やがて自らが支配されることになるかもしれない AI も，もとはといえば人間が「知恵の実」を食べたことから生まれたのであり，「人間の本性（human nature）」の「自然の恵み」とすらいってもよい．われわれにできることは，人間＝文明という宿命を，否定するのではなく，正しく，より弊害の少ない形で背負うことに限られる．

　それにしても，現代文明の慌ただしさ，騒々しさ，とりとめのなさは何とかならないものだろうか．IT 関連に限っても，パソコン，スマホ，タブレット，IOT，介護ロボット，量子コンピューター，藤井7段も勝てないかもしれない将棋用 AI，各種アプリ，ネットゲーム，ブログ，ツイッター，フィンテックなどと，ほぼ毎日のように，日本や世界のどこかで，気の遠くなるような質と量のハード・ソフトの商品群が生み出されていく．商品群のなかには，ネットのなかにほとんど何の脈絡もなく現れる「北朝鮮の非核化」「ダイエット法」「株価情報」「大相撲スキャンダル」「あぶない大学」等々の，多くは一過性の情報を含めてもよいだろう．これに，科学技術を中心に毎日津波のように発表される学術論文なども含めれば，現代文明は，新奇な要素がどんどん増えて，全体が，量的というより質的形態変化を遂げていく「自己組織化」あるいは「複雑化」の過程であることが分かる．

　それはそれでよいのだが，問題は，その「複雑化」の過程を全体として見た時，何の統一性も脈絡もなく見えることだ．その過程を共時的に体系づける「文化の型」も，通時的に体系づける「物語」も見えず，時間がとりとめもなく，ただモノとカネとマスの方向に向かって無機質な相貌のまま，ものすごいスピードで流れていくことだ［佐藤 2012：第4章第3節］．

　カール・ポランニーのいう「文化的真空」とは，どんどん新しいモノや文化や価値が生まれては消え，消えては生まれるが，その生成消滅に何の脈絡も法則性もなく，局所的にはともかく，全体としては，人間に理解不可能に思われるようになった文化の状態である．「文化的真空」とは「文化的カオス」なのであり，その不安な意味の真空のなかで，人間は物質的欲望だけを膨らませていく．

　筆者はかつてこうした現代文明の状況を，市場経済とその周辺に限定した形で「市場社会のブラックホール」という言葉で表現したことがある［佐藤 1990］．それは，現代社会で生み出されるモノや文化や価値が，最近亡くなったホーキング博士が分かりやすく解説してくれた宇宙のブラックホールにも似

た社会のブラックホールに次々と吸い込まれていくように見えたからだ．本物のブラックホールが万物を吸引する一方で，X線その他の形でエネルギーを放出（ホーキング放射）するのに似て，モノや文化や価値の喪失感が「次の日のエネルギー」を生むというアイロニカルな状況を表現したかったからでもある．

　もちろん，生活が便利で快適になり給料や貯金が増えていくのは喜ばしいことであり，現代人にある種の「生きがい」を与える．が，激しい競争などによって，ウオール街の覇者の地位と財産すら「明日を知らず」であり，財力に任せて遺伝子治療や遺伝子改良をはかっても死は必ず訪れる．

　死はいうまでもなく人間とっての最大の普遍的課題である．これほど科学技術を発展させ，健康と延命のための医療を発達させた現代人にとっても最大の課題である．しかし，現代以前の人間には，まだしも宗教などが与える「死にがい」があった．アリエスによれば，18世紀末〜19世紀初頭までの西洋人が恐れたのは，生物学的な死ではなく，死後の劫罰（永遠の地獄の苦しみ）であったし，「七生報国」を信じた前近代の日本人にとって死は「親しみのある」ものだった（アリエス［1975：135］など．および柳田［1946a］「六四 死の親しさ」，など）．

　その「死にがい」を現代人の多くは失い，死はひたすら忌み，回避，忘却すべきものとなった．「死後の計画」を失った彼らはそうせざるをえず，生命至上主義にすがらざるをえないのである．

　筆者は，これまでの拙著で繰り返し書いてきたように，ここに現代人の不安の大きな原因の一つがあると思う．「死にがい」の喪失は，現代社会のブラックホールが奪う価値の最大のものではないか．

　「死にがい」が失われれば「生きがい」も失われる．もちろん，生活の快適さの一層の向上，賃上げ，蓄財，延命治療など，「生きがい」の発見に事欠くことはないともいえるが，それらは，パスカルがいうように，所詮「気晴らし」にすぎないのであって，「死」という宿命的現実の前に色あせる．こうした「現代の不安」（キルケゴール）が，「故郷を失った人々」，すなわち，われわれ大衆人の精神の根本にある問題ではないのか．

　「現代の不安」は，さまざまな機会を捉え，さまざまな形をとって社会の表面に噴出する．戦前日本では日比谷焼打ち事件，共産主義革命運動，国体明徴運動，テロとクーデタなどとして噴出したが，最近目につくのは，近代自由民主主義の母国ともいえる欧米におけるポピュリズム，反グローバリズム，排外主義，女性・人種差別主義，極左・極右政党の台頭などである．

一部の人，特に欧米のコメンテーターには心外に思われるかもしれないが，本書執筆中の筆者の念頭にあったのは，戦前戦後の日本というより，最近の欧米の政治状況，フランスのルペン率いる「国民戦線（国民連合）」や「左翼党」，ドイツの「ドイツための選択肢 AfD」と緑の党（の一部），「アメリカファースト」を掲げ頻繁に民族差別発言や女性差別発言を繰り返すトランプ米大統領などによって彩られる欧米の政治状況だった．1930 年代の日本と現在の世界の状況はぞっとするほどよく似ている——こういう思いが脳裏から離れなかったのである．

　現在の日本も現代文明に属している以上，ヘイトスピーチに見られるように，同様の病理と無縁でありえないのだが，欧米の場合は，経済格差や経済的困難と結びついた大量の移民・難民問題が深刻であり，日本とは比較にならないくらいの支配層への不満や攻撃的感情が鬱積しているのであろう．

　その場合気をつけたいのは，近代化に伴って発展してきたヒューマニズム（人権思想），フェミニズム（女性尊重主義），人種平等主義，国際主義などの現代文明の肯定的な側面が，前近代的世界へのグロテスクな回帰によって否定される傾向があることである．トランプの発言やそれに喝采を送るホワイト・プアーの姿などを見ると，事情には同情するが，「野蛮へ回帰しつつあるのか」という感想を持たざるをえない．

　ヒューマニズムなどの現代的価値には欺瞞や偽善，フランス革命やロシア革命の暴力的過程が示したように，一歩間違えるとやはり「野蛮」に転落しかねない欠点がたくさん含まれている．が，異教徒を殺戮してやまない IS や，ごく最近まで女性の車運転を禁じてきたイスラム教国などのニュースに接すると，やはり近代化は必要だった，それを先導しヨーロッパは偉大だったと思わざるをえない．その欧米人の一部が自らつくり普及してきた価値を，「本音」をむきだしにして踏みにじっている．

　思うに，「文明」とは多分に「欺瞞」と「偽善」の体系なのだ．不愉快に思ったり憎んでいる他人とうまく付き合うのはむずかしい．付き合いや社交にはないほどかの「欺瞞」と「偽善」が付きまとう．しかし，自己とは異質な他者や異文化や価値観に寛容であるのがリベラリズムの根幹であり，それを抜きにしてはリベラリズムも文明もありえない．

　そして，tolerance という英語が「寛容」とも「忍耐」とも訳されることを思えば，「寛容あるいはリベラルであること」には，「不快な相手を忍耐する，

我慢する」という側面が含まれ，自分の感情や価値観に，それのみに忠実な人には，本音に反した行動を余儀なくされるという意味で，リベラルな態度は「欺瞞」や「偽善」を意味することになる．「欺瞞」「偽善」なしには決して「文明」はありえず，「野蛮」が帰結するだけだ．文明とは，ハイエクが強調するように，「部族社会の情念」を抑制することによって成立するからである．

　しかし，なんとか抑制に成功したとしても，現在文明社会のブラックホールという問題は残るだろう．最近の欧米の悪しき状況も，元はといえば，欧米文明の自己破壊によって生まれたという側面がある．オルテガによれば，現代ヨーロッパ社会の精神的危機は，貧しくはあったが，神と死後の世界を素朴に信じられた「中世的信仰」が衰退し，それに代わって登場した「現代的信仰」，世界（自然，他者，自己）への懐疑と不信感を奥底に抱えた科学技術を中心とする「現代的信仰」によって生み出された．「現代的信仰」によって西洋人，さらに人類は，豊かで快適で，野蛮な差別や抑圧などの抑制を旨とした現代社会をつくってきたが，精神の根底には世界への不信や不安が隠されていた．「中世的信仰」に含まれていた世界への信頼感と安心感を，近代化のうちに失ったのである．[7]

　かといって，「現代的信仰」から「中世的信仰」に戻ればよいというものではない．現在が不都合だからといって，幻想的な過去に戻ったり，あるいは逆に幻想的な未来に期待しようとすることは，事態を悪化させるだけである．それは，戦前日本の左右のロマン主義者がかつて陥り，最近の欧米の同様の者たちも陥りつつある落とし穴である．現代文明のただなかで，現代文明の基本を認めつつ，その諸々の欠陥，とりわけ死生観に関わる問題に冷静に対処するにはどうしたらよいのか．

　欧米のことはさておこう．柳田は『先祖の話』を書き，「民族の年久しい慣習」の足跡を事実によって辿ることによって日本人の「死後の計画」を回復しようとしたが，「家」はおろか，「家族」すらやせ細り，「ご先祖のお墓」すらつくらなくなりつつある今日の日本に多くを期待するのは無理だろう．

　そもそもリベラリズムは，いくら「民族の年久しい慣習」だからといって，各人に画一的な「死後の計画」を強制する思想ではありえない．それは文字通り「信教の自由」に属する事柄であって，各人は，神道，仏教，キリスト教，イスラム教，無宗教などと思い思いに好みの「死後の計画」を選べばよい．その種の「計画」などまったくいらないという人がいれば，それもそれでよいの

である.

　だからあくまで個人的趣味の問題としていいたいのだが，筆者の心のブラックホールの奥底に，ほんのたまにではあるが，単なる空虚ではない何かを感ずることがある．この暗黙知でしか知りえない「何か」をきちんと言語表現することは不可能だが，それは「世界とのつながり」ともいうべきもののような気がする．

　「世界」といっても大それたものではない．それは，慣れ親しんだ風景や交流していた家族や友人などから構成される「小さな世界」だ．

　その「小世界」を覗(のぞ)いていると，自分と「世界」の境目が段々ぼやけてきて，自分と他人，場合によっては自分と道路のマンホールの蓋(ふた)が入れ子になって溶け合ってくる．哲学の身体論が教えるように，持っている杖が自分の手の一部のような気がしてきて，外部の事物が「自分」のなかに入り込んでくると同時に，「自分」が外へ外へと張り出していくのである．そもそも，自分の命が自分の皮膚の内側に局限されるなどと誰が決めたことなのか．あの山やあの川を「自分の一部」といって何が悪いのだろうか．

　こうした奇妙な感覚に打たれたのは，20年以上も前の阪神淡路大震災の直後に，半年前まで住んでいたマンションの周囲を歩いていて，破壊されて柱がむき出しになり30度ほど傾いた建物や，無残にクレパスを開けた公園や道路の地面を見た時だった．その光景に接した時，筆者は自分の身体に鋭い痛みを感じ，頭がからっぽになり，その後数日間に渡って，被災地域でないところに直立している建物まで傾いているように見えてならなかった．それらの建物や風景は自分の身体，いや命の一部なのだと感じると同時に，自分の身体や命は，自分の私有物などではなく，「小さな世界」の共有財産なのだと感じた．

　東日本大震災などの自然災害の被災者は，もっと強烈に，はるかに痛切に同じような体験をしたのではなかったか．「故郷」や「故郷」でともに暮らした人々は，自分の命のかけがえのない一部分であり，自分の命はそれらの人々の命でもあるのではなかろうか．

　もし，そうした実感が根拠のないものでなかったとしたら，自分が死んでもあの風景は残るであろうし，自分が交流したあの若者はなおも元気に活躍し，やがて家族や友人をつくるだろうから，自分の命は，それらの道路や木立や山並みや後輩たちの受け継がれ，それらとともに生きていくことになる．

　「世界とのつながり」の実感は，大震災などの非常時に限って得られるもの

ではない．平常時の我が子の寝顔や友人との語らいのなかにも，超多忙の生活の合間を縫って，誰にでも時折感じられるものであろう．そうしたささやかな「命のつながり」をつなげていけば，祖霊信仰や氏神信仰の十全な復活は無理としても，各人各様の「死後の計画」が生まれるのではないだろうか．そう期待したい．

注

1) 井口時男が，橋川文三の保田与重郎観を形容して使った言葉［井口 2002：345］．
2) この点は佐藤［1994：第5章］などでもう少し詳しく議論した．
3) 調査によるばらつきがあるが，ジニ係数で見ると，2000年代に入ってからのイギリスの所得分配は，労働党政権がしばらくの間続いたためか，平等化しつつあるようである．しかし，ヨーロッパ大陸諸国との比較で，同国の経済格差がなお大きな水準に留まっていることは否定できない．
4) 三谷［2013］は，『日本の思想』における「現代日本の知的世界に切実に不足し，もっとも要求されるのは，ラディカル（根底的）な精神的貴族主義とラディカルな民主主義と内面的に結びつくことではないか」［丸山 1961：179］などの発言などに基づいて，「重臣リベラリズム」のエリート主義を批判した丸山もまた，戦後民主主義を構想するに当たって，大衆民主主義の陥穽に抗するための「精神的貴族主義」の役割を重視した点を指摘している．

しかし，「ラディカルな精神的貴族主義」と「ラディカルな民主主義」の結合について丸山も三谷も詳しく論じておらず，その具体的態様や意義は不明のままである．もしそれが，60年安保騒動における，丸山などの「精神的貴族」によるアジテーションと市民による国会デモの結合のような事態を指すものだとすれば，権力の横暴に対する異議申し立てとしてはともかく，一国の国政を主導する理念としてはまったく不十分なものだといわざるをえない．

なお川崎修は，武士道を肯定的に評価した丸山の「忠誠と反逆」論文（1960年）を，日本史のなかの「『シヴィック・ヴァーチュー』を掘り起こす」［川崎 1998：488］試みであり，趣旨において上記の「精神的貴族主義」と通底するものだと述べている．しかし，丸山の議論が統治権力への「反逆」や「抵抗」に力点を置いたものである一方で，古代ギリシア起源の「シヴィック・ヴァーチュー」が，そうした側面を含む場合もあるとはいえ，ポリス統治のためのより包括的な能力全般を意味するものである以上，川崎の議論は一面的である．丸山の武士道の評価の仕方についても同様の一面性が指摘されうる．

5) 坂野［2008］は，明治憲法のなかから議院内閣制を導き出そうとした美濃部達吉の「憲政論」を，「すぐれた解釈改憲」［2008：100］と高く評価している．
6) 中間集団があればよいというのではない．たとえば佐藤卓己は，戦前日本の隣組や

職場などの中間集団が，軍国主義的世論形成に大きな役割を果たしたという意味で，「悪しき中間集団」の側面を持ったことを示唆している［佐藤 2002：460］．「よき中間集団」と「あしき中間集団」を分ける基準はさまざまだが，政府や大衆メディアがつくり出すその時々の世論の動向にどこまで抵抗できるかが重要な分水嶺の一つとなる．佐藤が考察対象とした戦前の隣組などには，「世論に飲み込まれる」という側面が強かったように思われる．しかし，良くも悪くも，都会と地方の中間集団が崩壊・消滅しつつある現代日本では，そうした問い以前の危機的状況にあるといってよいだろう．

7) この点は，オルテガの『危機の系譜』をテキストとして，佐藤［1994：第5章第3節］などで詳しく論じた．

■ 補論1 ■
金本位制下の国際マクロ経済模型
―― 2国のケース

1. 準　備

　本論第2章第2節で筆者は，国際金本位制下においては各国の通貨発行量が各国の金保有量によって制約されるため，ある時点における世界の金存在量が一定であるとすれば，貿易を通じてより多くの金を獲得した国が通貨量を増大させ，より少ない金を獲得した国が通貨量を減少させる結果，前者の国の景気が改善され（GDPや雇用が増大し），後者の国の景気が悪化するという，「ゼロサムゲーム」のような事態が生ずると述べた．

　ただし，そうした事態が生ずるのは，プライスメカニズムの円滑な機能によって，GDPが労働などの生産要素の賦存量によって，あるいはそれらの完全雇用によって決定され，通貨供給量は物価水準の決定にのみ関与するという古典派経済学の世界には妥当せず，不完全雇用の余地を残したケインズ経済学の世界においてである．

　これはM.ポランニーの『完全雇用と自由貿易』[Polanyi 1945：112]の記述を筆者なりに解釈した命題であり，筆者は，同様の議論を『マイケル・ポランニー』[2010：第2章第5節]，『カール・ポランニーと金融危機以後の世界』[2012：第2章第1節]でも行なってきた．

　しかし，その議論は直感的な指摘に留まり，厳密な検証を経たものではなかった．ここでは限定された条件の下ではあるが，この議論にいま少し厳格な，数学的な裏付けを与えることにしたい．

　議論の基本は国際マクロ経済模型，すなわち二つの国が，それぞれ，1種類の財・サービスを生産する開放経済模型である．両国の経済関係の基本は財・サービスの貿易だが，補足的に資本移動がある場合も考察する．こうした単純極まる模型においても，明確な結論，上記のいわば推測（conjecture）を裏付ける命題を得るには，さらに限定的な仮定や想定が必要である．しかしだからと

いって，こうした数学的模型分析がまったく無意味となるわけではない．以下に見るように，それは，少なくとも古典派経済学とケインズ経済学の相違や，筆者自らの議論の科学的射程あるいは限界を明確に示すことができるのである．

以下の議論は，それほど斬新な結論を導くものでも，高度の技術的難易度によって特徴づけられるものでもないので，すでに内外のより優れた経済学者によって示されている議論ではないかとも思う．が，筆者のこれまでの調査では，少なくともこの補論の主要な結論と同様な結論を得た先行研究を発見できなかったので，報告したい．[1]

以下で使用する記号を定義する．iは国番号．i=1, 2であり，各記号は第i国に関するものであり，たとえばYi=第i国の国内総生産と記すべきところだが，記載を単純化するために，以下では原則として「第i国の」を省略する．

Y_i＝国内総生産（GDP）
$F_i( )$＝生産関数
N_i＝労働供給量
C_i＝消費需要量
I_i＝投資需要量
Q_i＝貨幣供給量（通貨発行量）
L_i＝貨幣需要量
G_i＝金保有量
G＝世界の金存在量
p_i＝物価水準
θ_i＝金保有1単位に対する通貨発行量
$\underline{\theta}i$＝金1単位と兌換可能な通貨量（金価格．$1/\underline{\theta}_i$＝通貨1単位の公定金含有量）
π＝為替レート（第1国通貨で計った第2国通貨の価値）
r_i＝利子率
k_i＝マーシャルのk
E_i＝第i国の他国への輸出量
M_i＝第i国の他国からの輸入量

以上の記号のうち，とりあえず，N_i, Q_i, G_i, G, θ_i, $\underline{\theta}i$, π, k_i を正定数

あるいは外生変数，他のものを内生変数とする．また Y_i, C_i, I_i, L_i, E_i, M_i は実質値であり，これらに各国の物価水準 p_i をかけたものが名目値を与える．

以下に見るように，古典派模型とケインズ派模型は設定が基本的に異なって別々に扱わなけれならない点が少なからずあるが，とりあえずは，二つの模型に共通な部分を定式化して説明しておこう．

まず消費需要に関しては，簡単のために以下のような消費関数を考える．c_i 第 i 国の消費性向である（定数かつ $0<c<1$ とする）．なお，これに限らず，以下では必要に応じて諸関数を線形関数として特定化するが，よく知られた仮定を満たすより一般的な関数としても，結論はほとんど変わらないことをあらかじめ確認しておこう．

(1)　$C_i = c_i Y_i$

投資需要に関しても次のような単純な投資関数を仮定する．

(2)　$I_i = I_i(r_i)$, $dI_i/dr_i < 0$

貨幣需要に関しては，いくぶん抽象的に

(3)　$L_i = L_i(Y_i, r_i)$

としておこう．

記号の定義によって以下が成り立つ．

(4)　$Q_i = \theta_i G_i$

中央銀行の金保有量と通貨発行量は一対一に対応する純粋あるいは厳格な金本位制の場合は $\theta_i = \underline{\theta}_i$ となるが，すべての通貨が同時に金兌換対象となることはないと考えられるから，預金も含めた通貨発行量 $Q_i \geq \underline{\theta}_i G_i$，あるいは同じことになるが $\theta_i \geq \underline{\theta}_i$，すなわち，各国の通貨発行量（貨幣供給量）は金保有に完全に裏付けられた通貨量をある程度上回るとしてよいだろう．いわゆる部分金本位制の場合であり，どの程度通貨量を膨らませるか，金準備率をどれほど

の大きさにするかは当局の裁量による部分もあり複雑だが，ここでは簡単のため，θ_i を $\underline{\theta}_i$ 以上である値以下の正定数として，(4)式によって，この場合の通貨量が決められるとしよう．ちなみに，この場合の金準備率は金保有に完全に裏付けられた通貨発行量に対する現実の通貨発行量，すなわち $\underline{\theta}_i G_i / \theta_i G_i = \underline{\theta}_i / \theta_i$ によって与えられる[2]．

またこれも定義によって

(5)　　$G_1 + G_2 = G$

が成り立たなければならない．もちろん金も商品であるから，年々生産されたり廃棄・減耗したりする結果，長期的にはGも変化するが，考察の対象となる期間内においては定数としてよいだろう．G_i は，あとで見るように，貿易収支状態を反映して変化するのが一般的だが，短期においては定数と見なして差し支えない．

国際金本位制の下では，原則として，以下が成り立つ．

(6)　　$(1/\underline{\theta}_2) \div (1/\underline{\theta}_1) = \underline{\theta}_1 / \underline{\theta}_2 = \pi$

すなわち第1国を日本，第2国をアメリカとすれば，(6)が円で計ったドルの価値（1ドルπ円）の公的基準，つまり金平価となる．もちろんこれは各国通貨当局が守らなければならない原則であり，現実の為替レートは短期的にこれから乖離しうるが，議論を単純にするため，以下では，為替レートは(6)の水準に固定されていると仮定しよう．

E_i と M_i を決定する要因は複雑だが，次のように考えて大過ないだろう．$\partial f / \partial x$ は偏微分である．

(7)　
$$
\begin{aligned}
&E_1 = E_1(Y_1, Y_2, p_1/p_2),\ \partial E_1/\partial Y_1 = 0,\ \partial E_1/\partial Y_2 > 0,\ \partial E_1/\partial(p_1/p_2) < 0 \\
&M_1 = M_1(Y_1, Y_2, p_1/p_2),\ \partial M_1/\partial Y_1 > 0,\ \partial M_1/\partial Y_2 = 0,\ \partial M_1/\partial(p_1/p_2) > 0 \\
&E_2 = E_2(Y_1, Y_2, p_1/p_2),\ \partial E_2/\partial Y_1 > 0,\ \partial E_2/\partial Y_2 = 0,\ \partial E_2/\partial(p_1/p_2) > 0 \\
&M_2 = M_2(Y_1, Y_2, p_1/p_2),\ \partial M_2/\partial Y_1 = 0,\ \partial M_2/\partial Y_2 > 0,\ \partial M_2/\partial(p_1/p_2) < 0
\end{aligned}
$$

すなわち第1国の第2国への輸出は，第1国のGDPの影響は受けないが，

第2国のGDPが増えると増え，第1国の物価水準が第2国の物価水準より相対的に高くなれば，輸出価格の相対的な高騰によって減少する，等々と仮定するのである．他のケースについては一々説明しないが，(7)からその意味は明白だろう．もちろん，これらの変数は為替レートにも依存するが，πを一定の外生変数としたので省略した．

以上を前提として，各国の生産物市場と貨幣市場の（一時的）均衡条件を考える．

まず生産物市場の均衡条件だが，2国が異質な財サービス（たとえば日本が自動車，アメリカが農産物）をつくって貿易していると考えるのが妥当であり，実物タームでの足し引きができないので，閉鎖経済のケースと異なり，等式の基本は名目タームで与えられなければならない点に注意する．

第1国の輸出額は p_1E_1，輸入額は πp_2M_1，第2国の輸出額は p_2E_2，輸入額は $(1/\pi)p_1M_2$ だから，政府活動を無視すれば，名目タームでの各国の生産物均衡は次式で与えられることになる．

(8)
$$p_1Y_1 = c_1p_1Y_1 + p_1I_1(r_1) + p_1E_1(Y_1, Y_2, p_1/p_2) - \pi p_2M_1(Y_1, Y_2, p_1/p_2)$$
$$p_2Y_2 = c_2p_2Y_2 + p_2I_2(r_2) + p_2E_2(Y_1, Y_2, p_1/p_2) - (1/\pi)p_1M_2(Y_1, Y_2, p_1/p_2)$$

1国の輸出量は他国の輸入量だから次式が成り立つのは当然である．

(9)
$$E_1(Y_1, Y_2, p_1/p_2) = M_2(Y_1, Y_2, p_1/p_2)$$
$$E_2(Y_1, Y_2, p_1/p_2) = M_1(Y_1, Y_2, p_1/p_2)$$

各国の貿易収支額を為替レートによって同一通貨単位に換算すれば1国の貿易黒字（赤字）額は他国の貿易赤字（黒字）額となることが定式化から容易に分かるが，省略しよう．

(8)の両辺を p_i で割れば実質タームでの各国の生産物均衡条件式(10)が得られ，これに各国の金融市場均衡条件式(11)を付け加えれば，2国開放マクロ模型の一時的均衡条件式が出揃うことになる．

(10)
$$Y_1 = c_1Y_1 + I_1(r_1) + E_1(Y_1, Y_2, p_1/p_2) - \pi(p_2/p_1)M_1(Y_1, Y_2, p_1/p_2)$$
$$Y_2 = c_2Y_2 + I_2(r_2) + E_2(Y_1, Y_2, p_1/p_2) - (1/\pi)(p_1/p_2)M_2(Y_1, Y_2, p_1p_2)$$

(11)　$Q_i/p_i = L_i(r_i, Y_i)$

　模型の変数や動き方は，以下で示すように，古典派とケインズ派など前提とする経済理論によって異なるが，ケインズ模型とした場合は，(10)を，輸出財と輸入財を別の財とするのが合理的である以上，実質 GDP を決定する各国生産財の数量バランスを表すものとは考えることができない点に注意しよう．

　名目 GDP あるいは実質 GDP を決めるのは，貨幣額での供給（左辺）と需要（右辺）のバランスを示す(8)式であり，供給総額 $p_1Y_1 + \pi p_2 M_1$ が需要総額 $c_1Y_1 + p_1I_1 + p_1E_1$ を上回ればなんらかのメカニズムが働いて p_1Y_1 と Y_1 が減少する（逆なら逆．第2国についても同様）と考えるほかはない．このメカニズムは名目タームでのある種の不均衡調整過程だが，筆者の知る限り，実質タームでの不均衡のいわゆる「数量調整過程」，たとえば森嶋通夫の「ケインズ・レオンチェフ過程」に対するような厳密な考察は行なわれていない［森嶋 1973：第8章］．ある種の「模索過程」として定式化すれば，その「安定性」（均衡への収束）を証明するのはきわめて簡単だが，具体的に企業や輸入業者が具体的にどのような形でこの調整を行うかがあまりはっきりしないのである．しかし本書ではこの問題に深入りせず，ケインズ的な不完全雇用模型の場合には，(8)あるいは(10)によって，ともかく p_iY_i（以下で述べる「固定価格法」の下では同じことになるが Y_i）が決まり実現されるものとして話を進めることにしよう．

　以上の諸式は与えられた外生変数値の下における国際経済の一時的均衡状態を表すが，その状態において各国の貿易収支が均衡する保証はない．その場合には次式に従って金保有量が変動すると考えるのが自然だろう．なお $\dot{G}_i = dG_i/dt$，δ は調整速度である（δ は正定数）．

(12)　$\dot{G}_1 = -\dot{G}_2 = \delta\{p_1E_1(Y_1, Y_2, p_1/p_2) - \pi p_2 M_1(Y_1, Y_2, p_1/p_2)\}$

　すなわち各国の金保有量は，貿易収支の最終的決済手段として使われることによって，貿易収支が黒字（赤字）なら増大（減少）する．(5)式から常に $\dot{G}_1 = -\dot{G}_2$ となることに注意しよう．また(12)式に現れる諸変数は，一時的均衡値としなければならない．

　これらのシステムの具体的性質を調べるために，古典派とケインズ派ごとに模型をさらに特定化することにしよう．

2. 古典派模型

ケインズ派と比較した時の古典派の著しい特徴は，プライスメカニズムの不均衡調整能力への強い信頼と貨幣需要における流動性選好の無視という2点に現れる．

すなわち，ここでの模型に即していえば，実質賃金の速やかな調整などによって労働供給は常に完全雇用される（資本ストックについても同様だが，ここでは無視する）．そのことを示すには，均衡が存在し，不均衡が何らかのメカニズムによって速やかに解消されることが証明されなければならないが，1財モデルのような例解の域を出ない場合を除いて，多数財の場合は，調整過程を模索過程にした上に，各需要関数に「粗代替性（gross susitute）」といういささか不自然な仮定を置かなければ所望の結果が得られないなど，一般均衡理論が，この種の問題に理論的にも実証的にも肯定的な結論を導いたとはいいがたい面がある．[3] 均衡の存在と安定性は単に「仮定されている」といった方が分かりが早いだろう．

いずれにしても，万事がうまく行けば，Y_i は常に，次式で表される完全雇用水準 Y_i^f に決まることになる．

(13)　　$Y_i^f = F(N_i)$

N_i を定数としたので，当然，Y_i^f も定数となる．したがって，生産物市場の均衡条件式は

$(10)^c$
$$Y_1^f = c_1 Y_1^f + I_1(r_1) + E_1(Y_1^f, Y_2^f, p_1/p_2) - \pi(p_2/p_1) M_1(Y_1^f, Y_2^f, p_1/p_2)$$
$$Y_2^f = c_2 Y_2^f + I_2(r_2) + E_2(Y_1^f, Y_2^f, p_1/p_2) - (1/\pi)(p_1/p_2) M_2(Y_1^f, Y_2^f, p_1/p_2)$$

となる．

他方，古典派の貨幣需要は取引需要しかないので，同需要を通常通り $k_i p_i Y_i$ とすれば，貨幣市場の均衡条件式は次式で表されることになる．

$(11)^c$　　$Q_i = \theta_i G_i = k_i p_i Y_i^f$

上の2式から明らかなように,古典派模型においては,(11)^c から各国の物価水準が決まり,(10)^c から残る r_i が決まることになる(いわゆる「貸付資金説」).

こうして決まる(一時的)均衡において貿易収支も均衡する保証はないが,不均衡の場合には(12)式に従って金の移送と各国金保有量の調整が行われ,金が貿易黒字国へ流入,赤字国から流出する結果,前者の通貨発行量が増えて物価が高騰,後者の発行量が減って物価が下落し,黒字国の輸出が減り,輸入が増え,赤字国の輸出が増え,輸入が減って,やがて両国の貿易収支が均衡する可能性が存在する.

もっとも,この点を証明する場合にも必ずしも現実的とはいえない条件が必要であり,貿易収支の長期均衡も「仮定されている」といった方が正確であるが.

こうして古典派模型においては,長期的には,対内均衡ばかりでなく,対外均衡も達成される可能性があること示されるのだが,そのプロセスのどの時点においても各国の金保有量は各国の物価水準の決定にのみ与かり,実体経済の動向にはまったく関与しないことに注意しよう.これは,いうまでもなく,各時点で常に労働力が完全雇用され,その労働という基本的生産要素の賦存量によって経済の実物変数が決定されると考えられているからである.

しかし,すでに述べてきたように,そうした想定は,数理経済学者たちの長年にわたる分析にも関わらず,結局のところ「仮定」としかいいようのないものである.多くの必ずしも現実的でない諸仮定の下でやっと証明される暫定的な「仮説」にすぎないものである.

素人目で見ても,常に労働をはじめとする資源が完全雇用され,対外不均衡が存在しないというのは,不況や失業や恒常的な対外不均衡が珍しくない現実の世界経済を念頭に置く時,あまりにも虫のよい議論ではないだろうか.つまりケインズ模型の出番があるということである.

3.ケインズ模型

ケインズ模型を議論するに当たっては「固定価格の方法(fixed price method)」を採用することにしよう.すなわち諸々の価格(ここでは p_1 と p_2)を外生変数,事実上の定数として扱うのである.

ケインズ経済学にとって,需給ギャップなどに応じて変化する価格は必ずし

も障害ではない．伸縮的価格の下でもケインズの主張の大部分は成立するが，「固定価格の方法」は，議論を必要以上に複雑にしないために，マクロ経済学の教科書をはじめ多くのケースで採用されている便法なので，それにならおうというのである．

さらに以下では，表現を簡素化するために，$p_1=p_2=1$ と基準化する．また，ケインズが多くの場合暗黙のうちに前提しているように，労働をはじめとする生産要素は不完全雇用状態にあり，それらの需要は供給の制約を受けないで常に実現されるものとする．

さて，ケインズ模型では，古典派と違って，各国の金保有量や貨幣供給量によって実体経済が影響を受ける可能性が生まれるが，その可能性は無条件には実現されない．影響を受けない場合もあるし，影響を受けるとしてもわれわれが期待するような結果が得られない場合も論理的にはありうる．

これを見るために，典型的ないくつかのケースに分けて考察したい．

(1) 古典派・ケインズ混合模型

ケインズを持ちだしておいて恐縮だが，これまでの基本模型に，「固定価格の方法」と並んで，貨幣需要に関しては，投機的需要（流動性選好）を無視して，取引需要だけを認めるという反ケインズ的＝古典派的仮定を導入しよう．

この場合，実物タームでの各国の生産物市場と貨幣市場の均衡条件式はそれぞれ

$(8)^k$
$$Y_1 = c_1 Y_1 + I_1(r_1) + E_1(Y_1, Y_2) - \pi M_1(Y_1, Y_2)$$
$$Y_2 = c_2 Y_2 + I_2(r_2) + E_2(Y_1, Y_2) - (1/\pi) M_2(Y_1, Y_2)$$

$(9)^c$ $Q_i = \theta_i G_i = k_i Y_i$

となる．

このハイブリッド模型の著しい特徴は，各国の（実質）GDP が他の諸変数から独立に，貨幣供給量あるい金保有量だけによって完全に決定される点である．古典派模型の貨幣市場均衡条件式が，貨幣数量説に基づいて各国の物価水準を決めるとすれば，この混合模型では，貨幣数量説に基づいて各国の国内総生産を決めるのである．

こうして Y_i が決まれば，$(8)^k$ から各国の均衡利子率が決まる．
この国内均衡において貿易収支も均衡する必然性はないが，対外不均衡は，$p_1=p_2=1$ と置いた(12)式と(7)式からやがて解消されることが容易に分かる（この場合は大域的に安定 globally stable である）．

もちろん，こうした混合模型は，古典派経済学者もケインズも推奨しないだろうが，『完全雇用と自由貿易』のおける貨幣数量に力点を置いた議論を見ると，意外に M. ポランニーの念頭にあった経済模型はこの種のものであったような気がしてくる．

しかしこれはあくまで興味深い論理的可能性を示すケースにすぎず，やはり議論はケインズ本来の模型のなかで行わなければならないだろう．

(2) ケインズ模型——利子非弾力的投資関数のケース

ケインズ模型ではあるが，2国の投資需要がともに利子率に関して反応しない（利子率非弾力的投資関数）のケースを考えよう．これは特殊ケースとも考えられるが，ここでは無視した売上に関する長期期待が大きな影響を企業の投資決定に及ぼし，利子率の影響が無視しうるほど小さいという事態が結構こりうることを思えば，あながち無視できないケースとも考えられよう．

ともかくこの場合には，$(8)^k$ で $I_i(r_i)=I_i=$正定数としてみれば簡単に分かるように，両国の生産物均衡条件式だけから Y_1 と Y_2 の均衡値が I_1 と I_2 などの関数として決定され，均衡値は G_1，G_2 から独立となる．こうして Y_1，Y_2 の均衡値が決まれば，(11)から各国の均衡利子率が決まる．$L_i(r_i)=L_{i1}+L_{i2}$，$L_{i1}=$取引需要$=k_iY_i$，$L_{i2}=$投機的需要$=L_{i2}(r_i)$，$dL_{i2}/dr_i<0$ としてより詳しく書けば

$$(9)^k \quad \theta_i G_i = Q_i = k_i Y_i + L_{i2}(r_i)$$

から各国の均衡利子率が決まるわけである．

ケインズ模型では G_i，Q_i の変化が r_i の変化をもたらし，それが I_i の変化をもたらすという経路を通じて貨幣的要因が実体経済に影響を及ぼすことが期待されている以上，その経路を遮断する利子非弾力的な投資関数のケースには Y_i が G_i から独立となるのは当然のことである．

こうした結果が，消費関数あるいは貯蓄関数の利子非弾力性（消費性向 c —

定)という仮定にも依存していることはいうまでもない．これも特殊ケースといっていえないことはないが，この場合も，消費者の消費＝貯蓄決定が，所得に関する長期期待に支配される状況も結構ありうることから，一概に無視するわけにはいかないケースともいえるだろう．

いずれにしてもこうして決まる一時均衡において貿易収支も均衡する保証はまったくないが，この場合は，これまでのケースと異なり，金＝正貨移動による均衡化メカニズムはまったく働かず，貿易不均衡は永続することになる．こういうケースもまったく非現実的とはいえないことも付け加えておこう．

(3) ケインズ模型——利子弾力的投資関数のケース

しかしケインズ模型としては，投資関数が利子率に関して弾力的，少なくとも1国の投資関数に関して弾力的というのが一般的である．

この場合想定される事態は，1国の金保有の増大が流動性選好あるいは貨幣の投機的需要を経由して利子率を引き下げ，それが投資需要を増大させ，国内総生産と雇用を増大させることだが，その場合の撹乱要因の一つは，総生産の増大が輸入の顕著な増大を引き起こすということだろう．

こうした逆説的ケースが現実に起こる可能性は大きくないと思われるが，以下に見るように論理的には否定できない．逆にいえば，対外貿易経由のそうした撹乱要因が比較的小さければ所望の結果が導かれる可能性が大きくなる．これを見るためには，模型をもう少し特定化した方が見通しのよい議論ができる．

各国の投資関数と貨幣の投機的需要関数を次のように特定化する．

$$(14) \quad \begin{aligned} I_i(r_i) &= I_i - \alpha_i r_i \\ L_i(r_i) &= L_i - \beta_i r_i \end{aligned}$$

さらに教科書的な開放マクロ経済模型にならって，各国の輸入額は当該国の名目GDPに輸入性向m_iをかけたものに決まると仮定しよう．各国の輸出額は他国の輸入額を為替レートで換算したものに等しいから，次式が成り立つことになる．

$$(15) \quad \begin{aligned} E_1 &= \pi m_2 Y_2, \quad \pi M_1 = m_1 Y_1 \\ E_2 &= (1/\pi) m_1 Y_1, \quad (1/\pi) M_2 = m_2 Y_2 \end{aligned}$$

ここに I_i, L_i, α_i, β_i, m_i は正定数である．m_i は第 i 国の輸入性向だが，各国の輸出が他国の輸入に等しいことに注意しよう．諸変数はもちろん非負でなければならないが，以下では諸々のパラメータがそれを保証する値の範囲にあることを仮定する．

いずれにしても，$p_1=p_2=1$ と基準化されていることに注意しながら，(14)(15)を(8)または(10)と(11)に代入して整理すれば，以下の Y_1, Y_2, r_1, r_2 に関する4元連立方程式が得られることが分かる．

(16)
$$Y_1 = c_1 Y_1 + I_1 - \alpha_1 r_1 + \pi m_2 Y_2 - m_1 Y_1$$
$$Y_2 = c_2 Y_2 + I_2 - \alpha_2 r_2 + (1/\pi) m_1 Y_1 - m_2 Y_2$$

(17)
$$\theta_1 G_1 = k_1 Y_1 + L_1 - \beta_1 r_1$$
$$\theta_2 G_2 = \theta_2 (G - G_1) = k_2 Y_2 + L_2 - \beta_2 r_2$$

この連立方程式を解くと，各国の均衡 GDP が以下のように陽表的に表わされることが容易に分かる．均衡利子率も同様に解けるが，ここでは紙数を節約するために省略する．$s_i = 1 - c_i$ は貯蓄性向である．

(18)
$$Y_1 = \frac{\left\{s_2 + m_2 + \left(\frac{\alpha_2}{\beta_2}\right)k_2\right\}\left\{I_1 - \left(\frac{\alpha_1}{\beta_1}\right)(L_1 - \theta_1 G_1)\right\} + \pi m_2 \left[I_2 - \left(\frac{\alpha_2}{\beta_2}\right)\{L_2 - \theta_2(G - G_1)\}\right]}{\left\{s_1 + m_1 + \left(\frac{\alpha_1}{\beta_1}\right)k_1\right\}\left\{s_2 + m_2 + \left(\frac{\alpha_2}{\beta_2}\right)k_2\right\} - m_2 m_1}$$

$$Y_2 = \frac{\frac{m_1}{\pi}\left\{I_1 - \left(\frac{\alpha_1}{\beta_1}\right)(L_1 - \theta_1 G_1)\right\} + \left\{s_1 + m_1 + \left(\frac{\alpha_1}{\beta_1}\right)k_1\right\}\left[I_2 - \left(\frac{\alpha_2}{\beta_2}\right)\{L_2 - \theta_2(G - G_1)\}\right]}{\left\{s_1 + m_1 + \left(\frac{\alpha_1}{\beta_1}\right)k_1\right\}\left\{s_2 + m_2 + \left(\frac{\alpha_2}{\beta_2}\right)k_2\right\} - m_2 m_1}$$

こうして得られた Y_i をはじめとする諸変数が経済学的に有意味な解であるためには正の値をとらなければならないが，そのためには諸々のパラメータの大きさが特定の条件を満たさなければならない．たとえば Y_i が正となるためには，分母が明らかに正であることを思うと，I_i や G が十分に大きな値をとるなどして分子が正となる必要があるが，これらの点にはここでは立ち入らず，諸変数の均衡値が正であること，あるいはパラメータが均衡値の正を保証する

範囲内の値をとることを仮定して話を進めることにしよう[4]。

れわれが知りたいのは，G_1 の変化が Y_1 に及ぼす影響である．これを見るために，(18)の Y_1 と Y_2 を G_1 で微分して計算すれば，容易に次式を得ることができる．

(19)
$$dY_1/dG_1 = \frac{\left\{s_2+m_2+\left(\frac{\alpha_2}{\beta_2}\right)k_2\right\}\left(\frac{\alpha_1}{\beta_1}\right)\theta_1 - \pi m_2\left(\frac{\alpha_2}{\beta_2}\right)\theta_2}{\left\{s_1+m_1+\left(\frac{\alpha_1}{\beta_1}\right)k_1\right\}\left\{s_2+m_2+\left(\frac{\alpha_2}{\beta_2}\right)k_2\right\} - m_2 m_1}$$

$$dY_2/dG_1 = \frac{\frac{m_1}{\pi}\left(\frac{\alpha_1}{\beta_1}\right)\theta_1 - \left\{s_1+m_1+\left(\frac{\alpha_1}{\beta_1}\right)k_1\right\}\left(\frac{\alpha_2}{\beta_2}\right)\theta_2}{\left\{s_1+m_1+\left(\frac{\alpha_1}{\beta_1}\right)k_1\right\}\left\{s_2+m_2+\left(\frac{\alpha_2}{\beta_2}\right)k_2\right\} - m_2 m_1}$$

$\pi = \underline{\theta_1}/\underline{\theta_2}$ に注意すれば，(19)式から次の命題が成り立つことは容易に分かる．

命題

もし
$$\frac{m_2}{s_2+m_2+\left(\frac{\alpha_2}{\beta_2}\right)k_2} < \left(\frac{\alpha_1}{\beta_1}\right)\left(\frac{\beta_2}{\alpha_2}\right)\left(\frac{\theta_1}{\underline{\theta_2}}\right)\left(\frac{\theta_2}{\underline{\theta_1}}\right) < \frac{s_1+m_1+\left(\frac{\alpha_1}{\beta_1}\right)k_1}{m_1}$$

が成り立つならば，

$dY_1/dG_1 > 0$, $dY_2/dG_1 < 0$

が成り立つ．

なお，微分方程式 $\dot{G_1} = \delta(E_1 - \pi M_1)$ が大域的に安定，$dr_1/dG_1 < 0$，$dr_2/dG_1 > 0$ となることも示されるが，これらは，輸出入額の特定化(15)や命題の仮定なしに，より一般的な条件下で得られる結果である[5]。

「近隣窮乏化」の議論に好都合な $dY_1/dG_1 > 0$，$dY_2/dG_2 < 0$ が成り立つためには命題の仮定が必要だが，仮定が常に満たされるとは限らない．仮定の左側の不等式が満たされなければ $dY_1/dG_1 \leq 0$，右側の不等式は満たされなければ

$dY_2/dG_1 \geqq 0$ という変則的事態が起こる．この場合，仮定の最左辺が最右辺より大きく，左側不等式が満たされなければ右側不等式が満たされ，右側不等式が満たされなければ左側不等式が満たされるので，変則的事態は，$dY_1/dG_1 \leqq 0$，$dY_2/dG_1 < 0$ か $dY_1/dG_1 > 0$，$dY_2/dG_1 \geqq 0$ の二つのケースに限られ，$dY_1/dG_1 \leqq 0$，$dY_2/dG_1 \geqq 0$ は起こり得ない点に注意しよう（この点も(15)や命題の仮定に依存せず一般的に成立する）．

命題の仮定の経済学的意味を見るために，m_1 と m_2 を限りなく 0 に近づけてみよう．すると，左側不等式の左辺は限りなく 0 に近づき，右側不等式の右辺は発散して（$+\infty$ に近づいて），仮定は必ず成立することになる．各国の輸入性向が十分に小さいとは，大雑把にいえば，対外貿易の大きさが国内市場の大きさに比べて小さいこと，あるいは，対外貿易の変動が一国経済の動向に与える影響がそれほど大きくないことを意味する．

あるいは，2国の経済条件が似ており，たとえば $\alpha_1 = \alpha_2$，$\beta_1 = \beta_2$，$\theta_1 = \theta_2$，$\underline{\theta}_1 = \underline{\theta}_2$ の場合には，仮定の不等式の真ん中は1となる一方で，左側不等式の左辺が1より小，右辺が1より大なるので，この場合も命題の主張が成り立つことになる．したがって，命題の結論は多くの状況下で成立つものと思われるが，変則的事態の発生の可能性も皆無とはいえない．

この場合は，自国金保有の増加（他国の金保有の減少）が他国の生産と雇用を減少させると同時に自国のそれらをも減少させたり（$dY_1/dG_1 < 0$，$dY_2/dG_1 < 0$）自国の生産と雇用を増加させると同時に他国のそれらをも増大させる（$dY_1/dG_1 > 0$，$dY_2/dG_1 > 0$）という事態が生ずる．

その現実的な理由として分かりやすいのは，m_1 があまり小さくなくて仮定の左側不等式が成立せず，金保有量の増加と貨幣供給量の増加による利子率の低下による第1次的な投資と生産の増加が輸入の著しい増加をもたらし，最終的にかえって生産と雇用の減少をもたらしてしまうといった事態が起こることだろう．あるいは m_2 があまり小さくない逆向きの事態を考えてもよいが，いずれにしても，金保有量と貨幣量の変動の第1次的・国内的効果を打ち消すような貿易変動が起こる場合と考えてもよい．現実にこうした事態が起こるかは疑問だが，$dY_1/dG_1 \leqq 0$，特に $dY_1/dG_1 < 0$ の場合には，客観的現実に直面して当該国の金獲得意欲は弱まることになるだろう．

しかし，命題が成り立つような状況，すなわち，限られた世界の金存在量のうちより多くの金を獲得した国の生産と雇用が拡大し，より少ない金しか獲得

できなかった国の生産と雇用が縮小するといった状況のもとでは，何らかの方法（輸出補助金，平価切り下げなどによる輸出促進策，輸入関税や数量制限など）による貿易収支の改善を通した金保有量増大へのインセンティブが強まることになるだろう．

　貿易収支の均衡状態，つまり長期均衡状態にも一言しておこう．この均衡は(16)(17)に加えて $\dot{G}_1=0$ を満たすような Y_1, Y_2, r_1, r_2, G_1 の値によって特徴づけられることになるが，われわれの定式化と命題の仮定の下では，同一の G_1 に対する一時均衡の貿易収支を改善させるようなパラメータの変化があった場合には，長期均衡の G_1, Y_1 が増加し，G_2, Y_2 が減少するなどの結果を容易に示すことができる．たとえば，模型の特定化に依存した暫定的な結論だが，他の条件を一定とした π の上昇（第2国通貨で計った第1国通貨の金平価の切り下げ），m_1 の下落（第1国の輸入制限策の遂行），m_2 の上昇（第1国の輸出促進策の遂行）は貿易収支の改善を通じて，G_1 と Y_1 を増大させ，G_2 と Y_2 を減少させることを，若干の計算によって示すことができる．この場合には「近隣窮乏化政策」は，長期的にも有効ということになる．[6]

　以上の議論は，D. ヒュームのそれと同じく資本移動を無視した議論だが，それを考慮し，資本移動が利子率の低い方から高い方に向けて行なわれるという，より現実的なケースにも言及しておこう．[7] 資本移動に関する完成された理論があるとは思えないので，これも暫定的結論にすぎないことを断った上で結論から述べれば，幸いなことに，これまでの議論の骨子はそのまま妥当するようである．

　まず資本移動が，2国の金利差に応じて，低い方から高い方へ「ゆっくり」行なわれ，各国の金保有量が，貿易収支に資本収支を加えた国際収支に応じて増減する場合を考えよう．すなわち第 i 国の自国通貨で計った資本収支勘定を，2国の金利差の関数 K_i で表し

(20)　$K_1=K_1(r_1-r_2)$,　$dK_1/d(r_1-r_2)>0$

とし，金保有量変動を表す微分方程式を

(21)　$\dot{G}_1=\delta(E_1-\pi M_1+K_1)$

とするのである．短期システムは(16)(17)(20)(21)によって与えられるが，この場合も(21)式の大域的安定性や $dr_1/dG_1<0$, $dr_2/dG_1>0$ が，一般的な仮定の下で容易に示される．

さらに(16)(17)(20)と $\dot{G}_1=0$ を満たすような長期均衡 Y_1, Y_2, r_1, r_2, G_1 について，同一の G_1 について国際収支を改善させるようなパラメータの変化，たとえば π の上昇，m_1 の下落，m_2 の上昇が G_1 を増加，G_2 を減少させ，命題の仮定の下では，Y_1 を増加，Y_2 を減少させることも以前と同様である．ただし，(21)から自明だが，長期均衡において国際収支の均衡は達成されるが，貿易収支の均衡は達成されるとは限らない．

しかし，よく知られているように，(20)のような資本移動の定式化は，資本の国際移動が完全で，資本ストック調整が金利差に応じて「瞬時に」行なわれるような現実にはそぐわない．この場合によく用いられる国際的資本市場の均衡条件は，いわゆる金利裁定条件であり，投資家の将来利子率に対する期待が静学的であり，リスクが無視できるような環境においては，

(22) $r_1=r_2$

によって与えられる．

資本ストック市場は高度の不確実性と投資家の多分に不安定な期待形成などによって特徴づけられることを思えば，こうした均衡が実際に達成されるか甚だ疑問だが，ここでは何らかの仕方で達成されるとしよう．

ところが，この場合は，体系の長期均衡は(16)(17)の4本の方程式と(22)式の計5本の方程式によって与えられる一方，変数は，Y_1, Y_2, r_1, r_2 の4個であり，明らかに過剰決定となる．したがって，この場合には，変数に G_1 と G_2 を，方程式に(5)を付け加えて，体系の一貫性を保たなければならない．[8] (22)を満たすように G_i が「瞬時に」移動し，均衡が達成されると考えるのである．この場合も均衡の存在を仮定しておこう．

このような場合でも，われわれのこれまでの議論が無意味になるわけではなく，われわれ仮定の下では，π の上昇，m_1 の下落，m_2 の上昇が——これらはすべて金利差 r_1-r_2 を拡大させる——G_1 の増加と Y_1 の増加と Y_2 の減少をもたらすことを示すことができるが，仔細は省略しよう．したがって，この場合も，たとえ幻想的な思惑にすぎないとしても，各国に何らかの仕方で G_i

をより多く獲得しようというインセンティブが働くと考えてよいだろう．

しかし，各国の思惑や政策が常に所期の目的を達成できるとは限らない．われわれの模型の下でも変則的事態が起こりうることはすでに見た通りだが，たとえ命題が成り立つような状況下にあっても，他国が同様の対抗措置をとれば，効果が相殺され，互いに初期の目的を達成できないことは当然である．しかし命題が成り立つような状況の下では，「近隣窮乏化」への誘惑が各国に常に存在し——ここでの模型分析の範囲を超えることだが——「近隣窮乏化」政策の応酬の結果，世界の貿易量が縮小して，力の弱い国や条件の悪い国の経済が破綻の危機に追い込まれ，それが戦争などの引き金となりがちなのは，1930年代の現実を見るまでもなく，容易に予測されることだろう．

国際金本位制下における1国の生産の増大（不況脱出）の手段が「近隣窮乏化」に限られないことも確認しておかなければならない．(18)式で I_i（投資の常数項）を公共支出などとしてみれば明らかのように，たとえば1国の公共事業の拡大は，自国ばかりでなく他国生産の増大をももたらすという喜ぶべき結果をもたらしうる．

しかしマイケル・ポランニーは，財政政策が有効であるためには，貨幣供給の増大が伴わなければならないと強く主張した．物理化学が本職だった彼はそうした言葉を使っていないが，明らかに金融市場におけるクラウディングアウトが民間投資需要を減少させ，折角の財政拡大の効果を台無しにしてしまうことを恐れたからである．

これは M. フリードマンなどからも繰り返して主張されたことであり，完全な財政政策無効論は極端としても，理論的にも実証的にもやはり考慮すべき論点であることに変わりがない．少なくとも，金融拡大を伴わない財政拡大の効果は予想より微弱なものになりがちだということは確かであり，自由な金融政策（通貨供給量の増減）の余地の少ない金本位制の下では，その分だけ「景気対策としての近隣窮乏化」の比重が大きくなると考えてよい．

また，「近隣窮乏化」政策が金本位制下の国際経済においてのみ採られるわけでないことも断っておかなければならない．現在の日本や中国がしばしば「為替操作」「失業の輸出」の嫌疑をかけられることからも分かるように，管理通貨制度や変動相場制の下でも，たとえば為替レートを自国に有利に誘導して「景気の回復」を図ることは可能である．

重要なのは，国際金本位制の下では，金融政策の自由が奪われる分だけ政策

手段の選択肢が狭められ,他の国際通貨制度の場合より相対的に「近隣窮乏化」への誘惑が強まるということである.

こうした不自由な状況は,各国の貨幣供給量が金保有量から解放された管理通貨制度の下では消失し,各国は,金融政策およびそれと一体となった財政政策によって自国の生産と雇用をコントロールできる自由を獲得することになる.その「自由」を行使するかどうかは別問題であり,その「自由」と引き替えの放縦(ほうしょう)な財政赤字や貿易赤字の累積に悩まなければならないかもしれない,とも付け加えるべきだろうが.

最後に,2国模型から多数国模型への拡張の可能性にも付言しておこう.後者の場合は,ある国から多数の他国との輸出入の態様を特定化しなければならないなど,技術的な困難を予想しなければならないが,たとえば,金保有量の変化によって引き起こされる貿易量の変化が,国内経済活動のそれに比べて相対的に小さい(上の模型では m_1 と m_2 が十分小さい)場合などには,われわれの命題を含む,多くの同様の結論が得られるのではないかと推測される.が,本格的な分析は他の機会に譲らなければならない.

注

1) 例外は,藤原 [1995-1996] であり,多くの示唆を受けた.しかし同論文の関心は国際金本位制下の「近隣窮乏化」問題にはなく,以下の 3-(3) の「命題」など本補論の主要な結果は得られていない.

2) 同様の定式化は,Barro [1979],藤原 [1995-1996] にも見られる.

3) 模索過程を含む市場調整プロセスの安定性については,たとえば根岸 [1965] 第5-7章を参照.

4) 国際貿易がないケース,すなわち $m_1=m_2=0$ のケースでは計算や議論が著しく簡単になり,各国ごとの2次元の IS, LM 曲線グラフを描くなどして,諸変数の均衡値が正となる条件を容易に求めることができる.均衡値のパラメータに関する連続性を考慮すれば,その条件と十分小さな m_1 を組み合わせれば所望の結果を得るための十分条件が得られることも明らかである.が,これらは形式的な議論にすぎず,重要な経済学的含意を持つものではないので,ここでは省略する.

5) 3-(2)の場合を除いたケインズ模型では,一般的に実質貿易収支 $E_1-\pi M_2$ が G_1 の減少関数となることから,$\dot{G}_1=\delta(E_1-\pi M_2)$ が安定,$dr_1/dG_1<0$, $dr_2/dG_1>0$ となることを計算なしで容易に示すことができる.

6) (18)式で $m_1=0$, $m_2=0$ とすれば明らかなように,追加的仮定は

$$I_1-\left(\frac{\alpha_1}{\beta_1}\right)(L_1-\theta_1 G_1)>0,\ I_2-\left(\frac{\alpha_2}{\beta_2}\right)\{L_2-\theta_2(G-G_1)\}>0$$

が成り立つことと同値である．これは多分に形式的な仮定にすぎないが，各国経済が貿易のない状態でも正の生産が可能であるという意味での自立性を持つことを示しているから，経済学的にも無意味な仮定とはいえない．ただし，より一般的な仮定の下でも同様の結果を得ることが予想され，事実，いくつかの結果も得ているが，詳しい報告は他日を期したい．

なお，金平価あるいは為替レートの切り下げは，輸入性向を下落させ（$\partial m_1/\partial \pi_1<0$），輸出性向を上昇させる（$\partial m_2/\partial \pi>0$）というルートを通じても，貿易収支の改善と，金保有と国内総生産の増大を実現しうるが，この点を示すこともむずかしくはない．

また，θ_1 の上昇，すなわち金本位制の制約内での第1国の金融緩和が，長期均衡における同国の金保有を減少させる一方で，両国の国内生産を増大させることも示すことも可能である．これは，第1国の金融緩和が第1国の生産と輸入を増加させ，第2国からの輸出を増加させる一方で，第1国の貿易収支を悪化させることによるものと考えられる．ただし，こうした金融政策が自国の景気回復手段として採用されるとは考えにくい．

7）この点に関するヒュームの有名な議論は，ヒューム［1752］を参照．
8）この点は，藤原［1995 - 1996(2)］でも明確に指摘されている．

補論 2
自由貿易をどう擁護するか

　本論第2章第4節では，石橋湛山らの「小日本主義」あるいは自由貿易主義が「それ自体としては真っ当な主張」と書いた．自由貿易が保護貿易より各国に利益をもたらすというのは，アダム・スミスやD.リカード以来，多くの経済学者によって共有されている命題であり，最近のTPP推進の論拠にもされている命題だが，それを厳密に示すのは意外にむずかしい仕事である．

　これを見るために，「自由貿易の利益」と題された国際経済学の初歩的な議論を振り返ってみよう．なお以下の作図に当たっては，簡単化のために，需要曲線や供給曲線などはすべて直線，それらの移動はすべて並行移動とする．これらの仮定の緩和が，議論の結果に大きな影響をもたらすことはない．

　図補 2-1 は，ある国のある財の需要曲線（DD）と供給曲線（SS）を示したものである．市場は完全競争的であり，生産者（企業）や消費者はプライステイカーとして振舞うとする．外国との貿易を行なわない閉鎖経済の完全競争均衡はEであり，マーシャル流の余剰分析を適用すればEでの消費者余剰は

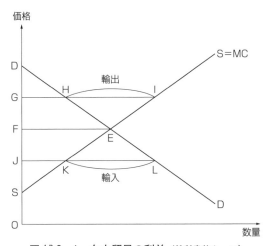

図補 2-1　自由貿易の利益（教科書的ケース）

DFE, 生産者余剰 (企業利潤) は FSE, 両者の和を「社会余剰」と呼べば社会余剰は DSE となる. 完全競争下では供給曲線が限界費用曲線 MC に等しくなることに注意しよう.

さて, この国のこの産業が開放され, 外国貿易が行なわれるとしよう. この財に関する世界市場の価格を GO または JO とする. 前者は, この国のこの産業が外国のそれに対して比較優位にある場合, 後者は比較劣位にある場合である.

前者の場合は, 市場開放によって GH の国内需要と国内供給のほか, HI の輸出が行なわれる. 消費者余剰は DGH と E のそれより減少するが, 生産者余剰は, 輸出によって, GSI と E のそれより大幅に増大し, 結果として社会余剰は HEI 分だけ増大する. HEI がいわゆる「自由貿易の利益」であり, 開放によって消費者は損をするが, 生産者は得をするという所得分配上の対立は含むものの一国全体としては利益を得るとされる.

後者の場合も, 同様に, 市場開放 (輸入自由化) によって, 生産者余剰が減少する一方で消費者余剰が大幅に増加し, 分配上の対立を含むとはいえ, 一国全体としては利益を得るわけである. この場合の自由貿易の利益は EKL で表わされる.

このようにして比較優位にある国は輸出し, 劣位にある国は輸入することによって, 自国, 他国とも自由貿易の利益を享受することになるわけである.

こうした教科書的な議論が, 完全競争の仮定やそれと裏腹の関係にある収穫逓減 (右上がりの MC 曲線) の仮定などに強く依存したものであることはよく知られている. たとえば, 根岸隆が示したように, 完全競争と両立するマーシャルの外部経済に起因する収穫逓増や, 固定費用の存在に起因する収穫逓増と不完全競争企業のケースでは, 自由貿易の利益が得られる場合もあるが, それと同等の蓋然性で利益が得られない場合も生まれる (根岸 [1971] 第Ⅲ章, Ⅳ章など).

しかしここでは, 日ごろそれほど注目されない自由貿易の不利益のケースをとり上げてみよう.

以下では, 国内産業が比較劣位にある場合, すなわち閉鎖経済均衡価格が国際価格より高い場合を考える. 日本農業などをイメージすると, 議論が分かりやすくなるかもしれない. 比較優位にある場合も, 国際価格が高すぎて, 生産者余剰と社会余剰が閉鎖均衡のそれよりはるかに大きくても, 国内消費者はま

ったく当該商品を買えないなどの諸問題が生じうるが，ここでは省略する．

さて図補2-1の比較劣位のケースをより極端にして，国際価格 JO が SO より低い場合を考えよう（図補2-2）．

この場合には生産者余剰はマイナス，すなわち利潤が負となり，国内生産者はやがて倒産して消滅すると考えるのが自然である（固定費用を考慮すれば，利潤が正でも倒産しうる）．

しかしこの場合でも，消費者余剰は DJL となり，閉鎖経済均衡 E における消費者余剰 DFE はもちろん，生産者余剰も含めた社会余剰 DSE より明らかに大きくなり，ESJL だけの巨大な自由貿易の利益が生ずることになる．

この状態が安定的に続けば，社会余剰のタームで考える限り何の問題もないが，国内生産者が消滅したあとしばらくして，戦争や自然災害などの理由によって，国際価格が暴騰し，たとえば MO となったとしよう．この場合の社会余剰＝消費者余剰は DMQ となるが，ENQ＜MSN から，DSE＞DMQ となる．正確にいえば，そういう作図が簡単にできる．MO が大きくなれば，DMQ が単調に小さくなる一方，DSE は変わらないから，DSE－DMQ，すなわち自由貿易の不利益も単調に大きくなっていくのは自明である．

これは，「食糧安保論」などが想定する典型的なケースであり，一旦消滅し

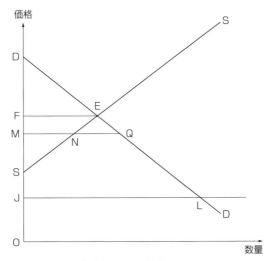

図補2-2　**自由貿易の不利益**（国内生産者消滅後の国際価格上昇のケース）

た生産，たとえば農地の回復が価格急騰時に速やかに実現されるならともかく，されない場合には深刻で取り返しのつかない「国益の損失」になりうる．

しかし自由貿易，すなわち国外生産者との競争は，国内生産者の生産性向上の契機ともなりうる．国際低価格の攻勢によって倒産の瀬戸際にまで追い詰められた国内生産者の必死の努力によって生産性が向上し，供給曲線＝MC曲線がSSからS'S'へと下のシフトするものとしよう．

この場合には，低水準の国際価格によって生ずる膨大な消費者余剰DJLに加えて，生産者余剰すなわち利潤JS'Kを確保しうることになる．

さらに何らかの理由による国際価格の急騰（JO→MO）は，この場合にはむしろ国内産業の比較優位産業化をもたらし，輸出QRによる自由貿易の利益QE'Rを含む社会余剰DS'RQを生み出す．この余剰が当初の閉鎖経済均衡Eのそれ（DSE）より大きいことはもちろん，SSによって特徴づけられる当初経済が開放された場合のそれより大きいことも作図から明らかである．すなわち，**図補2-3**はMO＜FOで当初経済の産業が比較劣位のケースを示しているが，このケースでDS'RQ＞DSNQとなることは自明である（MO＞FOのケースも同様）．つまり，貿易自由化が国内産業の生産性向上をもたらす場合には，自由貿易の少なからぬ利益が得られる可能性が高いのである．

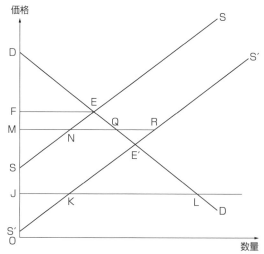

図補2-3　自由貿易の利益（国内生産者生産性上昇のケース）

もちろん国際価格や生産性の動向を予測するのはむずかしい．かつての日本IC産業のように保護しているうちに国際競争力を高めた産業（幼稚産業）もあれば，外国企業との競争が企業努力を削ぎ，国内産業が壊滅する場合もあるから，以上は一つの可能性にすぎず，自由貿易の利益はあくまで，多くの例外を含んだ蓋然性に留まるといわなければならない．

またその利益，不利益を数量的に計算することも，TPPの経済効果に関する経済相と農水省の試算の著しい相違に見られるように，きわめてむずかしい．前提，特に中長期的動態に関する前提と想定の如何によって大きく計算結果が違ってくるからである．

しかし他方で，保護貿易の方がより多くの利益を与えるともいえないのであり，かつての社会主義国の国営企業や日本を含む西側諸国の公営産業や保護産業などに見られるように，競争の欠如が生産性向上へのインセンティブを削ぎ，経済全体を停滞させるという事実も否定できない．過度の効率性追求が「ブラック企業」をもたらしてはならないが，怠惰になりがちな人間本性を考えると，やはり適度な競争が個別企業と経済全体の効率性維持と活性化のために不可欠と考えなければならないだろう．

きちんとした国際法や労働者保護策，貿易自由化によって縮小あるいは破産を余儀なくされた産業への政府の保障などを前提としての話だが，また厳密な理論的・実証的研究によってはケースバイケースという側面があることを認めての話だが，筆者は，どちらかというと自由貿易の利益が保護貿易の利益を上回ると考えたい．

さらに自由貿易には，単なる経済的利害に留まらない道徳的意味があることも強調しておきたいのだが，この点を見るためには，われわれは，クルーグマンやサムエルソン，さらにはリカードですらなく，スミス，モンテスキュー，グロティウスなどに戻らなければならない．

スミスの自由貿易論を論ずるには，『国富論』と『道徳感情論』を一体のものとして考える必要がある．スミスは『国富論』で，重商主義的貿易政策を強く批判して，「諸国民間の商業あるいは交際（commerce）は，諸個人間の商業と同様，自然に連合と友情とのきずなであるべきはずなのに，不和と敵意とのもっとも豊かな源泉となっている」[スミス 1776(2)：373]（一部改訳）と書いたが，その意味は，堂目[2008]も強調するように，はやり『道徳感情論』の道徳哲学（「同感の原理」）を抜きにしては十分に読みとれないだろう．

スミスにとって，商業は「交際」あるいは「社交」なのだ．諸個人はもちろん国家と国家も商業＝貿易を通して社交し，社交を通して連合と友情のきずなを形成する．それがスミスの考える国際貿易の本来のあり方なのだ，18世紀のヨーロッパ世界は，「貿易の嫉妬」（ヒューム）にかられ，1国の利益は他国の不利益だと，戦争も含んだ不毛なゼロサムゲームを繰り返し，その潜在的可能性を生かせないでいる，いや破壊している．

こうしたスミスの商業＝貿易観は，モンテスキューの「商業の自然の効果は平和へと向かわせることである．一緒に商売をする二国民はたがいに相依り相助けるようになる」[モンテスキュー 1748（中）: 202] という「商業の精神」観を継承したものである．

彼らの商業＝貿易観は，もともと文化や規範を共有することが多い1国内の「諸個人間」と大きく違って，文化や規範を共有することが少ない国家からなる国際社会という「自然状態」（ホッブス）においてはきわめて非現実的に見える．これは，現在の，アメリカ，ロシア，中国，北朝鮮，日本，イスラム諸国などからなる国際社会の実態からも明らかだろう．

スミスとモンテスキューは，もちろん，そうした国際社会の修羅場の現実を知っていた．諸国家の「連帯と友情の絆」としての貿易は一つの理想なのだ．しかしカントの夢見た世界平和ほど遠い理想でもない．重商主義的「不和と憎しみ」や戦争を伴いつつも，平和的な貿易は，たとえば日本と中国やロシアとの間にも現実に行なわれているからだ．

かつて，オックスフォードの国際政治学者，H.ブルは名著『無政府的社会』[Bull 1977] のなかで，ヨーロッパ国際政治の主要な思想的伝統として，国際政治を「戦争状態」として見る「ホッブス的あるいは現実主義的伝統」，国家の制約を超えた「世界市民」による「恒久平和」が可能だとする「カント的あるいは普遍主義的伝統」，国家の制約や対立は不可避だが，諸国家はなお国際法その他の「超国民的な社会的絆」の形成によって平和共存できるとする「グロチウス的あるいは国際主義的伝統」の三つの伝統を識別できるとしたが，『道徳感情論』の最後で，グロティウスの仕事をやがて受け継ぐことを宣言したスミスは，まさに，国家の現実を認めながら国家の対立を抑制しようとした「国際主義的伝統」のなかで自由貿易を語ったのである．[1]

自由貿易か保護貿易かを狭い経済的利害の言葉のみで語るべきではない．それは，同時に，現実主義的でもあれば普遍主義的でもある国際主義的文脈のな

かでに語られるべき事柄なのである.

注
1) この点は堂目［2008：135-136］でも指摘されている.

あとがき

　この本は，ここ10数年来自分なりに積み上げてきた自由主義（リベラリズム）に関する理論的・思想的考察を，日本の歴史的文脈のなかで発展させようと試みたものである．

　具体的対象は，第1次世界大戦から太平洋戦争に至る頃までの日本のリベラリストたちの言動とその時代的背景だが，研究し始めて思ったことは，「自分の国」のこととはいえ，自分にいかに近現代史の知識に欠けているかということだった．現代の日本の若者たちが自国やその周辺の近現代史に無知であるとはよく言われることだが，もう立派な「高齢者」である自分までもがこうした体たらくだとは，まことに情けない限りである．

　そう思いながら，旧勤務先の素晴らしい図書館（大阪市立大学学術情報センター）と図書館スタッフの助けを借りて，日本近現代史の「60代の手習い」を始めたのは，もう7〜8年前にもなるだろうか．

　書き終わって読み直してみると，もちろん残された課題はあるが，あの無謀な戦争への流れに反対し抵抗した日本のリベラリストたちの勇気に改めて敬意を覚えると同時に，彼らが国民大衆から「浮き上がって」見えること，特に，ますます拡大しつつあった貧富の差を解消するための有効な施策を実行する能力に欠けていたように見えるという事実を，本書で確認できたように思う．満洲事変以降，民衆の支持はむしろ彼らから軍部へと向かった．こうした確認の作業に，南亮進とトーマス・ピケティ両氏の仕事が役立ったのはいうまでもない．

　ただし，筆者はいわゆる「東京裁判史観」をとらず，あの戦争を「無謀な戦争」とは考えても「誤った戦争」あるいは「罪のある戦争」とは必ずしも考えない．また貧富の格差などを是正する社会政策が必要だからといって，自由主義を捨てて社会民主主義や社会主義をとるべきだったとも考えない．「寛容」の原則や国家権力への警戒心などを堅持した上で，適切な社会政策を志向する自由主義が必要であり可能でもあると考えるのだが，戦間期の日本リベラルにはその種の自由主義を構築し実現する能力が不足していたのである．

　残された課題は今後の仕事のなかで漸次克服していくほかないが，特に，戦間期・戦中期の日本をめぐる国際関係や世界情勢の分析が最小限のものに留まったことが，本人としては気にかかる．この点については，現在，友人たちと

の研究会（「保守的自由主義研究会」）で進めつつあるプロジェクト「グローバル・ヒストリーのなかの太平洋戦争」の進展を待って，あらためて報告することにしたい．「東京裁判史観」とも「皇国史観」とも異なる，グローバルな視点のなかで当時の日本を客観的に位置づける新しい論点を提出できればと願っている．

　読み返して気のついたもう一つのことは，山なす先行研究からの恩恵はいわずもがな，学生時代の教師たちからいかに多くの学恩を受けてきたかということである．

　たとえば，戦間期の日本外交の考察は，筆者の東京大学教養学部ゼミナールの恩師，佐藤誠三郎先生の歴史学に基づいた鋭利な政治学的知見なしにはなしえなかったし，同時期の「中間集団」の考察は，佐藤先生が，筆者の大学院時代の恩師の一人である村上泰亮先生らとともに執筆された大部なお仕事の随所にちりばめられた冷徹でスケールの大きな分析なしには行ないえなかった．

　村上先生からの学恩も多大である．筆者は，ゼミナールでの「ぶつかり稽古」で鍛えていただいたのはもちろん，厳格な論理と幅広くしなやかな知性と教養に裏づけられた先生のお仕事から実に多くのことを学んできた．その成果は，先生の研究領域とやや異なるとはいえ，本書の至る所に生かされている．

　さらに補論で展開した数学的議論の骨格のほとんどすべては，大学院時代の根岸隆先生のゼミナールとお仕事から学んだものである．筆者の経済学的・数学的能力は先生と比べるのも恥ずかしいほどに貧弱だが，筆者は，むしろ，経済現象をごまかしなく考察し，自説の限界を確かめながら着実に分析を進めるという「科学の精神」を先生から学ばせていただいたと思っている．

　なお具体的な言及はしなかったが，いま一人の恩師である西部邁先生にも触れておかなければならない．本書が，身の程知らずにも，「政治」「経済」「社会」「文化」の4元からなる多面的考察を行なったのは，序章でも触れたように，パーソンズのAGIL図式が頭に残っていたからだが，その図式は，西部大学院ゼミナールでのかんかんがくがくの議論のなかで，必死に，楽しく学んだものである．先生には，それ以外にも，大衆社会への視点や「人間の生き方」に類する事柄も教えていただいた．

　残念ながら，これらの恩師のうち，根岸先生を除いた先生たちはすでに世を去られた．また，自分は不肖の弟子かもしれないという思いにも駆られるが，諸先生に対する愛慕と敬慕の念に変わりはなく，学生時代の日々がなつかしく

てたまらない．

　本書ができあがるまでには，これらの方々以外の人からも多くの援助を受けた．名前を一々挙げるのは省略させていただくが，とりわけ「保守的自由主義研究会」のメンバーからは，本書の主要部分に関する討論はもちろん，誤字の指摘，関連文献の紹介，日本とイギリスのジニ係数に関する情報の提供，補論の数理模型の詳細なチェックなど，数々の貴重な支援を受けた．もちろん，ありうべき誤りの責任は筆者一人にある．

　最後になったが，晃洋書房編集部の丸井清泰氏には，前作『カール・ポランニーと金融危機以後の時代』同様，構想段階から相談に乗っていただき貴重なアドヴァイスをいただいた．また，同編集部の山中飛鳥氏には，プロフェッショナルな能力を駆使して本書を仕上げにまで導いていただいた．

　これらの方々に記してお礼を申し上げたい．

　2019年9月

佐藤　光

参照文献

　参照文献を，著者名の五十音順，同一著者の著作では刊行年順——改版などがある場合には初版や初出年順に——に配列した．外国人の名前は邦訳書を参照した場合はカタカナで，原書を参照した場合はアルファベットで記した．

　著者名あとの［　］内の数字は，原則として，著書や原書初版の発行年や論文の初出年を表しており，改版，邦訳，収録などが行われている場合は参照文献の刊行年と一致しない．引用に際して記した頁数は，初版本，原書，初出論文などではなく，参照文献のものである．

　引用・再引用に際しては，著者名や文献のタイトルを含め，必要に応じて，旧仮名づかいを新仮名づかいに，旧漢字を新漢字に直し，ふりがなを付けるなどの変更を加えた．

　なお，本書中の引用あるいは言及対象の表示法には，大括弧［　］の位置など，文脈によって多少の違いがあるが，基本的には，著者名あとに刊行年，コロン：のあとにページ数や章節など引用・言及箇所を示し，同一文献の複数個所や同一著者の複数文献を一括して示す場合などには，セミコロン；で区別した．読者の無用な混乱を避けるために，いくつかの典型的な例を挙げておく．

　　佐藤・中澤［2015：10］＝佐藤・中澤［2015］の10頁．
　　［筒井 1984：66 - 71］＝筒井［1984］の66 - 71頁．
　　川田［1985：214；238］＝川田［1985］の214頁と238頁．
　　岩田［2004：第1章；第4章］＝岩田［2004］の第1章と第4章．
　　［野村 2001；2003］＝野村［2001］と野村［2003］．

アリエス，Ph.［1975］『新装版 死と歴史——西欧中世から現代へ』（伊藤晃・成瀬駒男訳），みすず書房，2006年．
有馬学［2002］『帝国の昭和』講談社（講談社学術文庫），2010年．
アロン，R.［1955］『知識人とマルキシズム』（小谷秀二郎訳），荒地出版社，1970年．
いいだもも［1965］「福本和夫と福本イズムの時代」（小島亮編『福本和夫の思想』こぶし書房，2005年，所収）．
飯田泰之・岡田靖［2004］「昭和恐慌と予想インフレ率の推計」（岩田［2004］第6章）．
五百旗頭真［2001］『戦争・占領・講和　1941～1955』中央公論新社（中公文庫），2013年．
井口時男［2002］「解説——世界を巻き添えにしないこと」（橋川文三『柳田国男論集成』作品社，2002年，所収）．
池田潔［1949］『自由と規律——イギリスの学校生活』岩波書店（岩波新書）．
池田嘉郎［2017］『ロシア革命——破局の8カ月』岩波書店（岩波新書）．
石橋湛山［1921］「大日本主義の幻想」（鴨武彦編・解説『石橋湛山著作集3』東洋経済新報社，1996年，所収）．

――――［1933a］「昭和八年度予算の経済的意味」（中村隆英編・解説『石橋湛山著作集2』東洋経済新報社, 1995年, 所収).
――――［1933b］「我が国の為替下落とダンピング論の誤謬」（上掲『石橋湛山著作集2』所収).
――――［1934］「統制通貨主義の進展とその目標」（上掲『石橋湛山著作集2』所収).
――――［1950］「池田成彬氏の『財界回顧』を読む」（谷沢永一編・解説『石橋湛山著作集4』東洋経済新報社, 1995年, 所収).
板垣邦子［1992］『昭和戦前・戦中期の農村生活』三嶺書房.
伊藤之雄［2008］「昭和天皇・元老・宮中勢力の情報・ネットワークと政治」（猪木［2008］第1章).
井上寿一［2012a］『戦前昭和の国家構想』講談社（講談社選書メチエ).
――――［2012b］『政友会と民政党』中央公論新社（中公新書).
猪木武徳編著［2008］『戦間期日本の社会集団とネットワーク――デモクラシーと中間集団』NTT出版.
猪瀬直樹［2005］『二宮金次郎はなぜ薪を背負っているのか？――人口減少社会の成長戦略』文藝春秋（文春文庫), 2007年.
岩田紀久男編著［2004］『昭和恐慌の研究』東洋経済新報社.
岩間敏［2018］『アジア・太平洋戦争と石油――戦備・戦略・対外政策』吉川弘文館.
上田閑照［1995］『西田幾多郎――人間の生涯ということ』岩波書店（同時代ライブラリー).
上田美和［2016］『自由主義は戦争を止められるのか――芦田均・清沢洌・石橋湛山』吉川弘文館.
大内力［1974］『ファシズムへの道』中央公論新社（中公文庫), 2006年.
大川周明［1922］『復興亜細亜の諸問題』（『大川周明全集 第2巻』大川周明全集刊行会, 1962年, 所収).
大橋良介［2001］『京都学派と日本海軍――新史料「大島メモ」をめぐって』PHP研究所（PHP新書).
大宅壮一［1930］「モダン層とモダン相」（『大宅壮一全集 第2巻』蒼洋社, 1981年, 所収).
岡田靖・安達誠司・岩田規久男［2004］「昭和恐慌に見る政策レジームの大転換」（岩田［2004］第5章).
桶谷秀昭［1992］『昭和精神史』文藝春秋（文春文庫), 1996年.
オルテガ．y G., J.［1930］『大衆の反逆』（寺田和夫訳, 高橋徹責任編集『世界の名著 マンハイム オルテガ』中央公論社, 1979年, 所収).
――――［1960］「ヨーロッパ論」（吉田秀太郎訳, 生松敬三・桑名一博編『小論集』白水社, 1970年, 所収).
加地伸行［1996］「家族主義か個人主義か――夫婦別姓問題によせて」（八木秀次・宮崎哲弥編著『夫婦別姓大論破』洋泉社, 1996年, 所収).
楫西光速・加藤俊彦・大島清・大内力［1963］『日本資本主義の没落Ⅲ』東京大学出版会.

―――――［1954 - 1969］『双書　日本における資本主義の発達』東京大学出版会，全13巻.
Gadamer, H-G. ［1960］ *Wahrheit und Methode: Grundzüge einer philosophischen Hermeneutik*, Gesammelte Werke, Band 1, Hermeneutik I, J. C. B. Mohr (Paul Siebeck), Tubingen, 1986.
河合栄治郎［1931］『（改訂）社会政策原理』日本評論社，1935 年.
河上徹太郎ほか 13 名［1943/1959］『近代の超克』冨山房（冨山房百科文庫），1979 年.
川崎修［1998］「解説」（丸山真男『忠誠と反逆――転換期日本の精神的位相』筑摩書房（ちくま学芸文庫），1998 年，所収）.
川田稔［1985］『柳田国男の思想史的研究』未來社.
―――――［2009］『浜口雄幸と永田鉄山』講談社（講談社選書メチエ）.
―――――［2016］『柳田国男――知と社会構想の全貌』筑摩書房（ちくま新書）.
北一輝［1906］『国体論及び純正社会主義』（『北一輝著作集Ⅰ』，みすず書房，1959 年，所収）.
―――――［1921］『支那革命外史』（『北一輝著作集Ⅱ』みすず書房，1959 年，所収）.
―――――［1926］『日本改造法案大綱』（西田税版）（上掲『北一輝著作集Ⅱ』所収）.
北岡伸一［1987］『清沢洌――外交評論の運命』（増補版），中央公論新社（中公新書），2004 年.
―――――［1999］『日本の近代 5 ――政党から軍部へ　1924～1941』中央公論新社（中公文庫），2013 年.
―――――［2012］『官僚制としての日本陸軍』筑摩書房.
―――――［2015］『門戸開放政策と日本』東京大学出版会.
清沢洌［1970 - 1973］『暗黒日記』⑴⑵⑶，筑摩書房（ちくま学芸文庫），2002 年.
Gray, J. ［2007］ *Black Mass: Apocalyptic Religion and the Death of Utopia*, Farrar, Straus and Giroux.
小池和男［2012］『高品質日本の起源――発言する職場はこうして生まれた』日本経済新聞社.
―――――［2015］『戦後労働史からみた賃金――海外日本企業が生き抜く賃金とは』東洋経済新報社.
高坂正堯［1964］「宰相 吉田茂論」（『高坂正堯 宰相 吉田茂』中央公論新社（中公クラシックス），2006 年，所収）.
―――――［1967］「偉大さの条件」（上掲『高坂正堯 宰相 吉田茂』所収）.
小林秀雄［1933］「故郷を失った文学」（『小林秀雄全集 第 2 巻』新潮社，2001 年，所収）.
―――――［1939］『ドストエフスキーの生活』（『小林秀雄全集 第 6 巻』新潮社，2001 年，所収）.
―――――［1942a］「三つの放送」（『小林秀雄全集 第 7 巻』新潮社，2001 年，所収）.
―――――［1942b］「戦争と平和」（上掲『小林秀雄全集 第 7 巻』所収）.
―――――［1942c］「無常という事」（上掲『小林秀雄全集 第 7 巻』所収）.

小林秀雄ほか 6 名［1946］「座談／コメディ・リテレール 小林秀雄を囲んで」（『小林秀雄全集 第 8 巻』新潮社，2001 年，所収）．
小山勉［2006］『トクヴィル——民主主義の三つの学校』筑摩書房（ちくま学芸文庫）．
佐久間俊明［2015］『清沢洌の自由主義思想』日本経済評論社．
桜田淳［2012］『「常識」としての保守主義』新潮社（新潮新書）．
佐々木毅［2009］『政治の精神』岩波書店（岩波新書）．
佐藤誠三郎［1970］「協調と自立との間」（佐藤誠三郎『「死の跳躍」を越えて——西洋の衝撃と日本』都市出版，1992 年，所収）．
佐藤卓己［2002］『『キング』の時代——国民大衆雑誌の公共性』岩波書店．
佐藤光［1990］『市場社会のブラックホール——宗教経済学序説』東洋経済新報社．
——［1994］『ポランニーとベルグソン——世紀末の社会哲学』ミネルヴァ書房．
——［2004］『柳田国男の政治経済学——日本保守主義の源流を求めて』世界思想社．
——［2006］『カール・ポランニーの社会哲学——『大転換』以後』ミネルヴァ書房．
——［2008］『リベラリズムの再構築』書籍工房早山．
——［2010］『マイケル・ポランニー「暗黙知」と自由の哲学』講談社（講談社選書メチエ）．
——［2012］『カール・ポランニーと金融危機以後の世界』晃洋書房．
佐藤光・中澤信彦編著［2015］『保守的自由主義の可能性——知性史からのアプローチ』ナカニシヤ出版．
Sandel, M. [1984] "The Procedure Republic: the Unencumbered Self," in S. Avineri and de-Shalit eds., *Cummunitarianism and Individualism*, Oxford University Press, 1992.
篠田英朗［2017］『ほんとうの憲法——戦後日本憲法学批判』筑摩書房（ちくま新書）．
司馬遼太郎［1990］『この国のかたち 1』文藝春秋（文春文庫），1993 年．
柴垣和夫［2006］「解説」（大内［1974］所収）．
清水多吉［2014］『柳田国男の後継者 福本和夫——「コトバ」を追い求めた知られざる師弟の交遊抄』ミネルヴァ書房．
白杉庄一郎［1940］「『道徳情操論』の研究」『京都大学 経済論叢』50(6)，11 月．
——［1941］「個人主義経済倫理の批判」『京都大学 経済論叢』53(4)，10 月．
スミス，A.［1759］『道徳感情論』（上）（下）（水田洋訳），岩波書店（岩波文庫），2003 年．
——［1776］『国富論』（水田洋監訳・杉山忠平訳），岩波書店（岩波文庫），(1)(2)，2000 年，(3)(4)，2001 年．
スメサースト R. J.［2007］『高橋是清 日本のケインズ——その生涯と思想』（鎮目雅人ほか訳），東洋経済新報社，2010 年．
高橋是清［1932］「労働・資本・満州問題」（上塚司編『高橋是清 経済論』中央公論新社（中公クラシックス），2013 年，所収）．
——［1934a］「時勢一家言」（質問者，石橋湛山）（『高橋是清 随想録』中央公論新社（中公クラシックス），2010 年）．

―――［1934b］「原が刺さるる朝」(上掲『高橋是清 随想録』所収).
竹内洋［2005］『丸山真男の時代——大学・知識人・ジャーナリズム』中央公論新社（中公新書）.
竹山道雄［1956］『昭和の精神史』中央公論新社（中公クラシックス），2011年.
橘孝三郎［1932］『日本愛国革新本義』東冷書房，2002年.
田中秀夫［2003］「白杉庄一郎のアダム・スミス研究」『京都大学 経済論叢』172(3)，9月.
田中浩［1993］『近代日本と自由主義（リベラリズム）』岩波書店.
筒井清忠［1984］『二・二六事件とその時代——昭和期日本の構造』筑摩書房（ちくま学芸文庫），2006年.
―――［2005］『西條八十』中央公論新社（中公叢書）.
―――［2012］『昭和戦前期の政党政治——二大政党制はなぜ挫折したのか』筑摩書房（ちくま新書）.
寺出道雄［2008］『山田盛太郎——マルクス主義者の知られざる世界』日本経済評論社.
寺西重郎［1992］「日本経済における輸入代替的成長」『一橋大学 経済研究』43(2)，4月.
堂目卓生［2008］『アダム・スミス——『道徳感情論』と『国富論』の世界』中央公論新社（中公新書）.
トクヴィル，A. de［1835/1840］『アメリカの民主政治』（松本礼二訳），岩波書店（岩波文庫），第1巻（上）（下），2005年，第2巻（上）（下），2008年.
中西弘次［1988］「アメリカ独占資本主義と対外経済関係」（鈴木圭介編『アメリカ経済史Ⅱ』東京大学出版会，1988年，第2章第3節，所収）.
中村哲［1967］『新版 柳田国男の思想』法政大学出版会，1974年.
中村隆英［1978］『日本経済——その成長と構造』第3版，東京大学出版会，1993年.
―――［1986］『昭和経済史』岩波書店（岩波現代文庫），2007年.
名古忠行［2008］「河合栄治郎の政治思想」『山陽学園大学 山陽論叢』15.
並松信久［2012］『近代日本の農業政策——地域の自立を唱えた先人たち』昭和堂.
成田龍一［2007］『大正デモクラシー』岩波書店（岩波新書）.
西沢保［2004］「福田徳三の経済思想——厚生経済・社会政策を中心に」『一橋論叢』132(4)，10月.
西田幾多郎［1943］「世界新秩序の原理」（『西田幾多郎全集 第12巻』岩波書店，1966年，所収）.
根岸隆［1965］『価格と配分の理論』東洋経済新報社.
―――［1971］『貿易利益と国際収支』創文社.
野口悠紀雄［1995］『一九四〇年体制——さらば「戦時経済」』東洋経済新報社.
野村正實［2001］『知的熟練論批判——小池和男における理論と実証』ミネルヴァ書房.
―――［2003］『日本の労働研究——その負の遺産』ミネルヴァ書房.
バーク，E.［1770］「現代の不満の原因を論ず」（中野好之編訳『バーク政治経済論集』法政大学出版局，2000年，所収）.

───── ［1774］「ブリストル選挙人に対しての演説」（上掲『バーク政治経済論集』所収）．
───── ［1790］『フランス革命についての省察』（水田洋・水田珠枝訳『バーク フランス革命についての省察ほか』（I)(II)，中央公論新社（中公クラシックス），2002 年，所収）．
Hayek, F. A. [1979] *Law, Legislation and Liberty*, vol. 3, *The Political Order of A Free People*, The University of Chicago Press.
橋川文三［1960］『日本浪漫派批判序説』講談社（講談社文芸文庫），1998 年．
橋本寿朗［1984］『大恐慌期の日本資本主義』東京大学出版会．
───── ［2004］『労働法政策』ミネルヴァ書房．
濱口桂一郎［2014］『日本の雇用と中高年』筑摩書房（ちくま新書）．
Barro, R. J. [1979] "Money and the Price Level under the Gold Standard," *The Economic Journal*, 89, March.
坂野潤治［2004］『昭和史の決定的瞬間』筑摩書房（ちくま新書）．
───── ［2005］『明治デモクラシー』岩波書店（岩波新書）．
───── ［2008］『日本憲政史』東京大学出版会．
ピケティ，Th.［2013］『21 世紀の資本』（山形浩生ほか訳），みすず書房，2014 年．
ヒューム，D.［1752］「貿易差額について」（田中敏弘訳『ヒューム経済論集』東京大学出版会，1967 年，所収）．
フィリップソン，N.［1983］「シヴィック・モラリストとしてのアダム・スミス」（篠原久訳，I. ホント・M. イグナティエフ編著『富と徳』水田洋・杉山忠平監訳，未來社，1990 年，所収）．
福沢諭吉［1877］「分権論」（『福沢諭吉著作集 第 7 巻』慶應義塾大学出版会，2003 年，所収）．
───── ［1888］「尊王論」（『福沢諭吉著作集 第 9 巻』慶應義塾大学出版会，2002 年，所収）．
福田恒存［1957］「絶対者の役割」（『福田恒存評論集 第 4 巻』麗澤大学出版会，2009 年，所収）．
福田徳三［1922］『社会政策と階級闘争』大蔵書店．
福本和夫［1926a］『社会の構成並びに変革の過程──唯物史観の方法論的研究』（『福本和夫初期著作集 第 1 巻』こぶし書房，1971 年，所収）．
───── ［1926b］『無産階級の方向転換』（『福本和夫初期著作集 第 3 巻』こぶし書房，1972 年，所収）．
───── ［1962］『非合法時代の思い出』（『福本和夫 革命回想 第 1 部』インタープレス，1977 年，所収）．
───── ［1969］『自主性・人間性の回復をめざして』（『福本和夫 革命回想 第 3 部』インタープレス，1977 年，所収．
藤井隆至［1991］「解説」（『柳田国男全集 29』筑摩書房（ちくま文庫），1991 年，所収）．
───── ［1995］『柳田国男──経世済民の学』名古屋大学出版会．

―――― [2008]『柳田国男――『産業組合』と『遠野物語』のあいだ』日本経済評論社.
藤原秀夫 [1995 - 1996]「金本位制下のマクロ経済モデル」(1)(2), それぞれ『同志社商学』47(2), 1995 年 11 月, 47(3・4), 1996 年 1 月.
Bull, H. [1977] *The Anarchical Society: A Study of Order in World Politics*, Macmillan.
古川江里子 [2011]『美濃部達吉と吉野作造――大正デモクラシーを導いた帝大教授』山川出版社.
古屋哲夫 [1973 - 1977]「北一輝論」(1)〜(5)『京都大学 人文学報』第 36, 38, 39, 41, 43 号.
ベラー, R. N.・R. マドセン・S. M. ティプトン・W. N. サリヴァン・A. スウィドラー [1985]『心の習慣――アメリカ個人主義のゆくえ』(島薗進・中村圭志訳), みすず書房, 1991 年.
Pocock, J. G. A. [1982] "The political economy of Burke's analysis of the French Revolution," in Pocock, J. G. A, *Virtue, Commerce and History*, Cambridge University Press, 1985.
保阪正康 [1974]『五・一五事件――橘孝三郎と愛郷塾の軌跡』草思社.
細谷雄一 [2015]『戦後史の解放 I 歴史認識とは何か――日露戦争からアジア太平洋戦争まで』新潮社(新潮選書).
ポランニー, K. [1944]『大転換――市場社会の形成と崩壊』(吉沢英成ほか訳), 東洋経済新報社, 1975 年.
Polanyi, M. [1945] *Full Employment and Free Trade*, 2nd ed. Cambridge University Press, 1948.
牧野邦昭 [2018]『経済学者たちの日米開戦――秋丸機関「幻の報告書」の謎を解く』新潮社(新潮選書).
松本健一 [1979]「解題」(河上ほか [1943/1959], 所収).
―――― [2004]『評伝 北一輝 III――中国ナショナリズムのただなかへ』岩波書店.
Maddison, A. [1987] "Growth and Slowdown in Advanced Capitalist Economies: Techinques of Quantative Assesment," in A. Maddison, *Explaining the Economic Performance of Nations: Essays in Time and Space*, Edward Elgar, 1995.
丸山真男 [1947]「日本ファシズムの思想と行動」(丸山真男『増補版 現代政治の思想と行動』未來社, 1964 年, 所収).
―――― [1949]「軍国支配者の精神形態」(上掲『増補版 現代政治の思想と行動』所収).
―――― [1961]『日本の思想』岩波書店(岩波新書).
―――― [1986]『文明論の概略を読む』(上)(中)(下), 岩波書店(岩波新書).
―――― [2006]『定本 丸山真男回顧談』(上)(下), 松沢弘陽ほか編, 岩波書店(岩波現代文庫), 2016 年.
マンハイム, K. [1927]『保守主義』(森博訳), 誠信書房, 1958 年.
三谷太一郎 [2013]「丸山真男は戦後民主主義をいかに構想したか――『精神的貴族主義』と『少数者』との関連を考える」(三谷太一郎『学問は現実にいかに関わるべきか』東

京大学出版会，2013年，所収）．
南亮進［1996］『日本の経済発展と所得分布』岩波書店．
─── ［2007］「所得分布の戦前と戦後を振り返る」『日本労働研究雑誌』No.562，May．
村上泰亮［1984］『新中間大衆の時代』中央公論社．
─── ［1992］『反古典の政治経済学 上──進歩主義の黄昏』『反古典の政治経済学 下──二十一世紀への序説』中央公論社．
村上泰亮・公文俊平・佐藤誠三郎［1979］『文明としてのイエ社会』中央公論社．
望月和彦［2008］「戦間期における『財界』の形成」（猪木［2008］，所収）．
森嶋通夫［1973］『近代社会の経済理論』創文社．
モンテスキュー，C.-L. de［1748］『法の精神』（上）（中）（下）（野田良之ほか訳），岩波書店（岩波文庫），1989年．
保田与重郎［1939］「文明開化の論理の終焉について」（『保田与重郎文庫 7──文学の立場』新学社，1999年，所収）．
楊井克己編著［1961］『世界経済論』，東京大学出版会．
柳田国男［1902］『最新産業組合通解』（『柳田国男全集 30』筑摩書房（ちくま文庫），1991年，所収）．
─── ［1904］「中農養成策」（『柳田国男全集 29』筑摩書房（ちくま文庫），1991年，所収）．
─── ［1910］『時代ト農政』（『柳田国男全集 29』筑摩書房（ちくま文庫），1991年，所収）．
─── ［1929］『都市と農村』（『柳田国男全集 29』筑摩書房（ちくま文庫），1991年，所収）．
─── ［1931a］『明治大正世相篇』（『柳田国男全集 26』筑摩書房（ちくま文庫），1990年）．
─── ［1931b］『日本農民史』（『柳田国男全集 29』筑摩書房（ちくま文庫），1991年，所収）．
─── ［1935］『遠野物語拾遺』（柳田国男『遠野物語』新潮社（新潮文庫），1973年，所収）．
─── ［1946a］『先祖の話』（『柳田国男全集 13』筑摩書房（ちくま文庫），1990年，所収）．
─── ［1946b］『祭日考』（『柳田国男全集 14』筑摩書房（ちくま文庫），1990年，所収）．
─── ［1958］『炭焼日記』（『柳田国男全集 32』筑摩書房（ちくま文庫），1991年，所収）．
山下一仁［2004］『国民と消費者重視の農政改革──WTO・FTA時代を生き抜く農業戦略』東洋経済新報社．
─── ［2018］『いま蘇る柳田国男の農政改革』新潮社（新潮選書）．
Yamamoto, S［2018］"New Liberalism in Interwar Japan: a study of the magazine *The New Liberalism*," in Y. Ikeda and A. Rosselli eds., *War in the Histroy of Economic Thought:*

Economists and the Question of War, Routlege, chap. 7.
由井常彦 [2006]「財界人と日本的経営の理念——日本工業倶楽部のリーダーにみる経営一体観の進化」『文京学院大学 経営論集』16(1).
吉野作造 [1932]「民族と階級と戦争」(岡義武編『吉野作造評論集』岩波書店, 1975 年, 所収).
ラスレット, P. [1965]『われら失いし世界——近代イギリス社会史』(川北稔ほか訳), 三嶺書房, 1986 年.
陸軍省新聞班編 [1934]『国防の本義と其強化の提唱』.
Lewis, W. A. [1954] "Economic Development with Unlimited Supplies of Labour," *Manchester School of Economic and Social Studies*, 22(2), May.
蝋山政道 [1929]「満洲問題の中核」(蝋山政道『日満関係の研究』斯文書院, 1933 年, 改題所収).
——— [1931]「満蒙問題の『重大化』」(蝋山政道『世界の変局と日本の世界政策』巌松堂, 1938 年, 所収).
渡邊行男 [2001]『守衛長の見た帝国議会』文藝春秋(文春文庫).

略 年 表

本書の内容に密接な関連を持つ事項の一部のみを記した．

年	日本	世界
1904（明治37）	柳田国男「中農養成策」	
1905（明治38）	日露戦争終結・ポーツマス条約調印 日比谷焼打ち事件	
1914（大正3）		第1次世界大戦始まる
1917（大正6）		ロシア2月革命・10月革命
1918（大正7）		第1次世界大戦終結
1919（大正8）		ヴェルサイユ条約調印
1921（大正10）	石橋湛山「大日本主義の幻想」 日本労働総同盟結成（友愛会から改称） 原敬首相暗殺	ワシントン会議開催
1922（大正11）	日本共産党結成	アメリカ，フォードニイ・マッカムバー関税制定
1923（大正12）	北一輝『日本改造法案大綱』 関東大震災	
1924（大正13）	加藤高明内閣成立（政党政治始まる）	第1次国共合作 アメリカ排日移民法
1925（大正14）	『キング』創刊 治安維持法公布 普通選挙法公布 『家の光』創刊	
1926（昭和元）	福本和夫『社会の構成並びに変革の過程』	
1927（昭和2）	金融恐慌	
1929（昭和4）	『東京行進曲』（西條八十作詞，中山晋平作曲） 浜口内閣成立 蝋山政道「満洲問題の中核」	1929年恐慌
1930（昭和5）	昭和恐慌 大宅壮一『モダン層とモダン相』 浜口首相銃撃事件	オルテガ『大衆の反逆』

年		
1931（昭和6）	帝国議会で労働組合法案廃案 河合栄治郎『社会政策原理』 満洲事変始まる 犬養内閣成立，高橋是清蔵相就任（高橋財政始まる）	
1932（昭和7）	吉野作造「民族と階級と戦争」 血盟団事件（団琢磨など暗殺） 武藤山治暗殺 橘孝三郎『日本愛国革新本義』 5・15事件（犬養首相暗殺・政党政治の終焉）	
1933（昭和8）	国際連盟脱退 清沢洌「内田外相に問う」 関東軍華北侵入 小林秀雄「故郷を失った文学」 「財閥の転向」始まる	ヒトラードイツ首相に就任 国際連盟，リットン報告承認
1934（昭和9）	陸軍省『国防の本義と其強化の提唱』（「陸軍パンフレット」）	
1935（昭和10）	天皇機関説事件	
1936（昭和11）	2・26事件（高橋是清など暗殺） 斎藤隆夫，帝国議会で「粛軍演説」	ケインズ『雇用・利子および貨幣の一般理論』
1937（昭和12）	第20回総選挙で社会大衆党躍進 盧溝橋事件（日中戦争始まる）	
1938（昭和13）	帝国議会で「農地調整法」成立 西田幾多郎「世界新秩序の原理」	
1939（昭和14）		ドイツ軍，ポーランド攻撃（第2次世界大戦始まる）
1940（昭和15）	第2次近衛内閣成立 日独伊三国同盟調印 保田与重郎「『満洲国皇帝旗に捧げる曲』について」	
1941（昭和16）	真珠湾攻撃（太平洋戦争始まる）	ドイツ軍，ソ連を攻撃
1942（昭和17）	『文学界』座談会「近代の超克」	
1945（昭和20）	ポツダム宣言受諾（太平洋戦争終結） マッカーサー「5大改革」（婦人参政権，労働改革，学校教育改革，司法改革，経済改革）指示	第2次世界大戦終結

1946（昭和 21）	柳田国男『先祖の話』 日本国憲法公布

人名索引

〈ア 行〉

芦田均　12,13
麻生久　29,31,32,77
アリエス,Ph.　189
有馬学　20,21,24,46
アロン,R.　134
いいだもも　131,135
飯田泰之　59
五百旗頭真　25,27
井口時男　193
池田潔　179
池田成彬　74-77,140,179
池田嘉郎　6,121
石黒忠篤　65,110-112
石橋湛山　3,10-12,16,22,23,32,45,56,69,
　73-77,80,81,83,111,122,159,161,167,215
板垣邦子　17,18,138
伊藤之雄　28
井上準之助　3,10,30,55,167
井上寿一　93
猪木武徳　121
猪瀬直樹　122
岩田規久男　59,79
岩間敏　46
ヴェーバー,M.　1
上杉慎吉　33
上田閑照　148
上田美和　12,46
宇垣一成　28,167
エリオット,T.S.　179
オーウェン,R.　126,136
大内力　36-39,52,63,81
大川周明　38,39,143,173
大橋良介　148
大宅壮一　128,135,138,160
岡田靖　54,59
桶谷秀昭　123,129,138-140,165
オルテガ y G., J.　16,33,83,125,174,191

〈カ 行〉

加地伸行　116
楫西光速　52,79
ガダマー,H-G.　120
亀井勝一郎　143,144
河合栄治郎　3,10,31,32,42,78,160,167,170
河上徹太郎　143,144
河上肇　132
川崎修　193
川田稔　46,80,108,122
北一輝　11,38,39,137-142,173,180
北岡伸一　21,24,26,27,47,79
清沢洌　3,10,12,16,23-25,31,32,42,47,77,
　78,84,159,160,167,170
グレイ,J.　134
グロティウス,H.　219,220
ケインズ,J.M.　42,72,84,178
小池和男　65,66,99-105,171,184
高坂正堯　23,34,45,47,178,183
小林一三　3
小林秀雄　17,45,124,125,129,143,145,
　148-151,161,162
小山勉　88

〈サ 行〉

西園寺公望　27,28,46,167
西條八十　127,128,160,169
斎藤隆夫　3,10,30,64
佐久間俊明　31,78
桜田淳　46
佐々木毅　94
佐藤誠三郎　19,21,46,164
佐藤卓己　47,169,193,194
佐藤光　12,13,29,47,103,121,122,157,164,
　165,179,188,193,194
サンデル,M.　109
幣原喜重郎　167
篠田英朗　32,33
司馬遼太郎　15,16,49

柴垣和夫　52,59
白杉庄一郎　165
シュミット，C.　168
スターリン，I.V.　15,54,131,133
スミス，A.　2,11,87,88,144,152-158,165,
　　215,219,220
スメサースト，R.J.　57,70,72,73
ゾンバルト，W.　5

〈タ　行〉

高橋是清　3,11,39,42,54,57,63,70,72-74,
　　76,77,79-81,84,160,167,170,182
竹内洋　47
竹内好　145
竹山道雄　46
橘孝三郎　11,38,136-138,140,142,157,165,
　　173
田中秀夫　165
田中浩　152
駄馬祐司　33
団琢磨　66,74,77,84,140,179
筒井清忠　17,28,29,34,67,93,94,127,128,
　　169
津村秀夫　143,144
寺出道雄　135
寺西重郎　80
デュルケーム，E.　90
堂目卓生　165,219,221
トクヴィル，A. de　7,8,11,16,44,85,87-91,
　　94,97,106,109,111,114-116,120,121,172

〈ナ　行〉

中澤信彦　13,122,165
中西弘次　21,80
中村哲　118
中村隆英　17,51-53,55,57-60,67-69,170
中村光夫　143,144
名古忠行　32
並松信久　79,81,109,110,122
成田龍一　16,17,128
西沢保　121
西田幾多郎　129,144,145,147,148,162,165
西谷啓治　143,144,152

西原亀三　111
二宮尊徳　109-112,172,185
根岸隆　212,216
野口悠紀男　40,47
野村正實　103

〈ハ　行〉

バーク，E.　16,34,47,96,121,157,178,179,
　　181,182
パーソンズ，T.　9
バーリン，I.　6
ハイエク，F.A.　6,60,191
橋川文三　145,146,193,195
橋本寿朗　52,79,170
パスカル，B.　150,189
馬場恒吾　3,29,31,167
浜口雄幸　3,39,57,76,167
濱口桂一郎　80,103
林房雄　78,143
バロー，R.J.　212
板野潤治　28,30,32,64,81,94,139,170,193
ピケティ，Th.　62,176,184
ヒトラー，A.　8,25,44,86
ヒューム，D.　209,213,220
フィリプソン，N.　154,156
福沢諭吉　88,113,114,125,152,177
福田恒存　46
福田徳三　121
福本和夫　131,132,134-136,164
藤井隆至　108,109,122
藤原秀夫　212,213
ブル，H.　220
古川江里子　84,169
古屋哲夫　139-141
フロム，E.　168
ベラー，R.N.　115,119,120
ポーコック，J.G.A.　157
保阪正康　165
細谷雄一　21
ホッブス，Th.　21
ポランニー，K.　10,11,103,126,128,129,
　　150,153,155,156,158,172,184,188,195
ポランニー，M.　6,10,42,133,164,195,211

人名索引　*243*

〈マ　行〉

マーシャル，A.　215
牧野邦昭　40,47,78,121
牧野伸顕　39,46,167
松岡駒吉　105,171
松岡洋右　23,24,78,159
松本健一　124,141
マディソン，A.　50
マルクス，K.　1,131-133,136
丸山真男　25,28,46,89,92,97,109,112-114,
　116,127,138,164,193
マンハイム，K.　120
三谷太一郎　193
南亮進　61,79
美濃部達吉　3,10,32,47,84,159,167,169,
　180,193
ミル，J.S.　2,16
武藤山治　3,11,65,66,77,98,100,101,121,
　160,167,171,172
村上泰亮　41,47,68,96,97,101,103,121
望月和彦　121
森嶋通夫　200
モンテスキュー，C.-L. de　219,220

〈ヤ　行〉

保田与重郎　11,145-147,165,173,193

楊井克己　69,70
柳田国男　3,9-11,17,29,31,33,36,41,45,65,
　76,77,89,90,96-98,107-111,113,116-118,
　120,125,135-137,148,156,160-164,167,
　171-173,178,179,185-187,189,191
山下一仁　65,110,112,122,185
山本五十六　2,3,167
山本慎平　47
由井常彦　66,99
吉田茂　10,23,34,39,45,167
吉野作造　3,5,10,16,22,25,29,31-33,36,41,
　42,44,45,76,77,83,84,96,129,133,159,
　160,167,169,170,172

〈ラ　行〉

ラスレット，P.　98
ルイス，W.A.　79
レーニン，V.I.　5,35,131-133
蠟山政道　24,25
ロールズ，J.　109

〈ワ　行〉

和田博雄　111
渡邊行男　94,96

事項索引

〈ア 行〉

「家」　91,113,114,116-118,120,121,162,164,191
右翼　2,5,37,39,173
エリート　3,5,12,25,32,33,38,84,160,172,174-178,180
OJT　107,184,185
Off-JT　100,184
温情主義　66,77,85,97,98,101,105,171

〈カ 行〉

家族　11,113,114,116,117,119,161,162,164,191
「記憶の共同体」　115-117
議会主義　139
議会制民主主義　7,31,40
企業　97,103
企業組織　11,91,97,99,107,121
既成政党　29,30,37,41,42,65,74,76-78,83,85,93,96
貴族主義　8
共産主義　1,31,35,39,42,43,131,146,173
共産主義者　3,42,43
協調外交　5,6,78,93
キリスト教　8,90,116,119,120,130,134,149,157,162
「近代の超克」　11,143,152
金本位制　10,11,30,42,43,54-57,74,76,77,180,195,211,212
「近隣窮乏化」（政策）　11,56,57,207,211,212
クーデタ　3,15,39,43,136,138,141,143,168,182
軍国主義　3,15,25,42,43,46,57,139,181,187,194
軍部　2,6,10,11,20,21,23,25,27,29,30,34,40-42,46,57,64,67,71,76,83,93,96,152,167,170,173
経済格差　5,11,12,41,60,63,67,68,71,72,77,83,97,124,176,177,180,190
「経済新体制」　40
ケインズ経済学　31,202
ケインズ主義者　11,72
ケインズ政策　72
ケインズ(派)模型　197,200,202,204,205,212
血盟団事件　39,66,74,77,140,177,179
現代社会のブラックホール　187,189,191
5・15事件　29,39,64,136-138,142,177
国際協調　10,64
国粋主義　35,37-39,41,43,84,168,173
小作制度　64,65,161
個人主義　1,152,153
国家社会主義　11,170
古典派模型　197,201,202
「固有信仰」　116-118,161-163

〈サ 行〉

財産税　12,26,42,171
財閥　5,29,33,41,45,59,60,63,64,72,74-77,97,160,171
財閥解体　12,26,42,68,139,171
社会主義　1,15,29,32,75,139,173
社会主義者　5,42,97,133
社会政策　94
社会大衆党　29-32,36,37,39,41,64,77,78,160,170
「社会の自己防衛」　129,158,184
社会民主主義　31,32,42-44,64,78,139,141,160,173,177
産業組合　17,91,107-110,112,121
産業主義　159
GHQ　12,26,42,68,171,183
市場経済　6,7,31,40,56,72,121,159
「幣原外交」　64
自発的結社　87,88-92
資本主義　15,22,52,54,59,159
ジニ係数　16,41,61,79,193
自由主義　1,2,4,6,7,10,13,42,43,46,55,64,

78, 111, 129, 142, 144, 152, 153, 158-160, 168, 169, 177
自由主義者　2-7, 12, 42, 83, 110, 111, 118, 147, 159, 167, 174
重臣リベラリスト　28, 46
重臣リベラリズム　46, 193
自由貿易　11, 22, 220
　――主義　69, 161, 167, 215
　――の利益　216, 218
　――の不利益　216, 217
「小日本主義」　22, 69, 74, 78, 167, 215
昭和恐慌　11, 36, 41, 55, 57, 63, 64, 170
「新自由主義」　31, 47, 170
進歩主義　120
進歩的改革　181, 183
「政治新体制」　40
政党　10, 11, 90-92
政党政治　6, 11, 16, 28, 29, 33, 35, 41, 45, 67, 76, 92-94, 96, 121, 140
政友会　29, 30, 64, 65, 73, 74, 76, 92, 93
戦間期　8, 49, 52, 54, 169
1929年恐慌　41
戦後改革　12, 26, 42, 161, 171
戦時体制　40, 41, 68, 84
戦前昭和期　7, 10, 28, 99, 138
世論　33, 44, 86
祖霊信仰　116, 117, 161, 173
ソ連共産党　40, 131

〈タ　行〉

第1次世界大戦　17-21, 50, 51, 54, 59, 60, 63, 69, 75, 124
大衆　5, 10, 12, 15-17, 32-34, 45, 140, 159, 160, 169, 174, 177, 178, 180
　――社会　11, 12, 16-18, 45, 138, 143, 159, 172
　――文化　17, 36, 45, 125, 127, 128, 138, 143, 144, 159
　――民主主義(デモクラシー)　11, 15, 32, 34, 49, 83, 85, 94, 169, 193
大正デモクラシー　9, 15, 16
大地主制度　64
太平洋戦争　15, 21, 25, 41, 49, 50, 78, 151

太平洋・大東亜戦争　26, 78
多数(者)の専制　8, 44, 88
高橋財政　11, 12, 51, 54, 57, 59, 60, 63, 68-70, 72-74, 76, 77, 83, 111, 160
「正しく理解された自己利益」(説)　87, 88, 90, 92, 94, 98, 106, 107, 109, 111
「知識人の阿片」　129, 134, 149
「知的熟練」　100, 105
中間集団　8, 9, 11, 83, 85, 90, 91, 101, 107, 112, 113, 121, 186, 187, 193, 194
中国革命　15, 181
中国国民党　20-22
中国共産党　20, 22
帝国主義　49, 52, 59, 167
「東亜百年戦争」　78
「同感の原理」　87, 88, 121, 153, 154, 156, 165, 219
「道徳的反転」　133, 164

〈ナ　行〉

ナチス　15, 25, 40, 87, 130, 174
ナチズム　129
日独伊三国同盟　25, 26, 41
日露戦争　15, 21, 40, 49, 124, 148, 169
日清戦争　40, 124, 169
日中戦争　25, 50, 167
2・26事件　26, 39, 57, 59, 64, 76, 138, 160, 170, 177
日本共産党　35-37, 41, 77, 96, 130, 140, 172
「日本的経営」　67, 99, 103, 107, 171, 183, 184
「日本のケインズ」　57, 70, 180
日本リベラル　2-8, 10-12, 29, 31, 32, 41, 45, 77, 78, 83, 84, 159, 160, 167-170, 172, 173
日本労働総同盟　29, 105, 106, 171
日本浪漫主義(派)　11, 36, 42, 45, 147
ノーブレス・オブリージェ(高貴な義務)　5, 76, 98, 101, 133, 172, 178, 179
農業組合　11, 91, 107
農地改革　12, 26, 40-42, 65, 84, 112, 171, 180
農本主義　11, 138

〈ハ　行〉

バーチュー(ヴァーチュー, 力量)　43, 44, 76,

193
「ハーヴェイロードの前提」　84,178
浜口内閣　10,28,30,43,55,56,80,93,159
日比谷焼打ち事件　15,16
「福本イズム」　11,35,45,131,146
普通選挙(普選)　15,16,28,73,83,141,158
フランス革命　181,190
文化大革命　15,133,181
「文化的真空」　11,12,123,125-129,135,152,153,158,161,163,172-174,187,188
「分離の文化」　119
保護主義　78,161
保護貿易　70,161,219,220
保護貿易主義　21,69,70
保守主義　77,120,122,183
保守的改革　172,180,182-187
保守的自由主義　13,42,110,122
ポピュリズム　8,33,45,169,189
ボルシェビキ　5,6,121

〈マ　行〉

マスメディア　8,29,32,44,86,94,160
「まとまりをもつ文化」　119,120
マルクス主義　1,11,15,31,84,121,129,130,132,134,136,137,168,172,173
マルクス主義者　3-5,59,97,131-134,136,138
満洲事変　2,6,16,21,22,24,25,29,41,44,45,64,75,79,167,168,175

民主主義　1,7,8,11,26,44,45,85-88,90,92,114,139,141,142,158,159
民主政治　7,16,71,85,86
「民主的専制」　85,86,109
民政党　29,30,32,57,64,65,74,93,97
無産政党　16,29,31,36,37,41,76,77,85,96
「無責任の体系」　25,26,28,40,97,181
メンシェビキ　5,6

〈ヤ　行〉

「山川イズム」　35,131

〈ラ　行〉

「陸軍パンフレット」　34,37,42,64,77,170
利己主義　1,88,152,153,169
利己心　153-156
リベラリズム　1,6,7,12,41,46,77,78,167,190
「歴史意識」　120,149,150
労働組合　11,16,42,65,66,77,80,91,105,107,121,171
労働組合法　41,64,66,77,80,97,105
労働者農民　5,60,64,65,72,76,77,83,94,129,139,152,155,174
労働の民主化　12,26,68,84,171
ロシア革命　15,20,129,174,181,190

〈ワ　行〉

ワシントン体制　19-21

《著者略歴》

佐藤　　光（さとう　ひかる）
　　1949 年　北海道生まれ
　　1975 年　東京大学大学院経済学研究科博士課程中退
　　大阪市立大学大学院経済学研究科教授などを経て
　　現　在　大阪市立大学名誉教授，博士（経済学）

主要著書

『カール・ポランニーと金融危機以後の世界』（晃洋書房，2012 年）
『マイケル・ポランニー――「暗黙知」と自由の哲学』（講談社，2010 年）
『リベラリズムの再構築』（書籍工房早山，2008 年）
『カール・ポランニーの社会哲学』（ミネルヴァ書房，2006 年）
『柳田国男の政治経済学』（世界思想社，2004 年）

日本リベラルの栄光と蹉跌
　　──戦間期の軌跡──

2019 年 11 月 20 日　初版第 1 刷発行	＊定価はカバーに表示してあります

　　　　著　者　　佐　藤　　　光 ©
　　　　発行者　　植　田　　　実
　　　　印刷者　　田　中　雅　博

　　　　発行所　株式会社　晃 洋 書 房

　　〒615-0026　京都市右京区西院北矢掛町 7 番地
　　　　電話　075(312)0788番(代)
　　　　振替口座　01040-6-32280

装丁　尾崎閑也　　　印刷・製本　創栄図書印刷㈱

ISBN978-4-7710-3239-2

|JCOPY|〈(社)出版者著作権管理機構 委託出版物〉|

本書の無断複写は著作権法上での例外を除き禁じられています．
複写される場合は，そのつど事前に，(社)出版者著作権管理機構
（電話 03-5244-5088, FAX 03-5244-5089, e-mail:info@jcopy.or.jp）
の許諾を得てください．